Nongdi "Sanquanfenzhi" zhong de Gonggong
Jiazhi Chuangzao Yanjiu

农地"三权分置"中的公共价值创造研究

翟军亮　著

中国矿业大学出版社
·徐州·

图书在版编目(C I P)数据

农地"三权分置"中的公共价值创造研究 / 翟军亮
著. —徐州 : 中国矿业大学出版社,2020.7
ISBN 978 - 7 - 5646 - 4685 - 1

Ⅰ. ①农… Ⅱ. ①翟… Ⅲ. ①农地制度—研究—中国
Ⅳ. ①F321.1

中国版本图书馆 CIP 数据核字(2020)第 120053 号

书　　名	农地"三权分置"中的公共价值创造研究
著　　者	翟军亮
责任编辑	姜　翠
出版发行	中国矿业大学出版社有限责任公司
	（江苏省徐州市解放南路　邮编 221008）
营销热线	(0516)83884103　83885105
出版服务	(0516)83995789　83884920
网　　址	http://www.cumtp.com　**E-mail**:cumtpvip@cumtp.com
印　　刷	广东虎彩云印刷有限公司
开　　本	700 mm×1000 mm　1/16　**印张** 14.5　**字数** 290 千字
版次印次	2020 年 7 月第 1 版　2020 年 7 月第 1 次印刷
定　　价	65.00 元

（图书出现印装质量问题,本社负责调换）

前　言

历史进程表明，农业、农村和农民问题，始终是中国革命和建设的根本性问题。农地"三权分置"制度是农村继家庭联产承包责任制之后的又一次重大制度创新，它必将在推动农业现代化的基础上推动农村现代化。因此，对农地"三权分置"的理解不能仅仅局限于农村土地产权制度创新，而应将其置于农业农村现代化的历史进程中。

农村治理现代化作为农业农村现代化的重要组成部分，因农地"三权分置"制度创新而面临新机遇。农地"三权分置"从根本上改变了农村的治理生态，使农业成为产业、农民成为职业具备了可能性。与此同时，农业农村的多重转型也使农村治理现代化面临着新挑战。在转型期，农村治理面临着农村社会公共性消解、农民日益表现出功利化和个体化、基于私利的理性选择增多、集体价值观念式微等现代性问题。要推动农地"三权分置"制度落地，则必须考虑这些现代性问题在其落地过程中的映射与影响，必须探讨其中的公共价值问题，毕竟解决现代性问题的关键是建构和实现公共价值。另外，探讨农地"三权分置"中的公共价值问题有助于为农业农村现代化过程中的公共性重建提供借鉴与路径选择。

基于此，本书从治理的角度来探讨农地"三权分置"中的公共价值创造。本书在阐述相关理论的基础上，实证分析了公共价值消解对农地"三权分置"的消极影响,认为农地"三权分置"面临多元价值冲突、能力结构失衡、公共支持不足等问题,这也构成了本书写作的背景与前提。本书建构了农地"三权分置"中公共价值创造的分析框架,并运用数据实证分析了公共价值创造的发生机理和作用机理。① 农地"三权分置"中的公共价值核心要素主要包括观念形态的公共价值、规范形态的公共价值和实体形态的公共价值。观念形态的公共价值是基础,规范形态的公共价值是中介,实体形态的公共价值是结果,三者有机构成了公共价值创造的发生机理系统。② 农地"三权分置"中的公共价值创造框架主要由公共价值、公共能力和公共支持构成。农地"三权分置"中公共价值创造依赖于公共价值目标、公共支持和公共能力的系统强化。整体上,公共价值、公共能力和公共支持具有内在关联性。具体地说,公共能力和公共支持对公共价值具有显著影响,公共支持对公共能力具有显著影响。③ 强化农地"三权分置"中的公共价值创造,需确立公共价值创造在农地流转中的核心位置,需加强以参与式决策系统制度建构为核心的公共能力建设,需增进合作社、政府和村级服务组织对农地流转的实质性公共支持,实现在农地流转行为中嵌入公共性因素和增加公共价值存量。本书拓宽了农地"三权分置"的研究内容与研究视野,推进了前沿理论与热点问题的交叉研究,是公共价值理论在农地"三权分置"领域体系化、本土化、情景化研究的有效探索,同时也为农村公共性的重建提供了借鉴。

翟军亮

2019 年 9 月

目　录

第1章

绪 论

探讨农地"三权分置"中的公共价值创造,需要在理解其实践背景的基础上科学地谋篇布局。本章在介绍选题背景的基础上,对相关概念进行了界定,对本书的研究内容、技术路线和研究方法进行了说明。

1.1 研究背景与意义

1.1.1 研究背景

改革开放以来,我国农村逐步形成了以家庭承包经营为基础、统分结合的双层经营体制。与此相适应,农地制度也形成了"集体所有、家庭经营"的格局。事实证明,以家庭承包经营为基础、统分结合的双层经营体制不仅极大地调动了农民的生产积极性、解放了农村生产力、促进了农村经济发展,也形成了中国现代化中的基础性驱动力,使农村成了中国现代化的稳定器和蓄水池(贺雪峰,2014)。新形势下,我国在坚持农村基本经营制度不变的前提下,实现了由"两权分置"向"三权分置"的转变,农地制度形成了"集体所有、家庭承包、多元经营"的格局。这一转变意在集体所有前提下充分发挥市场在资源配置中的决定性作用,在更大范围内实现耕地资源的优化配置,提高农业生产绩效,为农村经济发展注入持久动力。从理论上看,农地"三权分置"这一制度兼顾了国家、集体、农民各方利益,是有效的产权制度安排。但是,制度的实施并非一帆风顺。随着农地流转的深入推进,违规流转盛行,纠纷也快速增长,农民权益受损、土地纠纷乃至群体性事件和恶性案件频发,严重影响了农地良性、有序、持续流转和社会稳定。

既有的关于农地良性、有序、持续流转的研究主要集中在以下视角:一是集中于农民地位、政府角色、利益分歧与冲突等视角,认为农民在农地流转的多方博弈中往往处于弱势地位,缺乏相应的谈判能力,多元主体间存在利益分歧和冲突,农民利益受损;政府也往往存在越位、缺位和错位问题,因此需要建构利益共享机制。二是集中于产权制度视角,认为农地产权制度的不完善是农地冲突和农民权益受损的主要原因(肖屹 等,2005)。三是集中于农地流转对农村治理和中国现代化的影响视角,认为农地流转影响农民生产方式,会深刻重组农村社会的阶层结构,进而会对农村社会稳定发生重要影响(王德福,2012)。对农地流转的考量,不能只停留在经济效益层面,更应将其置于中国现代化大局中,要考虑以家庭承包经营为基础、统分结合的双层经营体制在农村所起到的稳定器和蓄水池战略作用(贺雪峰,2014)。可以看出,学者们进行了充分研究,为本书的相关研究奠定了良好基础,但仍需要对其进行进一步的深入或拓展研究。例如,当农民处于弱势地位时,利益共享机制如何实施,需要什么条件? 农民的弱势地位如何纠正,需要什么条件? 例如,有学者认为分散的农户面对企业、乡镇干部、村干部所形成的"权力-资本"利益共同体时没有多少讨价还价的余地。农地产权制度所欲实现的目标是什么? 如何实现,需要什么条件? 农地流转植根于农村现代化过程中,农村现代化这一宏观实践对农地流转有何影响? 这些都是深入推进农地良性、有序、持续流转所必须解决的问题。

制度环境决定制度安排,制度安排决定制度绩效。对农地流转的思考不能仅仅停留在农民地位、政府角色、利益分歧与冲突等微观层次的分析,也不能仅仅关注农地产权制度安排,必须考虑影响农地流转制度绩效与制度安排的制度环境。也就是说,推进农地良性、有序、持续流转不仅关乎化解技术,更关乎价值目标,不能单纯地寄希望于产权本身的推进(郭亮,2012),而要深入土地制度运作的具体语境与处境中(贺雪峰,2010),要深入乡土社会村落情景之中(胡新艳等,2013)。另外,应深刻考虑农村社会公共性消解(吴理财 等,2014)、农民日趋功利化和个体化(贺雪峰,2009)、基于私利的理性选择盛行、集体价值观念式微(阎云翔,2006)等现代性问题在农地流转中的映射与影响。解决上述现代性问题的关键是建构和实现公共价值(汪辉勇,2008)。因此,本书尝试以公共价值理论为基础,通过建构公共价值创造这一整体性框架来探讨如何深入推进农地良性、有序、持续流转。

1.1.2　研究意义

理论方面,本书尝试将公共价值理论引入农地"三权分置"场域中,通过运用规范研究与实证研究相结合的方法,建构并验证了农地"三权分置"中公共价值创造的发生机理与作用机理,顺应了公共价值研究的未来发展趋势,搭建沟通了应然研究与实然研究之间的桥梁,拓宽了农地"三权分置"的研究内容与研究视野,弥补了现有研究中理论研究与经验研究之间脱节的问题,是公共价值理论和能力建设理论在农地"三权分置"领域的本土化、体系化、情景化研究的有效探索。

实践方面,本书尝试为农地"三权分置"中矛盾与困境化解提供一种新思路。我国农地"三权分置"中矛盾与困境治理效果不佳的根源不在于缺乏好的化解技术,而在于缺乏恰当(正确)的价值取向。本书以我国农村现实治理生态为基础,尝试分析农地"三权分置"中公共价值创造的发生机理和作用机理,旨在强化公共价值对矛盾与困境化解的引领力,着力解决农地"三权分置"中"多元价值冲突、能力结构失衡、公共支持不足"的困境,着力推进农村土地经营权有序流转。

1.2　相关概念界定

1.2.1　农地"三权分置"

农地"三权分置"是指农地所有权、承包权和经营权三权分置并行的格局,是有效实现农村土地集体所有制的新形式,其基本内容是落实集体所有权、稳定农户承包权、放活土地经营权。农地"三权分置"不仅仅是农地产权制度的变革,更意味着农村公共治理的变革。

1.2.2　公共价值

公共价值在公共治理框架中居于核心地位,它将公民置于公共治理的核心地位(Cole et al.,2006)。公共价值研究可以分为结果主导和共识主导两种路径(王学军 等,2013)。结果主导的公共价值将公共价值作为治理的目的并强调价值是由"公共"来决定的。例如,Kelly et al.(2002)认为公共价值是指政府通过服务、法律规制和其他行动创造的价值;在民主社会里,公共价值最终由公众决定,由公共偏好决定,通过多种手段、途径得以表达,并通过经选举产生的政治官员的决定表现出来,主要包括服务、结果、信任或合法性。Stoker(2006)和Smith(2004)认为公共价值不仅是一个公共服务生产者或使用者的个体偏好的简单叠加,而且公共价值的判断是通过选举和任命的政府官员与利益相关者之间的协商进行的;Alford et al.(2009),O'Flynn(2007)认为公共价值包含公共物品但不仅仅局限于公共物品,公共价值范畴比公共物品大。公共价值不仅仅是产出更是结果;公共价值对人们有价值,其相对于人们的主观满足感;公共价值不是公共领域决策者认为对人们最好的东西,而是人们认为的有价值的东西。Horner et al.(2005)强调了公共价值创造中的公民地位和公共价值的构成要素,认为公共价值可以通过经济繁荣、社会凝聚和文化发展来创造,从根本上说,公共价值——例如更好的服务、不断增强的信任和社会资本、社会问题的减少或避免等是由公众决定的,公民通过参加民主选举、地方政府的协商会、调查等民主过程来决定。共识主导的公共价值认为公共价值是关于权利、义务和规范形成的共识,以Bozeman(2002,2007)的研究为代表。结果主导与共识主导的公共价值的关系在于:两者都内生于社会价值,以共同的社会价值为基础;共识主导的公共价值贯穿于结果主导的公共价值实现的整个过程,是公共价值实现的制度基础;结果主导的公共价值和共识主导的公共价值都以实现根本公共利益为最终目的(Bao et al.,2012)。此外,汪辉勇(2008)从价值哲学的视角看,认为公共价值可被看作实体形态的公共价值(客体的公共效用)、观念形态的公共价值(主体的公共表达)和规范形态的公共价值(具有公益导向的普遍规范)三者的统一。

1.3 研究内容与技术路线

1.3.1 研究内容

1.3.1.1 背景研究:公共价值与农地"三权分置"中的矛盾与困境缓解

(1)以公共价值理论为依据,对公共价值框架进行体系化梳理和学理分析,以中国农村治理生态为情景化研究依据,准确把握公共价值理论的核心观点、"价值-能力-支持"框架及其构成要素的内涵与外延。

(2)以多重转型的农村治理生态为前提,以系统的文献研究为基础,以农地"三权分置"政策文本与现实比较为途径,结合前期驻村调研结果,准确定位农地"三权分置"中的核心矛盾与困境,分析其成因。

(3)从理论依据、现实依据和政策依据三个层次,分析以公共价值化解农地"三权分置"中核心矛盾与困境的可行性,揭示公共价值包容多元个体利益、社会资本与契约利益,进而揭示公共能力对多元主体间能力失衡的再平衡机理,分析公共支持对多元主体间失衡的赋权强能机制。

1.3.1.2 理论建构Ⅰ:农地"三权分置"中公共价值创造的发生机理模型

(1)进一步梳理国内外相关研究文献、政策文件和实践进展,结合农地"三权分置"的场域性特征,准确把握农地"三权分置"中公共价值的内涵与外延,明确公共价值的构成要素;以实体形态的公共价值、观念形态的公共价值、规范形态的公共价值作为公共价值的构成要素,分析公共价值构成要素的理论依据、政策依据和现实依据。

(2)从应然层面探讨农地"三权分置"中公共价值三个构成要素之间的逻辑关系,建构以实体形态的公共价值、观念形态的公共价值、规范形态的公共价值为维度的公共价值创造发生机理模型。

1.3.1.3 理论建构Ⅱ:农地"三权分置"中公共价值创造的作用机理模型

(1)以能力建设理论为基础,结合农地"三权分置"中的能力特性,对公共价值框架中的"能力"维度进行拓展可行性分析,并以此为基础,准确把握公共能力的内涵,明确其构成要素;以个体能力、组织能力和环境能力作为公共能力的构成要素,分析公共能力构成要素的理论依据、政策依据和现实依据。

(2)以公共价值理论为基础,准确把握公共支持的内涵,明确其构成要素;以公民支持、政治支持和资源支持作为公共支持的构成要素,分析公共支持构成要素的理论依据、政策依据和现实依据。

（3）以公共价值理论、能力建设理论为基础，以公共价值框架为依据，从应然层面探讨公共价值、公共能力和公共支持三者之间的逻辑关联，建构以公共价值、公共能力和公共支持为维度的公共价值创造作用机理模型。

1.3.1.4 实证研究：农地"三权分置"中公共价值创造现状的调查分析

（1）量表开发。本书以各潜变量的内涵与外延为依据，在借鉴国内外有关公共价值和能力建设测量量表的基础上，进行相关研究量表的开发与论证。

依据公共价值理论，对公共价值的测量，以实体形态的公共价值、观念形态的公共价值、规范形态的公共价值作为一级指标，以农地公共服务、结果、信任、合法性、纠纷的减少和公众满意度作为测量实体形态的公共价值的二级指标；以价值共识（公共的价值观念、共识、公共判断）、公私观、权利义务观作为测量观念形态的公共价值的二级指标；以公益导向的规范或制度设计作为测量规范形态的公共价值的二级指标。

依据能力建设理论，对公共能力的测量，以个体能力、组织能力和环境能力作为一级指标，以个体认知、参与意愿、参与能力、公共理性程度、农业现代化意识、合作意识作为测量个体能力的二级指标，以政府等公共组织对个体参与能力的培训方式、培训设施、数据收集与信息交流、利益主体识别方法、参与式决策支持系统、评估能力、合作性组织文化、政府组织协同能力作为测量组织能力的二级指标，以正式制度、"三农"政策、社会资本作为测量环境能力的二级指标。

对公共支持的测量，本书以公民支持、政治支持和资源支持作为一级指标。

（2）实地调研。本书以政府主导型、集体主导型和农户主导型农地流转项目为考察对象，进行个案访谈和问卷调查以收集第一手数据。

（3）现状分析。在大规模资料收集的基础上，运用质性分析和量化分析相结合的方法，从实然层面分析农地"三权分置"中公共价值创造状况，揭示公共价值创造在农地"三权分置"场域中的现实面相和典型特征。

（4）机理验证。以实地调查数据为基础，结合访谈数据的质性分析结果，采用结构方程模型分析方法对农地"三权分置"中公共价值创造的发生机理模型和作用机理模型进行分析，并根据结果对模型进行修正以使模型能够反映真实情况。

1.3.1.5 研究结论与对策建议：增进农地"三权分置"中公共价值创造

在规范研究与实证研究的基础上，得出相应的研究结论。本书以促进农地"三权分置"中矛盾与困境化解为目标，分别从优化构成要素和强化系统效应两个层次提出强化公共价值创造发生机理和作用机理的对策建议，增进农地"三权分置"中公共价值创造。例如，本书依托参与式决策系统的制度建构，在农地流转行为中嵌入公共性因素，增进价值共识，实现公共价值对个体利益和契约利益的包容。

1.3.2　研究思路与技术路线

以上述研究内容为基础,本书围绕"一根主线",通过"一个框架"和"两个模型",着重探讨"三个问题"。

(1)"一根主线":以农村的多重转型和农业现代化进程为背景,以农地流转项目为考察对象,以提升公共价值对农地流转中矛盾与困境化解的引领力为目标,围绕增进农地"三权分置"中公共价值创造展开研究。

(2)"一个框架":本书以"价值-能力-支持"为分析框架,将此分析框架贯穿于背景研究、理论建构、实证研究和对策研究之中。

(3)"两个模型":从应然研究与实然研究相结合的视角,一是通过建构与验证农地"三权分置"中公共价值创造的发生机理模型,从应然研究与实然研究相结合的视角,考察公共价值目标构成要素之间的逻辑关联;二是通过建构与验证农地"三权分置"中公共价值创造的作用机理模型,从应然研究与实然研究相结合的视角,考察公共价值、公共能力和公共支持三者之间的逻辑关联。

(4)"三个问题":一是通过分析公共价值与农地"三权分置"中核心矛盾与困境化解之间的内在联系,回答"为什么要促进农地'三权分置'中公共价值创造"的问题;二是从理论建构和实证研究两个层面,考察农村多重转型和农业现代化推进背景下"农地'三权分置'中公共价值创造应该是怎样和实际是怎样"的问题;三是从应然与实然对接视角,回答"如何增进农地'三权分置'中公共价值创造以促进农地流转中矛盾与困境化解"等问题。

本书的总体研究框架和基本思路,即技术路线,见图1-1。

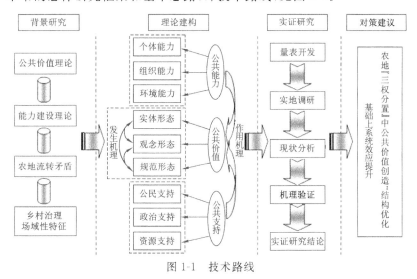

图 1-1　技术路线

1.4 研究方法

本书的研究方法主要包括资料收集方法和资料分析方法。

1.4.1 资料收集方法

（1）文献研究法。文献研究是基础。文献研究法主要用于收集国内外有关公共价值的研究成果、有关农地"三权分置"的制度政策文本、相关统计资料和国内权威数据库资料。

（2）问卷调查法。问卷调查法主要用于收集农地流转项目中公共价值创造状况等定量数据资料。

（3）访谈法。访谈法主要用于收集定性数据资料，与问卷调查形成互补。访谈对象主要包括以农民、政府、涉农企业、农业经济合作社组织负责人、村"两委"（村党支部委员会和村民自治委员会）负责人等为代表的农地流转主体。

1.4.2 资料分析方法

（1）规范研究法。在文献研究和背景研究的基础上，规范研究法用于探讨公共价值、公共能力和公共支持的构成要素，建构农地"三权分置"中公共价值创造的发生机理和作用机理模型，回答"应该是什么"的问题。

（2）扎根理论法。扎根理论法是指通过个案深度访谈、实地考察、小组座谈等方法所获取的关键事件研究资料进行综合分析的方法。通过扎根理论法，同时结合前期文献研究和规范研究理论建构，可完善农地"三权分置"中公共价值创造发生机理模型和作用机理模型，开发并完善公共价值、公共能力和公共支持等潜在变量的测量量表。

（3）因子分析法。因子分析法主要包括探索性因子分析法和验证性因子分析法，主要用于检验测量量表的信度和效度。

（4）结构方程模型分析法。结构方程模型分析法主要运用 Mplus 8.0、Amos 6.0 软件分析农地"三权分置"中公共价值创造的发生机理和作用机理。

1.5 研究创新之处

（1）研究领域方面。本书将公共价值理论首次应用于农地"三权分置"领域，实现了研究领域的创新。

（2）研究视角方面。农地"三权分置"中矛盾与困境的化解不仅是技术问题,更关系到价值取向问题。本书从公共价值创造视角来探讨农地"三权分置"中矛盾与困境化解之道,实现了研究视角的创新。

（3）研究内容方面。本书将公共价值理论置于农地"三权分置"实践中进行理论建构和实证研究,探讨如何增进农地"三权分置"中公共价值创造以强化公共价值对矛盾与困境化解的引领力,既推进了前沿理论的本土化、情景化研究,又促进了理论与实践的有机结合;既拓展了公共价值应用场域的广度,又加深了农地"三权分置"中矛盾与困境化解研究的理论深度;通过前沿理论与热点问题的交叉研究,实现了研究内容的创新。

（4）研究方法方面。本书注重规范研究与实证研究、学理推导与问题导向的多向度研究,坚持质性研究与量化研究相结合、文本视野与实践视野相结合,是多种研究方法在新领域综合应用的有益探索,有利于提升研究过程的科学性和研究结果的有效性,实现了研究方法的创新。

第 2 章

>>>

农地"三权分置"中公共价值创造:理论基础

从内容上看,农地"三权分置"是继农地"两权分置"之后的又一次制度创新,推动了农村治理生态由乡政村治走向公共治理,建构了公共价值创造的实践基础。从结构上看,理论与文献是进行理论研究和实证分析的基础。因此,本章旨在系统梳理农地产权变革历程和公共价值创造理论发展历程,为后续理论建构和实证分析奠定基础。

2.1 农地"三权分置"理论与实践研究

2.1.1 从农地"两权分置"到农地"三权分置"

农地"三权分置"是继农地"两权分置"之后的又一次制度创新,它孕育于中国城市化进程中,顺应了中国农业现代化的趋势,对中国农村生态产生了深远影响。

2.1.1.1 农地"两权分置"

农地"两权分置"脱胎于人民公社这一高度集中的农村经营体制,赋予了农民土地承包经营权,实现了农村土地集体所有权和农民承包经营权的分置,形成了统分结合的双层经营体制,释放了中国经济增长的制度红利,改变了中国农村生态。

1978 年,安徽凤阳小岗村率先实行"包产到户",拉开了农村改革的大幕。到 1981 年年底,"全国农村已有百分之九十以上的生产队建立了不同形式的农业生产责任制"。1981 年召开的全国农村工作会议对这一农业生产责任制进行了初步制度确认,认为当时实行的各种责任制,包括小段包工定额计酬、专业承包联产计酬、联产到劳、包产到户、包产到组、包干到户、包干到组,等等,都是社会主义集体经济的生产责任制;并认为不论采取什么形式,只要群众不要求改变,就不要变动。[①] 1983 年中央 1 号文件进一步进行了制度确认,认为影响最深远的是,普遍实行了多种形式的农业生产责任制,而家庭联产承包责任制越来越成为主要形式。家庭联产承包责任制采取统一经营与分散经营相结合的原则,使集体优越性和个人积极性同时得到发挥。这一制度的进一步完善和发展,使农业社会主义合作化的具体道路更加符合我国的实际。这是在党的领导下我国农民的伟大创造,是马克思主义农业合作化理论在我国实践中的新发展。[②]

家庭联产承包责任制的实行,取消了人民公社体制。建立农业生产责任制的工作获得如此迅速的进展,反映了亿万农民要求按照中国农村的实际状况来发展社会主义农业的强烈愿望。生产责任制的建立,不但克服了集体经济中长期存在的"吃大锅饭"的弊病,而且通过劳动组织、计酬方法等环节的改进,带动了生产关系的部分调整,纠正了长期存在的管理过分集中、经营方式过于单一的

---

① 参见《中共中央一九八二年一月一日全国农村工作会议纪要》。
② 参见 1983 年中央 1 号文件《当前农村经济政策的若干问题》。

缺点,使之更加适合我国农村的经济状况。① 家庭联产承包责任制迅速发展,绝不是偶然的。家庭联产承包责任制以农户或小组为承包单位,既扩大了农民的自主权,发挥了小规模经营的长处,克服了管理过分集中、劳动"大呼隆"和平均主义的弊病,又继承了以往合作化的积极成果,坚持了土地等基本生产资料的公有制和某些统一经营的职能,使多年来新形成的生产力更好地发挥作用。②

家庭联产承包责任制强调统分结合、联产和承包的结合。联产就需要承包。家庭联产承包责任制的运用,可以恰当地协调集体利益与个人利益,并使集体统一经营和劳动者自主经营两个积极性同时得到发挥,所以能普遍应用并受到群众的热烈欢迎。③ 家庭联产承包责任制,这种分散经营和统一经营相结合的经营方式具有广泛的适应性,既可适应手工劳动为主的状况和农业生产的特点,又能适应农业现代化进程中生产力发展的需要。④

家庭联产承包责任制强调土地公有基础上的承包关系,确立了土地的集体所有权和家庭承包经营权的分置。包干到户这种形式,在一些生产队实行以后,经营方式起了变化,基本上变为分户经营、自负盈亏;但是,它是建立在土地公有基础上的,农户和集体保持承包关系,由集体统一管理和使用土地、大型农机具和水利设施,接受国家的计划指导,有一定的公共提留,统一安排烈军属、五保户、困难户的生活,有的还在统一规划下进行农业基本建设。所以它不同于合作化以前的小私有的个体经济,而是社会主义农业经济的组成部分;随着生产力的发展,它逐步发展成更为完善的集体经济。⑤

统分结合的双层经营体制确立之后,农村土地承包经营权以及以此为基础的农村经营体制开始通过法律的形式逐渐得到了制度确认。1984 年中央 1 号文件提出要延长土地承包期,指出土地承包期一般应在十五年以上⑥,并出现了"土地使用权"等字样,对农民向土地的投资应予合理补偿。可以通过社员民主协商制定一些具体办法,例如给土地定等定级或定等估价,作为土地使用权转移时实行投资补偿的参考⑦。1986 年 4 月 12 日通过的《中华人民共和国民法通则》规定,公民、集体依法对集体所有的或者国家所有由集体使用的土地的承包经营权,受法律保护。承包双方的权利和义务,依照法律由承包合同规定。土地

---

① 参见《中共中央一九八二年一月一日全国农村工作会议纪要》。
② 参见 1983 年中央 1 号文件《当前农村经济政策的若干问题》。
③ 参见《中共中央一九八二年一月一日全国农村工作会议纪要》。
④ 参见 1983 年中央 1 号文件《当前农村经济政策的若干问题》。
⑤ 参见《中共中央一九八二年一月一日全国农村工作会议纪要》。
⑥ 参见 1984 年中央 1 号文件《中共中央关于一九八四年农村工作的通知》。
⑦ 参见 1984 年中央 1 号文件《中共中央关于一九八四年农村工作的通知》。

不得买卖、出租、抵押或者以其他形式非法转让。1986 年 6 月 25 日通过的《中华人民共和国土地管理法》规定,农民集体所有的土地由本集体经济组织的成员承包经营,从事种植业、林业、畜牧业、渔业生产。土地承包经营期限为三十年。发包方和承包方应当订立承包合同,约定双方的权利和义务。承包经营土地的农民有保护和按照承包合同约定的用途合理利用土地的义务。农民的土地承包经营权受法律保护。1999 年 3 月 15 日通过的《中华人民共和国宪法修正案》规定,村集体经济组织实行家庭承包经营为基础、统分结合的双层经营体制,这标志着农地两权分置和双层经济体制在宪法中得到了确认。此后,2002 年 8 月 29 日通过的《中华人民共和国农村土地承包法》规定,国家实行农村土地承包经营制度,国家依法保护农村土地承包关系的长期稳定。通过家庭承包取得的土地承包经营权可以依法采取转包、出租、互换、转让或者其他方式流转。这也从侧面说明了 21 世纪的农村,土地承包经营权的转包、出租、互换、转让或者其他方式流转已经成了普遍现象,预示着农村土地承包经营制度变迁即将到来。总之,从 1984 年开始,农地的占有、使用、收益、处分四大权能开始在集体所有权与农户承包经营权之间进行新的分割,总的趋势是收缩前者的权能、扩张后者的权能,农地的各项权能不断由集体让渡给承包户(叶兴庆,2013)。

以农地"两权分置"为基础的统分结合的双层经营体制确立之后,释放了巨大的制度红利,为中国经济的高速增长奠定了基础。首先,调动了农民农业生产的积极性,提高了农业生产效率,推动了农业经济的发展。其次,促进了农村经济资源的优化配置,推动了农村经济的发展,并承担了社会保障功能,使得农村成为中国现代化的蓄水池和稳定器。再次,推动了劳动力和土地等生产要素在城乡之间的流动,推动了中国经济的高速发展。

但是,随着农业现代化的进一步推进、农村经济的进一步发展,中国经济的进一步发展,农地由"两权分置"释放的制度红利逐渐消失,通过制度创新来推动农业、农村经济乃至中国经济发展的需求已变得日益迫切。与此同时,"三权分置"的诱致性制度变迁在实践中开始显现。

2.1.1.2　农地"三权分置"

农地"三权分置"是在农地"两权分置"所坚持的土地集体所有的基础上,将承包经营权独立为承包权和经营权,并规定所有权归集体所有、承包权归农户所有、经营权可以流转。由于农地制度形成了所有权、承包权和经营权并置的格局,故称之为农地"三权分置"。

农地"三权分置"并非强制性制度变迁,并非外生制度对农村经济社会的强制性嵌入,而是中国农村农地制度在农业生产实践中逐步演化的产物。早在 2002 年 8 月 29 日通过的《中华人民共和国农村土地承包法》就规定了通过家庭承包取得的土地承包经营权可以依法采取转包、出租、互换、转让或者其他方式流转,这说明21世纪初的中国农村已经萌生了"三权分置"实践。

在政策层面,农地"三权分置"提法始于习近平同志于2013年7月在湖北调查时所强调的:完善农村基本经营制度,要好好研究农地所有权、承包权、经营权三者之间的关系(管洪彦 等,2017)。《中共中央关于全面深化改革若干问题的重大决定》强调,赋予农民对承包地占有、使用、收益、流转及承包经营权抵押、担保权能,允许农民以承包经营权入股发展农业产业化经营,并进一步允许承包经营权在公开市场上流转。这是对2002年8月29日通过的《中华人民共和国农村土地承包法》关于农村土地承包经营权规定的进一步发展,但并没有明确提出对农地"三权"进行明确的并置。

习近平同志于2013年12月23日在中央农村工作会议上的讲话中明确提出:落实集体所有权、稳定农户承包权、放活土地经营权,顺应农民保留土地承包权、流转土地经营权的意愿,把农民土地承包经营权分为承包权和经营权,实现承包权和经营权分置并行,这是我国农村改革的又一次重大创新。这是对农地"三权分置"的进一步阐释,此后"落实集体所有权、稳定农户承包权、放活土地经营权"成为农村政策性文件的主线。

2014年中央1号文件《关于全面深化农村改革加快推进农业现代化的若干意见》提出:稳定农村土地承包关系并保持长久不变,在坚持和完善最严格的耕地保护制度的前提下,赋予农民对承包地占有、使用、收益、流转及承包经营权抵押、担保的权能。在落实农村土地集体所有权的基础上,稳定农户承包权、放活土地经营权,允许承包土地的经营权向金融机构抵押融资。

2014年11月《关于引导农村土地经营权有序流转发展农业适度规模经营的意见》提出:坚持农村土地集体所有,实现所有权、承包权、经营权三权分置,引导土地经营权有序流转;坚持农村土地集体所有权,稳定农户承包权,放活土地经营权,以家庭承包经营为基础,推进家庭经营、集体经营、合作经营、企业经营等多种经营方式共同发展。同时,该文件进一步认为要抓紧研究探索集体所有权、农户承包权、土地经营权在土地流转中的相互权利关系和具体实现形式。值得一提的是,该文件首次提出了"三权分置"的字样。

2015年2月1日《关于加大改革创新力度加快农业现代化建设的若干意见》强调:确保土地公有制性质不改变、耕地红线不突破、农民利益不受损的前提下,按照中央统一部署,审慎稳妥推进农村土地制度改革;抓紧修改农村土地承包方面的法律,明确现有土地承包关系保持稳定并长久不变的具体实现形式,界定农村土地集体所有权、农户承包权、土地经营权之间的权利关系。以法律形式来规定农地"三权分置",表明农地"三权分置"的实施已经进入了成熟阶段。

2015 年 11 月《深化农村改革综合性实施方案》将以农地"三权分置"为主要内容的农村基本经营制度作为深化农村改革的基本原则,将"落实集体所有权,稳定农户承包权,放活土地经营权"定位为深化农村土地制度改革的基本方向,并对农地"三权分置"的具体内容、推动土地经营权规范有序流转等内容进行了较为详尽的阐释。

2016 年 1 月《关于落实发展新理念加快农业现代化实现全面小康目标的若干意见》(2016 年中央 1 号文件)强调:稳定农村土地承包关系,落实集体所有权,稳定农户承包权,放活土地经营权,完善"三权分置"办法,明确农村土地承包关系长久不变。

2016 年 10 月《关于完善农村土地所有权承包权经营权分置办法的意见》将农地"三权分置"定位为继家庭联产承包责任制后农村改革又一重大制度创新,要求围绕正确处理农民和土地关系这一改革主线,科学界定"三权"内涵、权利边界及相互关系,不断健全归属清晰、权能完整、流转顺畅、保护严格的农村土地产权制度,并对农地"三权分置"的重要意义、总体要求,逐步形成"三权分置"格局,确保"三权分置"有序实施等问题进行了全面规定。

2016 年 12 月 31 日《关于深入推进农业供给侧结构性改革加快培育农业农村发展新动能的若干意见》将农地"三权分置"置于农业供给侧结构性改革和农业农村发展新动能的背景下进行了规定。

2018 年 1 月 2 日《中共中央国务院关于实施乡村振兴战略的意见》将农地"三权分置"置于乡村振兴的场域中,强调:完善农村承包地"三权分置"制度,在依法保护集体土地所有权和农户承包权前提下,平等保护土地经营权。

2019 年 1 月 1 日修订的《中华人民共和国农村土地承包法》对农地"三权分置"的内容进行了法律层面的规定。例如,增加了"承包方承包土地后,享有土地承包经营权,可以自己经营,也可以保留土地承包权,流转其承包地的土地经营权,由他人经营"等表述,规定了承包方享有的权利、土地经营权流转所应该遵循的原则等内容。

从上述农地"三权分置"政策的发展历程可以看出:第一,与农地"两权分置"一样,农地"三权分置"也是农村土地制度的创新,并未突破农村统分结合的双层经营体制,而是对其在新形势下的发展,并被赋予了新的内涵。例如,将农村统分结合的双层经营体制置于农业供给侧改革、乡村振兴等场域之中,赋予了其新的重要性和内容。第二,从农地"两权分置"到农地"三权分置"是一个政策延续体,是中国农村土地制度实践、理论和政策持续创新的结果,是诱致性制度变迁和强制性制度变迁的混合体。第三,与农地"两权分置"形成过程一样,农地"三权分置"经历了实践创新—政策倡导—政策确认—政策巩固—法律确认的过程。

第四，与农地"两权分置"一样，农地"三权分置"是推进国家治理体系和治理能力现代化的重要组成部分，将释放巨大的制度红利，推动中国农业农村生态发生巨变。

2.1.2 农地"三权分置"研究

2.1.2.1 农地"三权分置"内涵研究

学术界和实践界关于农地"三权分置"内涵的认识达成了一致，即农地"三权分置"是指农地所有权、承包权和经营权三权并置，落实集体所有权、稳定农户承包权、放活土地经营权是农地"三权分置"的核心内容。在此基础上，不同的学者从不同的学科视角进行了研究。例如，经济学往往从要素配置和权力结构的角度来理解农地"三权分置"，形成了产权的经济视角。法学往往从物权和三权的法律界定等视角来解释农地"三权分置"及其实施中存在的问题。社会学则往往从自身学科的角度来理解农地"三权分置"，形成了产权的社会视角，主要研究"什么决定产权"，强调产权的社会嵌入性和情景依赖性。高帆（2018）认为，"三权分置"的核心是在坚持农地集体所有制的基础上，在农户承包经营权的基础上分解出承包权和经营权，以此实现农民的多样化选择、土地的社会化配置和城乡要素的双向流动，并在农村经济效率提升和社会秩序平稳之间形成更优平衡。肖卫东等（2016）认为，农地"三权分置"旨在重构集体所有制下的土地产权结构，不断促进公平与效率的有机统一和螺旋式互动增进。房建恩（2017）运用政策文本分析法结合制度演进的进化博弈理论，归纳了农地"三权分置"的政策目标，用法律经济学的方法分析了国家干预的路径和方式，认为农地"三权分置"改革政策目标具有阶段性、层次性和系统性特征，应该以法律经济学干预理念，适时调整激励手段、激励策略、激励力度和激励方向，逐步实现农地"三权分置"的政策目标。李松龄（2018）认为，以个人劳动为基础的准价值形态土地个人所有制理论能够揭示土地"三权分置"改革的理论依据与内在逻辑；深化相对剩余价值理论的认识，能为资本有偿占有相对剩余价值提供合理的解释，也能为土地投资者和经营者占有相对剩余价值提供合理依据。管洪彦等（2017）认为，推进农地"三权分置"改革应该在基本概念达成共识的前提下实现农地"三权分置"的制度化与法律化，"三权分置"的法律表达需要重点界定好农户承包权与土地承包经营权的关系；对农村集体土地所有权、农户承包权、土地经营权的权能进行科学划分更需要明确土地经营权的性质。

2.1.2.2 农地流转模式

农地流转模式有不同的分类方法：依据农地流转各利益主体的地位差异可

分为政府主导型、集体主导型和农户主导型三种类型(于传岗,2013);依据流转规模可分为分散流转(出租、转包、转让和互换)和集中流转(反租倒包、股份合作、土地信托和集体农场)(王德福,2012);依据转出方与转入方的委托代理关系可分为直接式流转、政府参与式流转和中介参与式流转三种类型(仇娟东等,2013)。

2.1.2.3 价值目标冲突引致纠纷与社会矛盾

农地"三权分置"中,中央政府的目标在于优化土地资源配置、提高劳动生产率、促进农业增效和农民增收[①],使农民从现代化中分享收益以及维护国家粮食安全,而地方政府的目标在于增加财政收入与提高政府政绩(马华,2014)、维护国家粮食安全。农地"三权分置"中,企业为了实现利润最大化而极力压低租金,农户则在保障生存的前提下追求货币收入最大化。目标的多元化直接导致冲突和矛盾,影响农村社会稳定和发展。因此,如何有效协调多元价值目标、引导多元利益主体从非合作走向合作、从利益冲突走向利益共融需要深入研究。

2.1.2.4 农民利益受损引致纠纷与社会矛盾

由于农地产权残缺、征地制度不规范、农民缺乏维权能力、难以参与土地流转过程、村民自治组织主体地位弱化等原因,农民利益往往处于受损状态,极易引起土地流转纠纷和社会冲突,制约生产发展,影响社会和谐。而强行政干预、涉农企业"权力寻租"的纠纷调解方式更加激化了上述矛盾(马华,2014)。在农村土地产权界定及其实施深嵌于乡土社会村落情境(胡新艳 等,2013)的背景下,不应该仅仅抽象地讨论土地权利与农民利益的关系,而需要深入土地制度运作的具体语境与处境中去(贺雪峰,2010)。单纯加强产权界定并不一定能够保障农民利益。因此,在产权明晰的前提下,通过何种机制来实现中央文件所强调的以农民为主体、让农民成为积极的参与者和真正的受益者、切实做到农民利益不受损值得深入研究。

2.1.2.5 利益主体间的失衡状态引致农民利益受损和社会矛盾

农地"三权分置"中多元主体间的失衡状态典型体现为:农村土地所有权代表主体虚位与弱位、政府权力处于优势地位、村民自治制度和农民集体异化;农民处于无组织状态,谈判能力弱,缺乏与其他主体平等对话的能力,在博弈过程中处于弱势地位。因此,如何有效增强农民的博弈能力,实现政府权力和农民权利的均衡需要深入研究。

此外,亦有学者对农地"三权分置"中的政府角色和定位进行了分析,认为农

---

① 参见《关于引导农村土地经营权有序流转发展农业适度规模经营的意见》。

地"三权分置"中政府越位、缺位、错位的现象时有发生。因此,如何明晰政府角色,有效发挥政府作用需要深入研究。

2.1.3 研究述评

综上所述,现有研究主要有以下特征：

第一,农地"三权分置"相关研究开始由宏观向微观拓展,即以经济学为学科视角、以农村土地流转制度建构与建设为主要内容、以农地产权为主要对象、以规范研究为主要方法、以理论建构为主要导向的宏观研究,拓展至以经济学、管理学等多学科为视角,以农地流转纠纷、风险和农户流转主体行为及其权益保护为主要内容,以农地流转多元主体尤其是微观农户为主要对象,以规范研究与实证研究相结合为主要方法,以问题解决为导向的微观研究。

第二,现有研究多关注农地产权对农地矛盾与农民利益保护的影响,较少关注多重转型的农村治理生态对农地矛盾与农民利益保护的影响。

第三,将公共价值理论应用于中国农地"三权分置"这一特定场域的研究很少见。

基于此,本书将从公共治理的视角来分析农地"三权分置"制度的实施与运作,将农地"三权分置"视为公共价值创造过程,并从理论与实践两个层面来进行论证。

2.2 公共价值理论与实践研究

近二十年来,公共价值理论在世界范围内产生了广泛的影响力,对网络治理场域中的政府行为、政策制定和公共服务等方面的理论与实践产生了深刻影响,正在成为公共管理领域中的下一件"大事"(Talbot,2009),公共价值的时代已经悄然来临。在中国,公共价值理论为新常态下"建设什么样的政府,怎样建设政府"提供了新的理论支撑,其对公共治理实践的影响日渐显现。但是,作为公共价值理论的核心概念与基石的公共价值却面临另一种境地,公共价值的理论与实践研究"量"的变化尚未催生"质"的变化。一方面,公共价值倡导者尚未就公共价值研究形成统一的概念与话语体系,他们往往采用功利主义的态度,从局部视角——从对自身学术研究有利的狭隘视角来阐释和发展公共价值的内涵与构成要素,无暇思考作为整体的公共价值的主要内容与发展方向等问题。另一方面,公共价值有效性捍卫者认为,公共价值这一概念太宽泛,包含太多内容,难以形成共识,甚至质疑公共价值能否作为理论(Rhodes et al.,2007)。根据生命周期模型,公共价值这一综合性构念的发展状况取决于公共价值倡导者和公共价值有效性捍卫者两者之间的辩论关系,若公共价值能够有效回应并超越公共价值有效性捍卫者提出的挑战,则会走向崛起,形成具有内在连贯性与一致性的学术概念;反之,则趋向于崩塌乃至消亡。那么,公共价值能具有长久的学术生命力吗?它将走向崛起还是面临崩塌?在此背景下,本书以综合性构念生命周期模型为分析工具,追踪公共价值的发展轨迹,分析其未来发展理路。

2.2.1 生命周期模型:探讨综合性构念发展理路的工具

Hirsch et al.(1999)在《综合性倡导者和有效性捍卫者:生命周期模型》中,以组织有效性这一综合性构念的发展过程为例,提出了反映综合性构念生命周期的一般模型。之后,这一模型被学术界广泛应用,逐步成为分析综合性构念形成、发展或消亡机理的重要工具(Wiengarten et al.,2017;Giorgi et al.,2015;Strand,2014)。

综合性构念的生命周期模型主要由三部分组成:作为分析对象的综合性构念、作为分析过程的生命周期阶段和生命周期模型的动力机制。

综合性构念是生命周期模型的分析对象。综合性构念是指能够松散包容与解释一系列多种不同现象的广义概念。它通常形成于尚未达成共识的学术领域,试图将不同的研究要素与现象联系在一起,并整合成为一个构念以帮助人们理解一些看起来貌似不相关但实质相关的现象或事物。例如,组织有效性这一构念的产生是由于学者们试图将生产力、效率、利润、质量、增长、控制、灵活性与适应性、计划与目标设定、信息管理与沟通等17个研究要素整合为一个构念,以增进人们对组织行为的整体理解。

与产品生命周期的导入、成长、成熟、衰退四个阶段相似,综合性构念的生命周期也分为四个阶段:新兴的兴奋、有效性挑战、分类整理和构念崩塌(超越挑战/永久议题)(见图2-1)。综合性构念的生命周期模型认为,所有的综合性构念都要经历这四个阶段。在最后一个阶段,学者们要么使这个综合性构念更具有内在连贯性,即超越挑战;要么一致认同该综合性构念的不同界定,即成为永久议题;要么使其趋于消亡,即构念崩塌。需要说明的是,这四个阶段并不一定是截然分开的,有可能多阶段重叠交织。

推动综合性构念的生命周期模型由第一阶段向第四阶段发展演变的动力来源于综合性构念的综合性倡导者和有效性捍卫者学术观点的辩证统一。综合性倡导者认为,很有必要从广义视角来看待和分析综合性构念,它能够架接起学术领域彼此之间以及学术领域与现实世界之间相互联系的桥梁。因此,综合性倡导者试图发展广义的和具有相关性的构念。有效性捍卫者群体主要由方法论导向的学者组成,他们倡导从狭义的视角来看待综合性构念,即综合性构念的建构

图 2-1　综合性构念的生命周期模型

必须符合有效性和可靠性等严格标准。因此,有效性捍卫者试图缩小综合性构念的内涵,从而使其能够被操作化定义并被检验。表面上,综合性倡导者和有效性捍卫者两者是矛盾体,实质上,两者是辩证统一的,共同推动了综合性构念的发展演变。如果没有综合性构念,学术领域将陷入链接断裂导致的不连贯、不系统和不相关的危险境地;如果不遵循严格标准,学术领域将陷入草率和散乱的境地。因此,只有两者辩证统一,学术领域才能保持既具有相关性又具有科学性。两者相互制衡,确保双方能在正确的轨道上发展,既能够防止概念听而任之地随意发展,又能够防止理论暴政的出现(Pfeffer,1993),从而达到开放性与学科性之间的平衡。

在运用生命周期模型研究组织有效性这一综合性构念为什么会趋于崩塌的基础上,赫希和莱文提出了一些关于综合性构念发展过程的假设:

假设1:一个学术领域越是缺乏理论共识,这个领域愈加依赖于一个综合性构念来将众多不同的研究要素整合起来。

假设2:旨在将不同研究要素整合起来的综合性构念必将受到有效性检验的挑战。

假设3:趋向于崩塌的综合性构念的构成要素的生命周期比该综合性构念的生命周期长。

假设4:消亡的综合性构念会以另一种崭新的、不同的名称重生。

假设5:综合性构念受到的支持越多,越不容易受到有效性检验挑战。

以组织有效性这一综合性构念的生命周期为例:① 新兴的兴奋阶段。组织有效性兴起于 20 世纪 60 年代,并迅速进入全盛期,吸引了众多组织理论学者。但是,学术界并未形成一个能够被普遍接受的统一内涵。② 有效性挑战阶段。组织有效性研究迅速繁荣的同时,部分学者开始关注该概念的界定和有效性方面的问题,有关组织有效性的实证研究也随之增长,但是却没有形成一套统一的组织有效性评估方法论。以测量指标为例,Cameron(1978)比较了 21 篇关于组织有效性经验研究的文章,发现其中 80% 的测量指标不具有重复性。测量指标的非重复性对组织有效性的整合性检验产生了负面影响,使得对组织有效性从整体上进行实证检验变得不具有可行性。与此同时,学者们开始从特定视角对组织有效性进行实证检验,组织有效性的研究蜕变为不同学术视角的简单累加。③ 分类整理阶段。由于对组织有效性缺乏共识,一些学者开始对组织有效性研究视角或构成要素进行分类整理,但最终仍未产生一个具有内在连贯性的组织有效性构念。④ 构念崩塌阶段。由于学术界对组织有效性没有形成共识,有效性捍卫者呼吁停止组织有效性研究或转向其构成要素研究。至此,对作为整体的组织有效性研究开始衰微,而对其构成要素的研究则成为主导。据赫希和莱文粗略统计,1977 年和 1978 年,与组织有效性相关的主题文章占 ABI/INFORM(商业信息数据库)所收录文章的比例分别高达 0.3% 和 0.4%,而到1994 年,这一比例仅为 0.1%。

与组织有效性类似,公共价值也是一个综合性构念。学者们对公共价值理论尚未达成共识,或试图用它将不同的研究要素整合起来,或用它来解释众多实践现象。例如,有学者认为公共价值包括服务、结果、信任或合法性等要素(Kelly et al.,2002),有学者认为公共价值包括更好的服务、不断增强的信任和社会资本、社会问题的减少或避免等要素(Horner et al.,2005)。表面上,学者们所主张的公共价值诸要素缺乏紧密联系,实际上,上述诸要素内生且辩证统一于公共治理行为过程与结果之中,旨在求解治理背景下政府行为的合法性问题。从综合性倡导者视角看,公共价值能够架接起治理模式转型所催生的政府行为应然研究与现实实践的桥梁;从有效性捍卫者视角看,公共价值因其所含内容的广泛性、试图将多种不同要素整合起来等特性而必须接受有效性挑战,以期符合构念检验的有效性和可靠性等标准。实际上,从当前的公共价值构念发展历程看,学者们无意中已在依循综合性构念的生命周期模型,开始在进行更有效建构的同时,尝试对其进行操作化定义并使其接受实证检验,以推动公共价值理论的发展。

2.2.2 基于生命周期模型的公共价值构念发展轨迹分析

根据综合性构念生命周期模型所划分的阶段,公共价值理论的发展已经历了第一阶段,在第二阶段深入发展的同时第三阶段也有所发展,尚未进入第四阶段。

2.2.2.1 新兴的兴奋阶段

以公共价值为核心概念和基石的公共价值理论发端于马克·莫尔于1995 年出版的《创造公共价值:政府战略管理》一书。公共价值理论的最初目标是为公共部门管理者建立一个战略管理框架,但后经学者们的理解、扩展与应用,该理论逐渐进入兴起阶段。事实上,"价值"问题一直是公共行政发展中的经典问题,有关公共行政价值的讨论一直贯穿于公共行政学说发展史。例如,历史上著名的达尔与西蒙之争、西蒙与沃尔多之争表面上是公共行政学的学科地位与学科身份之争以及公共行政学的研究取向与研究方法之争,但处处渗透着公共行政价值之争的身影。2009 年,《国际公共行政杂志》(*International Journal of Public Administration*)第 32 卷第 3 期和第 4 期发表了公共价值专题文章,这是国际公共行政期刊首次以专题形式刊发公共价值文章。此后,2012 年,《公共行政评论》(*Public Administration Review*)第 1 期刊登了以"在多部门、权力共享世界中创造公共价值"为主题的专题征稿启事。这标志着公共价值理论研究正式进入主流公共行政或公共管理研究领域。其实,自 1995 年以来,公共价值吸引了日益增多的学者和实践者的注意力,相关研究成果大幅度增长。以国内外学者发表的公共价值学术论文为例,以题目中包含"公共价值"字样为条件进行检索,牛津期刊(Oxford Journals)、思哲期刊(Sage Journals)、泰勒和弗朗西斯(Taylor & Francis)、威立(Wiley)等四大数据库中可检索到的关于公共价值主题的实质性论文[1]数量由 1995—2003 年的年均 1~2 篇逐步增长为 2009—2015 年的年均 10 多篇[2](见表 2-1),国内知网中可检索到的关于公共价值主题的实质性论文也由 2006 年的 1 篇逐步增长为 2013 年的 13 篇和 2014 年的 14 篇(见表 2-2)。

表 2-1　四大数据库中可检索到的公共价值主题实质性论文数量

年份	1994	1995	1997	1998	1999	2001	2002	2003	2004	2005
篇数	1	1	2	1	1	2	2	1	6	1
年份	2006	2007	2008	2009	2010	2011	2012	2013	2014	2015
篇数	2	4	5	17	7	10	11	8	20	9

表 2-2　知网数据库中可检索到的公共价值主题实质性论文数量

年份	2006	2007	2008	2009	2010	2011	2012	2013	2014	2015
篇数	1	2	3	4	4	3		13	14	6

在初期阶段,相关研究主要围绕公共价值内涵或将公共价值作为一个绩效

---

①　公共价值主题的实质性论文是指以公共价值为实质性研究内容的论文,剔除了借公共价值之名研究其他内容的论文。

②　国内外论文检索截止日期为 2015 年 5 月 31 日。2015 年的统计数据实际上只是半年的数据。因此,如果换算成 2015 年全年的数量,则关于公共价值主题的实质性论文数量还会增长。

测量工具展开。战略三角模型是莫尔关于公共价值论述的核心,它由公共价值战略目标、授权环境和运行能力三个部分组成。但是,后续研究却并未紧紧围绕战略三角模型展开。Kelly et al.(2002)等将公共价值划分为服务、结果、信任和合法性,标志着公共价值研究内容开始转型。尽管结果、信任和服务与战略三角模型中的公共价值、授权环境和运行能力宽泛地对应,但是莫尔所强调的重点在重新表述中已经失去了(Williams et al.,2011)。同一年,Bozeman(2002)将公共价值界定为规范性共识的价值,开辟了新的公共价值研究领域。在Bozeman看来,公共价值主要包括公民应该获得的权利;公民所应该承担的义务;政策制定所需遵守的规则。此后,Benington(2009)对公共价值进行了重新定义,首次将公共和集体作为基本的分析单元,认为公共价值在公共领域中能够得到最好的理解与实现,应该包括"公众最重视什么"和"什么能够为公共领域增加价值"两个方面,标志着公共价值研究开始摆脱莫尔时期新自由主义所强调的以市场竞争为背景的个体本位主义的拘囿,公共性开始凸显。与之相适应,公共价值测量方面的研究也随之展开。例如,莫尔(2003)将其开发的公共价值计分卡作为非营利组织绩效测量与管理的工具;Cole et al.(2006)以公共价值为依据,开发了公共服务价值模型并利用其来测量公共服务绩效。此外,亦有学者对公共价值测量进行了探索。

Benington et al.(2010)在《从私人选择到公共价值》中,首次提出了将公共价值作为范式的设想并进行了初步分析。Stoker(2006)在《公共价值管理:网络治理的新叙事?》中明确将公共价值管理作为继传统公共行政理论和新公共管理理论之后的新的范式。这标志着公共价值研究的深入与质变。之后,O'Flynn(2007)、Alford et al.(2008)、Bryson et al.(2014)诸多学者加入了将公共价值作为新的学术范式的研究之中,探讨作为新的学术范式的公共价值理论较之传统学术范式的异同及其对公共管理理论与实践的影响成为主题。例如,学者们认为公共价值是一种超越传统命令-控制模式和市场模式的公共治理框架(O'Flynn,2007;Bryson et al.,2014),是优化网络治理的框架(Stoker,2006),是对政府的"再发现"(Smith,2004),是对新公共管理途径的替代(Benington,2010),通过确立公民在公共价值创造中的核心地位定义了新型公民-国家关系(Williams et al.,2011)。

与公共价值的理论发展相伴随的是其在实践中的应用,但更多集中于以公共价值及其框架来评估公共部门实践或改革成效领域。例如:以公共价值为标准来评估公共部门绩效(Cole et al.,2006;包国宪 等,2012;樊胜岳 等,2013;王冰 等,2014)、公共采购绩效(Erridge,2007)、结果导向的公共管理(Try et al.,2007;Try,2007)、电子政务绩效(Grimsley et al.,2007)、医疗改革绩效(Bossert et al.,1998)、公共政策制定(Bozeman,2002)、公共部门在网络发展中的角色(Rogers et al.,2004)等。公共价值的应用领域涵盖了文化、学习与技能、社会不平等等领域。

2.2.2.2 有效性挑战阶段

随着公共价值的理论研究与实践应用的发展,针对公共价值的质疑与批判也随之产生,部分学者开始质疑公共价值这一综合性构念的有效性。针对公共价值的批判主要围绕公共价值的模糊性和多维性以及由此导致的实证研究难题等问题展开。

众多学者认为,公共价值仍然缺少明确的定义(O'Flynn,2007;Bryson et al.,2014),常常被表述为多维建构的概念。公共价值被松散地使用着,作为一个宽泛的多用途词语表达着不同观点,对不同的人意味着不同的内涵(Benington,2009)。例如,有的学者认为公共价值是由公共偏好决定的,由服务、结果、信任和合法性等要素构成(Smith,2004)。有的学者将公共价值界定为政府通过服务、法律规制和其他行动创造的价值,包括为使用者服务而产生的价值,尤其是服务供给中的公平价值、结果的价值、信任或合法性的价值共三个部分(Kelly et al.,2002)。有的学者认为公共价值是一个与通过股东收益来测量的、与私人价值紧密联系的概念。在公共价值中,公民是股东,它可以通过经济繁荣、社会凝聚和文化发展来创造(Horner et al.,2005)。有的学者从超越市场价值的视角对公共价值进行界定,认为公共价值还包括生态、政治、社会和文化等方面的价值(Benington,2009)。

公共价值界定的模糊性和多维性导致其难以被测量或测量指标难以具有内在一致性或可重复性,影响了公共价值的发展。有学者通过系统的文献梳理发现,关于公共价值的实证研究仍然比较缺乏,部分原因在于公共价值构念界定的模糊性(Williams et al.,2011)。通过文献梳理可发现,目前尚未发现一套具有可重复性的公共价值测量指标体系。例如,有学者以民主责任、程序合法性、实质性结果为维度来建构公共价值框架和测量指标体系(Page et al.,2015)。Cole et al.(2006)从结果与成本-有效性(cost-effectiveness)两个维度来建构公共服务价值模型并对公共服务绩效进行测量,两者之间所采用的测量指标体系截然不同。国内学者将公共价值作为绩效评估标准的研究也面临类似窘境,公共价值的构成要素或其测量指标严重缺乏内在一致性甚至截然不同。例如,包国宪等(2012)从"公共性"、"合作生产"和"可持续"三个方面对新公共管理背景下的政府绩效管理进行了反思,建立了以公共价值为基础的政府绩效治理概念模型。樊胜岳等(2013)以公共价值为标准对生态建设政策绩效进行实证研究,从政策过程的"公平性"、对"合作生产"主体的尊重性、政府部门管理的"效率性"、生态效果的"可持续性"、政策的生态结果等方面提取指标因子。肖艾林

(2014)以公共价值为标准对政府采购绩效进行研究,选用经济效益、社会效益、环境效益和服务对象满意度、经济性、效率性、效益性、对社会及经济的影响性作为指标。

上述研究状况直接导致了以下后果:① 对公共价值整体进行研究所需测量指标太多,直接增加了学者对公共价值整体进行研究的困难。② 公共价值在不同研究场域之间的不可比较性与不可通约性,导致难以对公共价值的深层共性进行深入研究。③ 对公共价值所包含各种要素的深度整合构成了挑战。从量化方法论上讲,只有当公共价值测量指标具有一定的相关性时,才有可能在不减少信息量的前提下缩减为少数几个关键公共因素,才能对公共价值不同构成要素之间的逻辑联系进行分析和整合。公共价值在不同研究场域的不可通约性和测量指标的非重复性可能直接导致关于公共价值的研究变成临时性的简单累加,而非有效整合,公共价值构念的整体性建构面临挑战。例如,有些学者将公共价值作为一般意义上的术语进行使用(Hefetz et al.,2004)或者进行选择性使用(Rhodes et al.,2007),甚至误用(Carmeli et al.,2006)。④ 公共价值在理论和实践上的理解变得模糊不清。正如奥尔福德等学者所言,不同的学者可以从公共价值中发现多种多样的、不同的观点(Alford et al.,2009)。这些后果最终导致公共价值没有能够发展出实证研究基础并失去了其作为一条实践途径的清晰度和独特性(Williams et al.,2011)。

2.2.2.3 分类整理阶段

对综合性构念进行分类整理的目的在于有效整合其构成要素。在难以就公共价值达成共识的背景下,一些学者尝试对公共价值的研究视角进行初步分类,但尚未涉及对公共价值构成要素的分类整理。

Alford et al.(2009)将公共价值研究视角分为四类:范式、修辞、叙事、绩效。① 作为范式的公共价值。Stoker(2006)认为,公共价值是继传统公共行政与新公共管理之后的新范式,它与网络治理相适应,在继承传统公共行政和新公共管理的基础上实现了创新发展,对效率、责任和公平关系进行了重新界定。O'Flynn(2007)认为,从新公共管理到公共价值是研究范式转换,公共价值是对新公共管理弱点的回应,代表了一种后官僚和后竞争时代的思维方式,允许人们从在新公共管理运动中占统治地位的狭隘的市场与政府失灵途径中跳出来,将焦点由结果和效率转移至更为广泛的公共价值目标。与新公共管理取代传统公共行政一样,一种新的理论正在兴起并将取代新公共管理,而公共价值、公共领域是即将出现的新理论的核心(Bryson et al.,2014)。不仅如此,将公共价值作为范式的观点在实践界也得到了承认,学者们认为公共价值为公共管理设定了一个新的范式;Horner et al.(2005)认为公共价值管理作为一种新的公共管理思维方式,它为合法性、资源分配与测量等提供了一个框架;新西兰劳工部认为,将公共价值与公共部门生产效率连接起来,无论是在界定公共部门生产效率还是在理解通过伙伴关系来提升生产效率方面都实现了突破。② 作为修辞战略的公共价值。该观点认为,公共价值是政府和公共管理者所采用的修辞战略,旨在维护部门利益,扩大部门权力。③ 作为叙事的公共价值。该观点的典型学者代表为斯托克(Stoker)和史密斯(Smith)。Stoker(2006)认为,以网络治理为基础的公共价值管理提供了新的叙事方式;Smith(2004)认为聚焦于公共价值能够讲述一个有用的新故事,它能够将公共政策、政策分析、管理学、经济学、政治科学与治理等分析视角连接起来。④ 作为绩效的公共价值。该研究视角主要是将公共价值作为公共服务测量标准。例如,Kelly et al.(2002)依据公共价值理论构造了公共部门改革的分析框架,为测量政策和公共组织绩效提供了一个标准;而 Cole et al.(2006)认为,公共服务价值模型为界定、测量和增加公共服务价值提供了一个相对有意义的、比较容易使用的方式。

此外,亦有学者从公共价值理论渊源的视角将其分为莫尔传统和博泽曼传统。莫尔传统将公共价值界定为企业管理中的私人价值在公共部门的等价物,博泽曼传统将公共价值界定为一个社会的规范性共识。与此相类似,国内学者将公共价值划分为结果主导的公共价值(public value)和共识主导的公共价值(public values)。两者的关系在于:两者都以共同的社会价值为基础;共识主导的公共价值贯穿于结果主导的公共价值实现的整个过程,是公共价值实现的制度基础;结果主导的公共价值和共识主导的公共价值都以实现根本公共利益为最终目的(Bao et al.,2012)。这些研究都为促进公共价值的有效整合起到了增砖添瓦的作用,但整体上尚未取得实质性突破。

2.2.3 公共价值的未来发展理路

如前所述,公共价值发展在整体上仍处于综合性构念的生命周期模型第二阶段和第三阶段,尚未进入第四阶段。说公共价值将进入飞速发展阶段,显然为时过早。然而,认为公共价值潜在地为公共管理提供了一个不同的理论与实践途径,却并不为时过早(Talbot,2011)。如果要实现公共价值框架的宏大愿望,研究、辩论和应用的协同过程是必需的(Williams et al.,2011)。以生命周期模型为依据,应在进一步厘清公共价值构念并进行分类整理的基础上,从推动公共价值在实践中的应用和实证研究两个方面来协同推动公共价值发展,并以此来带动公共价值的理论发展。

2.2.3.1 推动公共价值在实践中的应用,以其在实践中的发展带动理论发展

要顺利推动综合性构念的生命周期由第三阶段向第四阶段的发展,获取对

综合性构念的强有力支持,尤其是来自实践中的支持尤为必要,正如前述假设 5 所认为的,如果综合性构念受到的(非学术领域的)支持越多,则这个综合性构念越不容易受到有效性检验挑战(Hirsch et al.,1999)。因为,较之于学术界的倡导者,实践界的倡导者受到的有效性约束往往较少,因而能够比较容易地推动综合性构念的发展。在此基础上,实践界的发展亦能够推动学术界的发展,学术界的观点往往向实践界的观点靠拢,而后者则很少受前者影响(Barley et al.,1988)。以新公共管理为例,由传统公共行政向新公共管理的转型并非没有遇到抵抗。学术界对新公共管理只是进行了持续而激烈的争论,因为它毕竟挑战了传统思维方式。但是,新公共管理只是将一系列实践、政策和理论囊括进来而没有提出一些具有内在连贯性的理论,即使到目前为止,它仍然是一个包罗万象的代名词(O'Flynn,2007)。考察新公共管理这一综合性构念的发展过程可知,新公共管理从一开始就具有实践导向这一显著特征。学术界与实践界的态势一直是学术界似乎在不断追赶已经做出的政策变化(Talbot,2009)。而当前,公共价值在理论界引起的争论与其在实践中的应用是并驾齐驱的(Talbot,2009)。令人欣喜的是,较之理论界对公共价值的迥异态度,实践界对公共价值总体上持欢迎态度,这为推动其在实践领域的应用奠定了良好基础。因此,参照新公共管理这一综合性构念的发展过程,要推动公共价值这一综合性构念继续向前发展,必须充分利用实践中的公共管理者对公共价值持欢迎态度这一优势,推动公共价值在实践领域的应用,以公共价值在实践领域的发展来带动公共价值在学术界的发展。Talbot(2009)认为,或许,这些观念由(公共价值)一个词语囊括不太现实,但是,新公共管理作为一个综合性构念也囊括了众多观念,甚至是相互冲突的观点。

具体到中国场域,鉴于公共价值旨在为网络治理背景下的政府职能创新、对公共管理者角色发展提供理论向导(吴春梅 等,2014a),可通过将公共价值与中国公共部门改革实践尤其是政府改革实践相结合来推动其在实践中的运用,同时也推进中国政府职能改革进程,实现双赢。以公共价值创造为目标来推动网络治理背景下的中国政府改革,可以有效理顺政府间纵向关系、政府-市场-社会横向间关系和政府自身定位的前后关系(包国宪 等,2012)。例如:以公共价值对公共管理者的角色设定来推进公共管理者角色的转型进程;以公共价值作为绩效评估标准来继续深入推进政府绩效管理改革;以公共价值为基础来推动政府与社会协同治理;以公共价值来引领社会治理中多元价值冲突,实现公共价值对个体利益、契约利益的包容。

2.2.3.2 推动公共价值的实证研究,为有效整合其构成要素奠定基础

实证研究在探讨公共价值构成要素及其内在联系并促进公共价值构成要素

整合等方面至关重要。但是，截至目前，对公共价值实证研究较为缺少，仅有的实证研究也多集中于以案例、访谈等资料获取方法为基础的定性研究，量化研究尤其少见。尽管公共价值及其框架、构成要素已经广泛应用于诸多领域，但有关公共价值框架、构成要素的实证研究仍显不足（Williams et al. ,2011），公共价值框架的实现过程仍需要深入的理论研究与实证研究（Benington,2011），加强公共价值内容、创造机制的实证研究仍是未来的关键研究领域之一（王学军 等，2013）。公共价值在中国情景中的适用性与应用问题亟须深入研究（包国宪 等，2012）。如何有效确认、认识和协调不同价值之间的冲突，加强公共价值的冲突管理以有效回应公民诉求和赢得公民信任等仍然需要进一步研究（Cole et al. ,2006）。公共价值实证研究较少的事实反映了对一个模糊的概念进行经验调查的困难性，同时也说明了对概念进一步澄清、详述和达成共识的必要性（Williams et al. ,2011）。因此，未来研究的任务之一是界定公共价值的核心内涵和外延，在此基础上使公共价值受到实证检验，并进一步推动公共价值理论在中国情景中的适用性与应用问题（包国宪 等，2012）。

具体而言，可通过以下几个方面来推进公共价值实证研究。在研究路径方面，要在加强公共价值在不同场域中的实证研究的基础上，努力增强相同领域中公共价值构成要素与测量指标的内在一致性，探讨不同领域间的共性因素，增强可通约性。在研究方法方面，注重质性研究与量化研究并重。通过质性研究可实现公共价值由经验层次向构念层次的发展，通过量化研究可实现公共价值由构念层次向经验层次的发展，应适时推动质性研究与量化研究之间的混合研究。

2.3　能力建设理论与实践研究

2.3.1　能力建设内涵

狭义上，能力建设是指增强特定人群管理自身需求的潜力和技能的一系列活动（Potter et al. ,2004）。广义上，能力建设是指一系列活动及其动态的、持续的、所有利益相关者参与的过程。能力建设旨在通过增加知识、增强能力与技能、改善个人行为、提升组织结构的过程，从而使组织能够以可持续的方式完成自身使命与目标。例如，通过教育与培训来增强资源管理过程中公众技能与组织活动能力等。1991 年，联合国开发计划署将能力建设定义为：通过恰当的政策与法律框架创造有利环境，使组织、社区参与、人力资源得以发展，管理系统得以增强。在公共服务领域，能力建设旨在增加公民和政府的能力以提供更具回应性和更高效的公共产品和服务。可见，能力建设并不是一个单项活动，而是一项系统工程。

2.3.2 能力建设框架

随着能力建设理论研究的深入,能力建设的目标焦点逐步由单纯的个人能力向个人能力与组织能力的整合进而向个人能力、组织能力与环境能力的整合转移,逐步推动了整体视角的能力建设框架研究。能力是指作为整体的公众、组织和社会成功管理其面临的事务的技能,能力建设意味着作为整体的公民、组织与社会随着时间的推移,不断释放、增强、创造、适应与保持能力的动态过程。能力包含一个国家(或地区)的人、科学、技术、组织、制度和资源能力。从整体上看,能力建设分为个人能力建设、组织(实体)能力建设、环境能力建设三个层次。通过对有关学者和机构观点的体系化整理,可勾勒出能力建设框架,见表2-3。

表 2-3 能力建设框架

能力建设层次	能力的内涵	能力赖以建立的因素
个体	个体运用自身知识与技能制定目标并实现目标的意愿与技能	个体的知识、技能、价值观、态度、健康、意识等
组织(实体)	影响组织能力的内部因素	人力资源:组织成员的个体能力; 物力资源:组织拥有的设施、设备、材料等; 智力资源:组织的战略规划与实施、技术与服务、项目管理、过程管理、组织协同等; 影响资源利用的组织结构、组织文化与管理方法等; 组织管理者的领导能力
环境	影响个体与组织能力的环境因素	正式制度:法律、法令、政策、指令、规则等; 非正式制度:风俗、文化、规范等; 社会结构与社会关系等; 可供利用的环境资源

2.3.3 农民能力研究

农民是推动农村社会发展和演变的主体力量,建构农民参与制度是解决农村问题的关键。在村民自治制度为农民参与和建构农民主体性提供制度和组织平台(徐勇,2006)的前提下,"农民是否有能力参与"成了农民能够有效参与的一大关键问题。"南农实验"表明,农民等参与主体的民主能力偏低(马华 等,

2011)。村庄治理主体能力匮乏对参与效果有损害,易导致公开排斥和政治包容现象,成为"永远的少数"(吴春梅 等,2010)。农村公共服务决策中存在农民参与知识欠缺与能力偏低、参与型政治文化缺失和合作能力偏低(吴春梅 等,2014b),农民以资源为基础的能力实质平等、理性信息交流与偏好转换能力有待推进和提高等问题(吴春梅 等,2011)。农村公共服务中同样存在农民参与知识欠缺与能力偏低、参与型政治文化缺失和合作能力偏低等问题(吴春梅 等,2014b)。在农地流转过程中,农民也面临着能力偏低的困境。一方面,农民缺乏争夺公共域中农地产权的行为能力,导致失地农民土地权益受损;另一方面,交易谈判能力的低下使农民难以保障自身利益,更无法通过正常途径与政府等利益主体进行博弈,而采取的极端行为和非制度化行为又加剧了矛盾。因此,以乡村治理生态为前提,如何改变农民与其他主体间的能力失衡状态值得研究。

2.3.4 政府能力研究

公共服务视角的政府能力是指政府提供公共产品和服务的能力(张国庆,2000),主要由规划能力、资源汲取能力、资源配置能力和危机管理能力构成(张立荣 等,2010)。政府职能视角的政府能力是指政府组织为完成目标和任务所具有的维持本组织的稳定存在和发展,有效治理社会的能量和力量的总和。政府职能决定了政府能力的基本内容和发展方向,政府能力的大小强弱则决定了政府职能的实现程度(金太军,2003)。公共政策视角的政府能力是指政府有效制定公共政策和执行公共政策,解决社会公共问题,推动社会、经济、政治、文化良性发展的能力(王骚 等,2006)。

第 3 章

>>>

农地"三权分置"遭遇公共价值消解:研究缘起

产权具有社会嵌入性,产权实施具有情景依赖性。理解农地"三权分置"必须首先理解其所依赖的实践环境和制度背景。从农地"两权分置"向农地"三权分置"的转型中,农村社会急剧市场化,市场价值逐渐占据主导地位,公共价值日趋衰落。这种格局构成了农地"三权分置"的制度背景和实践环境,也影响着农地"三权分置"的实施。

3.1 公共价值衰落与市场价值张扬:农地流转的制度背景

20世纪70年代以来,以发展为核心含义的现代化话语在城乡社会盛行,经济增长与物质建设成为衡量社会经济进步与否的标准,具有丰富内涵的社会治理被简化为物质财富的增长与实用技术的扩展(黄平 等,2011)。随着简单化的、市场取向的"现代化"对乡村的渗透,市场机制逐步成为农民日常生活乃至基层治理的主导原则,农村逐渐呈现出以市场价值彰显与公共价值消解为主要内容的价值失衡。这构成了农地"三权分置"的制度环境,对农地"三权分置"的有效实施产生了深刻影响。

3.1.1 经济个人主义盛行

经济个人主义是指强调个体利益和价值的哲学,主要包括三个原则:以个体为中心,价值是基于个体需要而非社会需要;社会和政府组织是用来满足个体需求的工具;个人,而不是社会或政治具有最高价值(Bozeman,2007)。随着市场逻辑和伦理替代传统的基于"熟人社会"的乡土逻辑,最大限度地满足自身利益成为常态,农民因赚钱而高兴。随着经济收入水平的分化,农民间的来往变少了(黄平 等,2011)。依据赫希曼(2008)的"私人—公共—私人的循环"的研究成果,当农民对狭义物质利益的追求尚未失望时,他们是不会开启"公共关怀周期"的。因此,农民对公共事务的参与持有"事不关己"的心理与参与功利化的趋向(翟军亮 等,2012),典型表现为"吃自己的饭,做自己的事,何必管别人的事""多一事不如少一事""事不关己少插手"的心态,"忽视甚至反对公共利益,有利就干,无利不干"的行为(吴春梅 等,2014b)。现在集体观念淡化,为大家利益着想的人少。例如,以前村里有人盖房子的时候,大家都互相帮忙,高高兴兴的,甚至不用给钱。现在如果不给钱,农民一般是不来帮忙的(黄平 等,2011)。

在农地流转中,经济个人主义往往会导致农地利用的"反公地悲剧"。例如,农地细碎化限制了农业规模效率的提高,"钉子户"问题或持反对意见的少数人因土地权利问题而限制了农地集体行为的达成(如修水利、打机井、修机耕道等),农地权利越大则农地资源配置效率越低的悖论,等等。这些问题恰恰需要农地利用中的集体机制和社会机制发挥功用,以克服支离破碎的产权结构的弊端。

3.1.2 市场化社会的形成

在市场经济取代计划经济的农村改革中,市场并未仅仅停留于经济领域,也日益渗入农民日常的社会关系和文化生活中,瓦解了传统社会关系和文化生活中所蕴含的公共性,形成了市场化社会,即市场原则支配了社会生活,社会关系中越来越强调交换和利益的纽带(黄平 等,2011),农民社会交往的功利性和工具性不断强化,主要表现为以下两个方面。

3.1.2.1 传统公共价值转型难

理论上,市场经济的发展往往伴随着社会服务体系的建立,以解决实践中所产生的由于市场分工所导致的市场主体原子化问题,建构市场价值与公共价值之间的平衡体系。在我国农村改革初期,伴随市场机制迅速渗入的却是政府机制的快速退却,前者导致农民成为独立的原子化市场主体,后者导致农村社会公共服务体系并未随市场机制的渗入而建立,两者的非同步导致农民处于一种主要"靠自己"的状态,并未实现由人民公社时期的行政机制所建构的公共性向以市场机制为基础的公共性转型,出现了人民公社时期所建立的公共价值存量的断崖式下降。例如,湖北在农技推广领域进行的"以钱养事"市场化改革,直接将农村基层公益性服务体系拆散,农业技术升级靠农民自己成为常态。

3.1.2.2 公共价值培育难

例如,市场以理性经济人假设为前提,在农村实践中具体体现为理性计算的盛行。在农民终极价值缺位的背景下,理性计算使得预期变得短视化,这直接导致了农村互助互惠网络的解体,农民个体之间的互惠性换工等行为变成了即时性金钱交易。例如,发展低保、贫困补助等公共服务是培育公共性的重要途径,但在实际供给过程中所出现的"人情保"、"关系保"以及享受低保人员名单"不公开、不公示、不透明"等问题抵消了低保、贫困补助等公共服务应该起到的公共性培育作用。在这种市场化社会背景下,以农业合作社为主体的农业社会化服务体系过分强调"利"而忽视了公益性。例如,一些农业龙头企业成立合作社,骗取补贴或低息贷款,难以为农地流转效益提升提供实质性支持。另外,市场化社会的形成也销蚀了农村公共空间。

3.1.3 公共空间的衰退与功能弱化

农村公共空间的日益衰退表现为传统公共生活出现萎缩,而现代公共生活空间尚未完成建构。例如,随着农村人口流动和老龄化的加速以及现代传媒和网络在农村的深入发展,诸如"道路旁","大树下"等开放和半开放公共空间已经逐渐消失,在家里看电视、玩手机、上网已经成为农民尤其是青年农民的生活常态,但这种流动的虚拟公共空间尚不具备公共性再造的功能。一方面,传统公共空间的衰退增加了农地流转成本和难度,一些过去在田间地头能办成的事现在得跑到镇上才能办成。现代公共空间的不完善导致公共事务决策和村庄集体行动变得异常困难,即使在政府介入并提供初始动力的前提下,农民依然难以就后续协商、决策和行动达成一致。另一方面,公共空间功能弱化导致社会机制对个体行为约束力下降,难以有效制约农地流转中个体对"利"的过分追求,"反公地悲剧"现象频现。

因此,仅从农地产权视角不足以化解现实土地纠纷,必须考虑由土地承包所启动的农村市场化改革进程。也就是说,要有效化解农地流转中的矛盾,可行路径之一是有效整合农地流转所涉及的多元异质行为背后的多元价值。新中国成立以来的农地制度变迁过程已证明,过度注重市场属性或过度重视公共属性均易导致矛盾的产生,过度重视公共属性会导致效率受损,过度重视市场属性会导致公共利益受损。这也同时证明了寻求公共属性和市场属性两者之间的均衡是新一轮农地改革的主要突破口,而这也恰恰是当前农地"三权分置"制度的核心意义。但是,既有治理模式要么单纯强调政府机制(如传统公共行政),要么单纯强调市场机制(如新公共管理),均难以有效整合农地流转所涉及的多元价值,难以解决多元价值之间的失衡状态。在此背景下,如何通过在市场价值中嵌入公共价值来实现两者的平衡成为推进农地良性、有序、持续流转研究的起点。

3.2　公共价值消解对农地"三权分置"实施影响的实证分析

如前所述,农村公共价值消解和市场价值张扬构成了农地"三权分置"实施的制度背景。农村公共价值消解真的会对农地"三权分置"的实施造成影响吗?本节以农村公共价值消解对农地流转矛盾的影响来分析农村公共价值消解对农地"三权分置"实施的影响。

3.2.1　变量选择

结合研究数据,因变量选择"近十年来,农地流转纠纷是否增加了"这一题项,自变量从公共生活危机、社区认同危机、公共舆论危机、公共参与危机等四个方面(五个因子)来设计题项,见表3-1。需要说明的是,因变量"近十年来,农地流转纠纷是否增加了"的选项为"是""否"的二分选择,自变量均采用五点李克特量表形式,"非常不同意"赋值为1,"不同意"赋值为2,"一般"赋值为3,"同意"赋值为4,"非常同意"赋值为5。

3.2.2 效度分析

运用 SPSS 22.0 软件对公共价值消解量表进行因子分析适宜性检验,结果显示,公共价值消解量表的取样适切性量数 KMO 值(Kaiser-Meyer-Olkin Measure of Sampling Adequacy,KMO)为 0.857,大于 0.8,表明因子分析适宜性良好。巴特利特(Bartlett's)球状检验显著性水平小于 0.05,拒绝原假设,接受备择假设,即变量之间并不是相互独立的,有共同因子存在,适合进行因子分析。公共价值消解量表因子分析适宜性检验结果见表 3-2。

表 3-1   公共价值消解观测变量

变量	变量符号	均值	标准差
现在这年头,各自为己,过好自己的日子就好了	plc1	2.980	0.991
金钱是衡量成功的重要标准	plc2	2.779	0.996
自己宁愿看电视、上网也不愿出去聊天	plc3	2.590	0.941
换工、帮工、互助等现象已经不存在了	plc4	2.680	0.927
生产和生活中,人们之间的劳动关系变成了金钱关系	plc5	2.760	0.964
是否有用、有利,是自己做事与否的标准	plc6	2.978	0.911
村里面的人积极参与公共事务	ppc1	3.239	0.782
是否有金钱等报酬是自己是否参与公共事务的标准	ppc2	2.917	0.856
村里面修路时,如果占用了自家的耕地,必须要补偿	ppc3	3.406	0.870
自己对所住村庄有强烈的亲切感	pci1	3.640	0.850
村里面的人对村集体没啥感情	pci2	2.656	0.922
现在的人都没有集体意识了	pci3	2.723	0.899
村里面的事跟自己没关系	pci4	2.553	0.871
自己常常就村里面的公共事务发表意见	pci5	3.099	0.761
人们很少谈论或指责村里面某某人的不道德行为	poc1	2.918	0.791
自己管好自己就行了,没必要去讨论别人的事	poc2	3.102	0.863
人们在一起聊的都是些与村庄或社区无关的"大话题"	poc3	2.912	0.831
村里面不赡养老人的现象比以前增多了	psc1	2.622	0.956
是否违背村规民俗,是自己做事与否首要考虑的标准	psc2	3.162	0.893
只关注自身权利,不承担责任与义务的越来越多了	psc3	2.978	0.949

表 3-2　公共价值消解量表因子分析适宜性检验结果

KMO 值		0.857
巴特利特球状检验	近似卡方值	4 900.384
	自由度	190.000
	显著性	0.000

　　表 3-3 是公共价值消解量表共同性分析结果,即每个题项的初始共同性和采用主成分分析法抽取主成分后的共同性。共同性越低,表明该题项越不适合纳入主成分分析之中;共同性越高,表明该题项的共同特质越多,越适合抽取共同因子。由表 3-3 可以看出,抽取主成分后,绝大部分题项的共同性均在 0.5 以上,这表明共同性可以接受,可以抽取共同因子。

表 3-3　公共价值消解量表共同性分析结果

变量	初始值	共同性特征值
$plc1$	1	0.626
$plc2$	1	0.607
$plc3$	1	0.539
$plc4$	1	0.512
$plc5$	1	0.588
$plc6$	1	0.600
$ppc1$	1	0.566
$ppc2$	1	0.543
$ppc3$	1	0.567
$pci1$	1	0.641
$pci2$	1	0.568
$pci3$	1	0.654
$pci4$	1	0.633
$pci5$	1	0.483
$poc1$	1	0.557
$poc2$	1	0.684
$poc3$	1	0.546
$psc1$	1	0.551
$psc2$	1	0.473
$psc3$	1	0.471

　　注:提取方法为主成分分析法。

表 3-4 是公共价值消解量表解释总变异量的结果。转轴方法采用直交转轴的最大变异法。从表 3-4 中可以看出，特征值大于 1 的主成分共有 5 个，即根据特征值大于 1 的原则，公共价值消解量表的 20 个题项一共可以抽取 5 个因子。从"初始特征值"看，5 个因子依特征值大小，其重要性从高到低排列着。第 1 个因子的特征值为 5.628，该因子可解释的变异量为 28.14%；第 2 个因子的特征值为 1.976，可解释的变异量为 9.879%；第 3 个因子的特征值为 1.546，可解释的变异量为 7.732%；第 4 个因子的特征值为 1.196，可解释的变异量为 5.980%；第 5 个因子的特征值为 1.064，可解释的变异量为 5.321%；这 5 个因子一共可以解释 57.052%的变异量。经过转轴后，这 5 个因子中每个因子的特征值有所改变，例如，第一个因子的特征值由 5.628 变成了 3.090，但是，这 5 个因子可解释的总变异量是不变的。

表 3-4 公共价值消解量表解释总变异量

成分	初始特征值			平方和负荷量萃取			转轴平方和负荷量		
	总和	方差/%	累积/%	总和	方差/%	累积/%	总和	方差/%	累积/%
因子 1	5.628	28.140	28.140	5.628	28.140	28.140	3.090	15.450	15.450
因子 2	1.976	9.879	38.019	1.976	9.879	38.019	3.088	15.438	30.888
因子 3	1.546	7.732	45.751	1.546	7.732	45.751	1.949	9.746	40.634
因子 4	1.196	5.980	51.731	1.196	5.980	51.731	1.822	9.109	49.744
因子 5	1.064	5.321	57.052	1.064	5.321	57.052	1.462	7.309	57.052

注：提取方法为主成分分析法。

表 3-5 是公共价值消解量表转轴后的成分矩阵。采用最大变异法进行直交转轴，转轴时采用 Kaiser 标准化最大方差法，进行了 9 次迭代运算。从表 3-5 中可以看出，题项 $plc2$、$plc3$、$plc4$、$plc5$、$plc6$、$ppc2$ 在因子 1 上具有较高的载荷值，由于这些题项主要反映了公共生活危机，因此可以将因子 1 命名为公共生活危机因子。题项 $pci2$、$pci3$、$pci4$、$psc1$、$psc3$ 在因子 2 上具有较高的载荷值，由于这些题项主要反映了社区认同危机，因此可以将因子 2 命名为社区认同危机因子。题项 $plc1$、$poc2$、$poc3$ 在因子 3 上具有较高的载荷值，由于这些题项主要反映了公共舆论危机，因此可以将因子 3 命名为公共舆论危机因子。题项 $ppc1$、$pci5$、$poc1$、$psc2$ 在因子 4 上具有较高的载荷值，由于这些题项主要反映了公共参与危机，因此可以将因子 4 命名为公共参与危机因子。题项 $ppc3$、$pci1$ 在因子 5 上具有较高的载荷值，由于这些题项主要反映了社区公共意识危

机,因此,可以将因子5命名为社区公共意识危机因子。

表 3-5　公共价值消解量表转轴后的成分矩阵

观测变量	变量因子				
	因子 1	因子 2	因子 3	因子 4	因子 5
$plc1$	0.425	0.153	0.628	−0.155	−0.060
$plc2$	0.632	0.209	0.379	−0.074	−0.124
$plc3$	0.501	0.313	0.302	0.042	−0.312
$plc4$	0.545	0.264	0.286	0.190	−0.166
$plc5$	0.665	0.329	0.094	0.153	0.075
$plc6$	0.739	0.179	−0.018	0.094	0.113
$ppc1$	0.183	−0.120	−0.182	0.625	0.308
$ppc2$	0.678	0.198	0.008	−0.026	0.208
$ppc3$	0.397	−0.004	0.037	−0.126	0.626
$pci1$	−0.127	−0.090	0.065	0.284	0.730
$pci2$	0.231	0.715	0.027	−0.011	−0.056
$pci3$	0.257	0.756	0.108	0.050	−0.051
$pci4$	0.261	0.695	0.095	0.082	−0.259
$pci5$	0.059	−0.019	0.051	0.687	−0.070
$poc1$	0.059	0.100	0.466	0.552	−0.149
$poc2$	0.102	0.108	0.792	0.133	0.128
$poc3$	−0.009	0.506	0.516	0.089	0.127
$psc1$	0.155	0.712	0.141	−0.019	−0.012
$psc2$	−0.046	0.178	0.066	0.646	0.133
$psc3$	0.278	0.519	0.180	0.077	0.293

注:提取方法为主成分分析法。旋转方法为 Kaiser 标准化最大方差法,迭代 9 次时聚合。

从表 3-5 中可以看出,题项的因子载荷值介于 0.5 至 0.8 之间,这表明公共因子对题项的解释力比较好,也进一步表明了量表具有良好的聚敛效度。另外,所有题项中,单个题项均用于测量单个因子,均没有出现交叉载荷的状况,即一个题项在 2 个乃至多个因子上均有比较高的载荷值,这表明量表具有良好的区分效度。此外,根据公共价值消解量表的探索性因子分析结果,这5个因子与理论架构的特质是一致的,与"量表编制"时的理论预设一致。

3.2.3 信度分析

3.2.3.1 公共生活危机构面

依据前述因子分析的结果,运用 SPSS 22.0 软件对公共价值消解量表中的公共生活危机构面进行信度分析,具体结果如表 3-6 所示。由表 3-6 可以看出,克朗巴赫阿尔法(Cronbach's alpha)值为 0.805,表明公共生活危机分量表的内部一致性信度比较理想。

表 3-6　公共价值消解量表公共生活危机构面可靠性统计量

克朗巴赫阿尔法值	以标准化项目为准的克朗巴赫阿尔法值	项目个数
0.805	0.805	6

表 3-7 为公共价值消解量表公共生活危机构面项目统计量。由表 3-7 可以看出,$plc2$ 题项的均值为 2.779,标准差为 0.996。$plc3$ 题项的均值为 2.590,标准差为 0.941。$plc4$ 题项的均值为 2.680,标准差为 0.927。$plc5$ 题项的均值为 2.760,标准差为 0.964。$plc6$ 题项的均值为 2.978,标准差为 0.911。可以看出,上述变量的均值均小于 3,除 $ppc2$ 外,标准差均超过了 0.9。

表 3-7　公共价值消解量表公共生活危机构面项目统计量

观测变量	均值	标准差	样本数
$plc2$	2.779	0.996	815
$plc3$	2.590	0.941	815
$plc4$	2.680	0.927	815
$plc5$	2.760	0.964	815
$plc6$	2.978	0.911	815
$ppc2$	2.917	0.856	815

表 3-8 是公共价值消解量表公共生活危机构面项目间相关矩阵。从表 3-8 中可以看出,绝大部分题项彼此之间的相关系数大于 0.3,基本符合标准,表明公共生活危机构面的内部一致性可以接受。

表 3-8　公共价值消解量表公共生活危机构面项目间相关矩阵

观测变量	plc2	plc3	plc4	plc5	plc6	ppc2
plc2	1	0.488	0.419	0.456	0.395	0.356
plc3	0.488	1	0.472	0.360	0.276	0.319
plc4	0.419	0.472	1	0.498	0.363	0.298
plc5	0.456	0.360	0.498	1	0.552	0.388
plc6	0.395	0.276	0.363	0.552	1	0.484
ppc2	0.356	0.319	0.298	0.388	0.484	1

表 3-9 为公共价值消解量表公共生活危机构面项目整体统计量。修正的项目-总相关列为该题项与其余题项总分的积差相关系数,数值越高,表示该题与其余题项的内部一致性越高;反之,则内部一致性越低。从表 3-9 中可以看出,修正的项目-总相关值均大于 0.5,这表明达到了项目整体相关统计量标准。项目删除时的克朗巴赫阿尔法值表示删除该题项时,其余题项构成的分量表的克朗巴赫阿尔法值变动状况。一般而言,若题项内部一致性比较理想,则删除该题项后,新的克朗巴赫阿尔法值会比原先的低;若删除该题项后,新的克朗巴赫阿尔法值比原先的高,则表明该题项与其余题项的内部一致性较差。公共生活危机分量表的克朗巴赫阿尔法值为 0.805,均高于表 3-9 中的 0.770、0.784、0.775、0.760、0.774、0.789,这表明该分量表内部一致性比较理想。

表 3-9　公共价值消解量表公共生活危机构面项目整体统计量

观测变量	项目删除时的尺度平均数	项目删除时的尺度方差	修正的项目-总相关值	复相关平方	项目删除时的克朗巴赫阿尔法值
plc2	13.924	11.041	0.587	0.362	0.770
plc3	14.113	11.660	0.525	0.337	0.784
plc4	14.023	11.492	0.568	0.360	0.775
plc5	13.944	10.965	0.631	0.439	0.760
plc6	13.725	11.566	0.569	0.403	0.774
ppc2	13.787	12.203	0.500	0.289	0.789

综上所述,公共价值消解量表公共生活危机分量表具有良好的信度。

3.2.3.2　社区认同危机构面

依据前述因子分析的结果,运用 SPSS 22.0 软件对公共价值消解量表中的社区认同危机构面进行信度分析,具体结果如表 3-10 所示。从表 3-10 中可以看出,克朗巴赫阿尔法值为 0.792,表明社区认同危机分量表的内部一致性信度可以接受。

表 3-10　公共价值消解量表社区认同危机构面可靠性统计量

克朗巴赫阿尔法值	以标准化项目为准的克朗巴赫阿尔法值	项目个数
0.792	0.794	5

表 3-11 为公共价值消解量表社区认同危机构面项目统计量。从表 3-11 中可以看出,五个题项的平均值较低,有三个题项的标准差超过了 0.9,表明这三个题项的值波动幅度较大。

表 3-11　公共价值消解量表社区认同危机构面项目统计量

观测变量	均值	标准差	样本数
$pci2$	2.656	0.922	815
$pci3$	2.723	0.899	815
$pci4$	2.553	0.871	815
$psc1$	2.622	0.956	815
$psc3$	2.978	0.949	815

表 3-12 是公共价值消解量表社区认同危机构面项目间相关矩阵。从表 3-12 中可以看出,绝大部分题项彼此之间的相关系数大于 0.3,基本符合标准,表明社区认同危机构面的内部一致性可以接受。

表 3-12　公共价值消解量表社区认同危机构面项目间相关矩阵

观测变量	$pci2$	$pci3$	$pci4$	$psc1$	$psc3$
$pci2$	1	0.579	0.512	0.378	0.290
$pci3$	0.579	1	0.586	0.453	0.395
$pci4$	0.512	0.586	1	0.464	0.288
$psc1$	0.378	0.453	0.464	1	0.402
$psc3$	0.290	0.395	0.288	0.402	1

表 3-13 为公共价值消解量表社区认同危机构面项目整体统计量。修正的项目-总相关列为该题项与其余题项总分的积差相关系数,数值越高,表示该题

项与其余题项的内部一致性越高;反之,则内部一致性越低。从表 3-13 中可以看出,修正的项目-总相关值除 $psc3$ 题项外均大于 0.5,这表明基本达到了项目整体相关统计量标准。项目删除时克朗巴赫阿尔法值列表示删除该题项时,其余题项构成的分量表的克朗巴赫阿尔法值变动状况。一般而言,若题项内部一致性比较理想,则删除该题项后,新的克朗巴赫阿尔法值会比原先的低;若删除该题项后,新的克朗巴赫阿尔法值比原先的高,则表明该题项与其余题项的内部一致性较差。社区认同危机分量表的克朗巴赫阿尔法值为 0.792,除略低于 $psc3$ 的值外,均高于表 3-13 中其他变量的值,这表明该分量表内部一致性可以接受。

表 3-13   公共价值消解量表社区认同危机构面项目整体统计量

观测变量	项目删除时的尺度平均数	项目删除时的尺度方差	修正的项目-总相关值	复相关平方	项目删除时的克朗巴赫阿尔法值
$pci2$	10.876	7.728	0.577	0.387	0.750
$pci3$	10.810	7.400	0.680	0.491	0.717
$pci4$	10.979	7.787	0.615	0.425	0.739
$psc1$	10.910	7.674	0.557	0.320	0.757
$psc3$	10.555	8.245	0.438	0.220	0.795

综上所述,公共价值消解量表社区认同危机分量表具有较好的信度。

3.2.3.3   公共舆论危机构面

依据前述因子分析的结果,运用 SPSS 22.0 软件对公共价值消解量表中的社区公共舆论危机构面进行信度分析,具体结果如表 3-14 所示。从表 3-14 中可以看出,克朗巴赫阿尔法值为 0.622,表明公共舆论危机分量表的内部一致性信度尚佳。

表 3-14   公共价值消解量表社区公共舆论危机构面可靠性统计量

克朗巴赫阿尔法值	以标准化项目为准的克朗巴赫阿尔法值	项目个数
0.622	0.626	3

表 3-15 为公共价值消解量表公共舆论危机构面项目统计量。从表 3-15 中可以看出,$plc1$ 的均值小于 3,标准差非常接近于 1。$poc2$ 和 $poc3$ 的平均值分别为 3.102 和 2.912,标准差大于 0.8 小于 0.9。

表 3-15　公共价值消解量表公共舆论危机构面项目统计量

观测变量	均值	标准差	样本数
$plc1$	2.980	0.991	815
$poc2$	3.102	0.863	815
$poc3$	2.912	0.831	815

　　表 3-16 为公共价值消解量表公共舆论危机构面项目间相关矩阵。从表 3-16 中可以看出,题项彼此之间的相关系数均大于 0.3,符合标准,表明公共舆论危机构面的内部一致性可以接受。

表 3-16　公共价值消解量表公共舆论危机构面项目间相关矩阵

观测变量	$plc1$	$poc2$	$poc3$
$plc1$	1	0.381	0.314
$poc2$	0.381	1	0.378
$poc3$	0.314	0.378	1

　　表 3-17 为公共价值消解量表公共舆论危机构面项目整体统计量。修正的项目-总相关列为该题项与其余题项总分的积差相关系数,数值越高,表示该题与其余题项的内部一致性越高;反之则内部一致性越低。从表 3-16 中可以看出,修正的项目-总相关值均小于 0.5,这表明这三个题项的内部一致性不太理想。项目删除时克朗巴赫阿尔法值列表示删除该题项时,其余题项构成的分量表的克朗巴赫阿尔法值变动状况。一般而言,若题项内部一致性比较理想,则删除该题项后,新的克朗巴赫阿尔法值会比原先的低;若删除该题项后,新的克朗巴赫阿尔法值比原先的高,则表明该题项与其余题项的内部一致性较差。公共舆论危机分量表的克朗巴赫阿尔法值为 0.622,均高于表 3-17 中其他变量的值,这表明该分量表内部一致性比较理想。

表 3-17　公共价值消解量表公共舆论危机构面项目整体统计量

观测变量	项目删除时的尺度平均数	项目删除时的尺度方差	修正的项目-总相关值	复相关平方	项目删除时的克朗巴赫阿尔法值
$plc1$	6.013	1.976	0.420	0.179	0.548
$poc2$	5.892	2.190	0.467	0.219	0.473
$poc3$	6.082	2.380	0.413	0.176	0.548

综上所述,公共价值消解量表公共舆论危机分量表具有较好的信度。

3.2.3.4 公共参与危机构面

依据前述因子分析构面的结果,运用 SPSS 22.0 软件对公共价值消解量表中的公共参与危机构面进行信度分析,具体结果如表 3-18 所示。从表 3-18 中可以看出,克朗巴赫阿尔法值为 0.559,表明此分量表的内部一致性信度可以接受。

表 3-18 公共价值消解量表公共参与危机构面可靠性统计量

克朗巴赫阿尔法值	以标准化项目为准的克朗巴赫阿尔法值	项目个数
0.559	0.560	4

表 3-19 为公共价值消解量表公共参与危机构面项目统计量。从表 3-19 中可以看出,除 $poc1$ 的均值小于 3 外,其余 3 个题项的均值均大于 3。标准差方面,除 $psc2$ 题项的标准差接近于 0.9 外,其余题项的标准差均小于 0.8。

表 3-19 公共价值消解量表公共参与危机构面项目统计量

观测变量	均值	标准差	样本数
$ppc1$	3.239	0.782	815
$pci5$	3.099	0.761	815
$poc1$	2.918	0.791	815
$psc2$	3.162	0.893	815

表 3-20 为公共价值消解量表公共参与危机构面项目间相关矩阵。从表 3-20 中可以看出,除题项 $poc1$ 和 $pci5$ 之间的相关系数大于 0.3 以外,其他题项之间的相关系数均小于 0.3。因此,需要结合其他指标来对公共参与危机构面题项之间的一致性进行判断。

表 3-20 公共价值消解量表公共参与危机构面项目间相关矩阵

观测变量	$ppc1$	$pci5$	$poc1$	$psc2$
$ppc1$	1	0.228	0.167	0.266
$pci5$	0.228	1	0.306	0.246
$poc1$	0.167	0.306	1	0.236
$psc2$	0.266	0.246	0.236	1

表 3-21 为公共价值消解量表公共参与危机构面项目整体统计量。修正的项目-总相关列为该题项与其余题项总分的积差相关系数,数值越高,表示该题与其余题项的内部一致性越高;反之,则内部一致性越低。从表 3-21 中可以看出,修正的项目-总相关值均小于 0.5,这表明这三个题项的内部一致性不太理想。项目删除时克朗巴赫阿尔法值列表示删除该题项时,其余题项构成的分量表的克朗巴赫阿尔法值变动状况。一般而言,若题项内部一致性比较理想,则删除该题项后,新的克朗巴赫阿尔法值会比原先的低;若删除该题项后,新的克朗巴赫阿尔法值比原先的高,则表明该题项与其余题项的内部一致性较差。公共参与危机分量表的克朗巴赫阿尔法值为 0.559,均高于表 3-21 中其他变量的值,这表明公共参与危机分量表内部一致性比较理想。

表 3-21 公共价值消解量表公共参与危机构面项目整体统计量

观测变量	项目删除时的尺度平均数	项目删除时的尺度方差	修正的项目-总相关值	复相关平方	项目删除时的克朗巴赫阿尔法值
$ppc1$	9.179	3.037	0.312	0.103	0.511
$pci5$	9.319	2.947	0.373	0.145	0.464
$poc1$	9.501	2.965	0.333	0.125	0.495
$psc2$	9.256	2.663	0.357	0.129	0.477

综上所述,公共价值消解量表公共参与危机分量表具有较好的信度。

3.2.3.5 社区公共意识危机构面

依据前述因子分析的结果,运用 SPSS 22.0 软件对公共价值消解量表中的社区公共意识危机构面进行信度分析,具体结果如表 3-22 所示。从表 3-22 中可以看出,克朗巴赫阿尔法值为 0.351,表明此分量表的内部一致性信度较差。

表 3-22 公共价值消解量表社区公共意识危机构面可靠性统计量

克朗巴赫阿尔法值	以标准化项目为准的克朗巴赫阿尔法值	项目个数
0.351	0.351	2

表 3-23 为公共价值消解量表社区公共意识危机构面项目统计量。从表 3-23 中可以看出,$ppc3$ 的均值为 3.410,标准差为 0.870。$pci1$ 的均值为3.640,标准差为 0.850。$ppc3$ 和 $pci1$ 的标准差均大于 0.8 小于 0.9。

表 3-23   公共价值消解量表社区公共意识危机构面项目统计量

观测变量	均值	标准差	样本数
$ppc3$	3.410	0.870	815
$pci1$	3.640	0.850	815

表 3-24 为公共价值消解量表社区公共意识危机构面项目间相关矩阵。从表 3-24 中可以看出,题项 $ppc3$ 和 $pci1$ 之间的相关系数为 0.213,小于 0.3。因此,需要结合其他指标来对社区公共意识危机构面题项之间的一致性进行判断。

表 3-24   公共价值消解量表社区公共意识危机构面项目间相关矩阵

观测变量	$ppc3$	$pci1$
$ppc3$	1	0.213
$pci1$	0.213	1

表 3-25 为公共价值消解量表社区公共意识危机构面项目整体统计量。修正的项目-总相关列为该题项与其余题项总分的积差相关系数,数值越高,表示该题与其余题项的内部一致性越高;反之,则内部一致性越低。从表 3-25 中可以看出,修正的项目-总相关值均小于 0.5,表明此分量表的内部一致性不太理想。由于社区公共意识危机分量表中仅有两个题项,故项目删除时克朗巴赫阿尔法值无法计算,该列空白。

表 3-25   公共价值消解量表社区公共意识危机构面项目整体统计量

观测变量	项目删除时的尺度平均数	项目删除时的尺度方差	修正的项目-总相关值	复相关平方	项目删除时的克朗巴赫阿尔法值
$ppc3$	3.640	0.722	0.213	0.045	—
$pci1$	3.406	0.757	0.213	0.045	—

综上所述,公共价值消解量表社区公共意识危机分量表的信度较差。

3.2.4   实证分析

3.2.4.1   研究模型

由于因变量为二分变量(binary variable),故采用 logit 模型。

$$logit(p) = \ln\left(\frac{p}{1-p}\right) = \beta_0 + \sum_{k=1}^{5}\beta_k x_k \tag{3-1}$$

式(3-1)中，x_k 为自变量，分别为公共生活危机因子、社区认同危机因子、公共舆论危机因子、公共参与危机因子、社区公共意识危机因子等 5 个因子的得分。$\frac{p}{1-p}$ 为发生比，即农地纠纷增加概率（p）与没有增加的概率（$1-p$）之比。β_k 为偏回归系数，表示在控制其他变量的条件下，自变量 x 每增加一个单位，会使农地流转纠纷的发生比变化 β 个 logit 个单位（该事件成功的发生比的自然对数变化 β 个单位）。

由于该解释较为抽象，为了更加通俗之便，往往采用指数形式 e^β 倍的解释，即采用发生比率比（odds ratio）的解释方式。发生比率比是指两个事件发生比的比率。事件的发生比率比 θ 表示为：

$$\theta = \frac{\frac{p_1}{1-p_1}}{\frac{p_2}{1-p_2}} = \frac{\exp(\beta_0 + \beta_1)}{\exp(\beta_0)} = \frac{\exp(\beta_0)\exp(\beta_1)}{\exp(\beta_0)} = \exp(\beta_1) \quad (3-2)$$

$\exp(\beta_1)$ 表示在控制了其他变量的情况下，自变量每变化一个单位所带来的发生比的倍数变化。

3.2.4.2　模型估计结果

以题项"近十年来，农地流转矛盾纠纷是否增加了"为因变量，以上述 5 个公因子为自变量，即用 $FAC1$、$FAC2$、$FAC3$、$FAC4$、$FAC5$ 分别表示公共生活危机因子、社区认同危机因子、公共舆论危机因子、公共参与危机因子、社区公共意识危机因子，运用 Stata SE15.0 软件进行稳健回归，结果如表 3-26 所示。

表 3-26　公共价值消解对农地流转纠纷影响模型回归结果

	回归系数	稳健标准误	z 值	P 值	发生比率比
$FAC1$	0.154 071 2 *	0.085 041 9	1.81	0.070	1.166 574
$FAC2$	0.354 374 3 ***	0.083 854 8	4.23	0.000	1.425 289
$FAC3$	−0.096 909 5	0.079 015 4	−1.23	0.220	0.907 638 1
$FAC4$	−0.193 423 3 **	0.078 927 4	−2.45	0.014	0.824 133
$FAC5$	0.165 751 3 *	0.086 938 4	1.91	0.057	1.180 28
常数项	−0.897 257 9 ***	0.080 328 6	−11.17	0.000	0.407 686 1
Wald 检验值＝27.94					
P 值＝0.000 0					
伪似然对数值＝−476.938 99					
伪 R^2＝0.034 4					

注：*、**、*** 分别表示在 10%、5%、1%统计水平上显著。

从表 3-26 中可以看出,模型 P 值小于 0.05,说明模型的设定有意义,其结果可以推断到总体,且模型中至少有一个自变量呈显著统计学差异。从模型中自变量回归系数 P 值来看,5 个自变量中有 4 个显著。

（1）公共生活危机因子对因变量的影响在 0.1 水平上显著。在控制其他变量的情况下,公共生活危机每变化 1 个单位,农地流转纠纷就相应增加 0.154 个 logit 单位。换句话说,公共生活危机每变化 1 个单位,农地流转纠纷的发生比就增加了 16.66%。

（2）社区认同危机因子对因变量的影响在 0.01 水平上显著。在控制其他变量的情况下,社区认同危机每变化 1 个单位,农地流转纠纷就相应增加 0.354 个 logit 单位。换句话说,社区认同危机每变化 1 个单位,农地流转纠纷的发生比就增加了 42.53%。

（3）公共舆论危机因子对因变量的影响不显著。

（4）公共参与危机因子对因变量的影响在 0.05 水平上显著。在控制其他变量的情况下,公共参与危机每变化 1 个单位,农地流转纠纷就相应减少 0.193 个 logit 单位。换句话说,社区认同危机每变化 1 个单位,农地流转纠纷的发生比就减少了 17.59%。

（5）社区公共意识危机因子对因变量的影响在 0.1 水平上显著。在控制其他变量的情况下,社区公共意识危机每变化 1 个单位,农地流转纠纷就相应增加 0.166 个 logit 单位。换句话说,社区公共意识危机每变化 1 个单位,农地流转纠纷的发生比就增加了 18.03%。

综上所述,公共生活危机、社区认同危机、公共参与危机和社区公共意识危机均显著影响农地流转中的矛盾和纠纷。而公共生活危机、社区认同危机、公共参与危机和社区公共意识危机恰恰是农村场域中公共价值消解的核心内容。因此,可以判断,公共价值消解对农地流转纠纷矛盾的产生具有重要影响。要化解农地流转纠纷与矛盾,从公共价值消解视角入手值得探讨。

3.3 公共价值消解导致的农地"三权分置"现实困境

理想的农地"三权分置"状态应该为公共价值目标、公共能力和公共支持三者间的有机平衡。而农村场域中公共性消解背景下的多元价值冲突、能力结构失衡、公共支持不足则往往导致农地"三权分置"实施中出现问题,影响农地良性、有序、持续流转。

3.3.1 多元价值冲突

农地流转场域中,从私人利益角度看,农地意味着财富,强调农地的财产属性与可经营性,以效率为价值目标。从公共利益角度看,农地属于公共资源,强调农地的公共属性与国家所有性,以保障生存和公平、实现公共利益为价值目标。从实现过程看,农地流转形成了一个公共领域,通过公共领域中所形成的制度安排,公共利益与私人利益得以有效对接和沟通。但是,在农地流转实践中,国家、地方政府、企业和农户四者之间关系结构失衡,形成了由逐利资本主导、以私利为根本、以公益为口号的"异化"局面,即在涉农企业、工商资本的裹挟之下,在地方政府的全力配合之下,农民被动地卷入农地流转过程中,农地流转变成了利益之争。上述问题典型的表现为:国家推动农地流转的目的在于优化土地资源配置和提高劳动生产率,维护国家粮食安全,促进农业技术推广应用和农业增收、农民增收。[①] 一些地方政府在政绩效应的激励下,片面追求规模化倾向,甚至通过推动土地流转增加政府收入和招商引资,对农地非农化、非粮化行为监管动力匮乏甚至合谋。一些企业为了实现利润最大化,或者极力压低租金,或者"圈而不用"并套取国家补贴,或者搞开发、建工厂、转手倒卖,部分地区出现了"富企不富农"的流转结果。农户则在保障生存的前提下追求货币收入最大化,或者成为利益受损者,或者使"坐地起价"成为常发现象。在农地流转的利益平衡中,农民普遍处于弱势地位。

3.3.2 能力结构失衡

能力是主体行动的基础,农地流转是多元主体协同治理过程,更依赖于多元主体能力尤其是合作能力的支撑。能力结构失衡的表现主要有:① 农民能力偏低。农民是推动农村社会发展和演变的主体力量,建构农民参与制度是解决中国农村问题的关键。"南农实验"表明,农民等参与主体的民主能力偏低(马华等,2011)。村庄治理主体能力匮乏对参与效果有损害,易导致公开排斥和政治包容现象,使农民成为"永远的少数"(吴春梅 等,2010);农村公共服务决策中农民的能力实质平等、理性信息交流与偏好转换能力有待推进和提高(吴春梅 等,2011);农村公共服务中存在农民参与知识欠缺、能力偏低、参与型政治文化缺失、合作能力偏低等问题。同样,在农地流转过程中,农民也面临着能力偏低的困境。一方面,农民缺乏争夺公共域中农地产权的行为能力,缺乏与政府等主体平等对话的能力,易造成失地农民土地权益受损;另一方面,农民缺乏维权能力、

---

① 参见《关于引导农村土地经营权有序流转发展农业适度规模经营的意见》。

难以参与土地流转过程、交易谈判能力低下等导致农民难以保障自身利益,难以影响制度矩阵变化,更无法通过正常途径与政府等利益主体进行博弈,而农民采取的极端行为和非制度化行为又加剧了矛盾。② 政府行政能力强而合作能力偏低。较之政府利用行政命令和权威资源引入市场的能力,政府在建构合作网络方面能力偏弱。在强政府-弱社会和农民能力偏低背景下,政府在建构跨部门、跨层级主体协同参与农地流转所依赖的过程与结构方面起着决定性作用。政府应该作为公共价值的促动者,在具有现代政府特质的由多元组织、多级政府和多种部门组成的关系网中发挥作用(戈德史密斯 et al. ,2008)。政府承上连接着农业现代化目标的实现,启下连接着农户土地流转利益的保障,能够为农地流转提供平台支持,解决农民个体等主体参与农地流转依托虚化、公共支持不足等问题,有利于实现对农民参与农地流转的有效管理,促进农民农地流转偏好与国家农业现代化目标实现的有效整合,推进农地流转方案由理性建构向社会建构转型。实践中,政府能力偏低,典型体现在以下几个方面:培训能力偏低导致新型农业经营主体的生产技能、经营能力和创业能力提升受阻;信息能力偏低,集农地流转咨询与交易于一体的信息网络不完善,转入方和转出方信息难以有效对接,农户农地流转具有较强的偶然性、被动性、渠道单一性,农地流转规模、效率提升受阻;参与式决策支持能力偏低,体现为公平、负责和透明的参与式决策与协商平台尚不完善,多元主体有效参与、理性协商受阻,主体间仅仅靠一纸契约维系,难以形成利益共享、风险共担、彼此相互依赖的良好关系;监管与评估能力偏低,农地流转绩效难以及时监控并反馈,进而导致多元合作系统难以及时改进;法律与政策服务能力偏低,难以为农地流转契约(合同)签订提供有效支持,隐患与纠纷增加,农地良性流转容易遇阻。

3.3.3 公共支持不足

农民是农地流转协同治理的主体,但农民往往无法得到有效支持,在博弈过程中处于弱势地位,获得公共支持不足。

第一,来自经济合作组织、互助组织等经济社会性组织的支持虚化。例如,黄宗智认为,"异化"的"伪"合作社要多于真正为其社员谋求利益的"真"合作社。所谓的"伪"合作社多是由商业或产业资本所办的"翻牌"合作社,以此名义来争取国家的"项目"、补贴和优惠,而实际上是由逐利资本所控制的,基本由合作社的出资者和理事长说了算,合作社的农户社员其实只是一种摆设而已(黄宗智,2015)。徐祥临(2017)认为,虽然《中华人民共和国农民专业合作社法》颁布 10年来成立了近 180 万个专业合作社,数量很庞大,但能够正常经营运作的只有10%左右,并且那些能够经营运作的合作社绝大多数又是实质上的私人企业,并不具有利益共享、风险共担、一人一票民主决策的合作社特征。党国英(2018)也持有类似观点,认为我国合作社数量在 2017 年已接近 200 万家,但真正按合作社法经营的却是凤毛麟角。一些龙头企业办合作社意在套取国家补贴,合作社与龙头企业之间容易形成乡村利益输送关系,监督比较困难(党国英,2017)。另有一些研究也持类似观点,认为面对总量巨大、高度分散且兼业化的小农,如果政府不通过具有足够吸引力的优惠政策将其纳入由国家承担最终责任的综合性的组织体系,不管愿望多么美好都很难自发形成农业生产领域的合作社经济。即便依靠社区内精英或外部社会力量形成合作社组织,也会因普遍存在的"精英化"趋势而不可避免地演化为组织性质上的"去合作化"(兰永海 等,2018)。

第二,来自政府的支持弱化。发挥市场在资源配置中的决定性作用的同时,农地流转还需要更好地发挥政府的作用,即在坚持农民主体地位的前提下通过提供服务、指导和监督为农地流转提供支持。但实践中,在一些官本位格局中"强政府-弱农民"的不良态势下,政府往往处于越位、缺位、错位状态,难以为农地流转提供相应的公共支持。例如,有学者认为,政府扮演政策制定者、监督者、实施者和服务者等多重角色,由于政绩、利益驱使等多种原因,可能会出现以对违规流转不加指导和监管为表征的缺位现象,或以指导职能异化、强制性公权干涉、与民争利等为表征的越位现象。

第三,来自村级组织的公共支持虚化。村民委员会是农民参与和建构农民主体性的制度平台和组织平台(徐勇,2006),也是履行农地"三权分置"中所有权职能的重要主体,理应为推进农地流转提供管理、服务(例如价格评估等)、监管等方面的支持,但在村庄空心化、村级组织薄弱且准行政化的背景下,村委会可能采取利己性行为逻辑或选择性政策执行,扭曲或异化农地流转目标。例如,为了完成上级考核任务,村委会可能会对农地流转过度干预;为了实现私人利益,村干部可能会利用公共身份经营公共资源为自身谋利,行为的自利性属性遮蔽了公共属性。此外,农地流转中,农民也面临着来自第三方的支持在组织和制度方面双重虚化的状况。

第 4 章

农地"三权分置"中公共价值创造:分析框架

公共价值消解、市场价值盛行、现代性主导农村生态是农地"三权分置"实施的制度背景。环境决定制度安排,制度安排决定制度绩效。农地"三权分置"的良性、有序、有效实行不能单纯地寄希望于产权本身的推进,而要深入土地制度运作的具体语境与处境,要考虑农村场域中公共价值衰落与市场价值张扬等现代性问题在农地流转中的映射与影响。因此,要规制消极影响,提升农地"三权分置"的制度绩效,必须在现代社会的制度建构和现代人的心性塑造中,亦即在现代社会的价值建构或价值实现中,注入"公共性"因素,建构或实现"公共价值"。只有公共价值才有可能成为重新凝聚人心的普遍性规范,才有可能成为重建公共文化和公共秩序的核心理念(汪辉勇,2008)。基于此,本章尝试以公共价值管理理论为基础,从公共价值创造视角来建构本书的理论分析框架。

4.1 农地"三权分置"中公共价值创造的理论基础

价值是公共政策实施和公共服务提供的核心,关乎公共政策实施和公共服务提供的合法性问题。价值之争贯穿于公共政策实施和公共服务提供体制(Osborne,2010)的发展与演变过程(翟军亮,2017)。自 1887 年《行政学之研究》发表以来,公共政策实施和公共服务提供体制为应对不同时代、不同背景、不同条件、不同挑战,先后形成了传统公共行政、新公共管理和公共治理等途径(Bryson et al.,2014)。在这一演变过程中,价值问题重回研究者和实践者视野之中并渐居重要地位。尽管在初始时期价值问题并未受到太多关注也并未占据统治地位,但是随着社会实践由之前作为统治同义语的"治理"经由新公共管理理论时期向网络治理时期的"治理"转变,社会实践基础的变化导致了价值之争主题的转化。传统的价值之争主要局限于管理主义和宪政主义之争。在公共治理时代,在管理主义和宪政主义之争的基础上,价值之争将逐步转化为程序价值与绩效价值之争、公共利益-私人利益和程序利益之争,公共治理中公共价值增强与弱化以及如何整合公共治理中的多元价值成为研究主题与实践前沿。遵循推动公共价值实证研究、为有效整合公共价值构成要素奠定基础(翟军亮,2017)的路径,本节将探讨基于公共治理的多元价值能否共存、何以共存等问题。

4.1.1 传统公共行政时期:管理主义在与宪政主义之争中渐居优势

在公共行政学奠基之作《行政学之研究》中,Wilson(1887)将公共行政目标界定为"政府能够适当和成功地做什么工作""政府怎样才能高效地完成这些工作,同时所耗费用和能源又尽可能低",这标志着以效率价值取向为主要内容的管理主义开始登上历史舞台,开启了公共行政学说史上的宪政主义之争和管理主义之争的序幕。威尔逊之后,古德诺(2012)进一步完善了政治行政二分,将政治界定为政策或国家意志的表达,行政则是对这些政策的执行,这使得行政科学化目标又向前迈了一步。正如 Wilson(1887)所认为的行政研究的目标在于把行政方法从经验性实践的混乱和浪费中拯救出来,并使它们深深植根于稳定的原理之上。尽管古德诺也承认政治与国家意志的执行有关以及政治必须保持对行政的适度控制,但依旧改变不了公共行政彻底成为政策执行工具的趋势。此后,事实-价值二分与决策-执行二分(吴春梅 等,2010)又进一步巩固传统公共行政所确立的"效率至上"价值理念,尽管这种效率至上的价值在公共问题的解决上一筹莫展,只是考虑机械性的量化概念,未曾顾及社会性的公平分配,其结果往往促使社会上有组织者、有权势者以及既得利益者受益最多,造成越来越多且差距日益增大的不公平、不平等现象。

传统公共行政主张以效率为核心的管理主义表面原因在于公共行政创立之初所产生的"科学化"需求和确立学科属性需求,深层次原因在于公共行政所内嵌的社会经济环境。传统公共行政诞生于19世纪末,成熟于20世纪中期,工业化以及由此带来的城市化、现代企业的发展以及市场失灵等因素构成了传统公共行政成长和成熟的宏观经济社会环境,也确立了传统公共行政所倡导的效率、科学等价值导向。工业化的来临和现代企业的发展产生了不同于农业社会的"秩序"需求和理性化动力,客观上为官僚制成为一种组织体制乃至社会管理体制提供了条件。正如韦伯所说,官僚制组织原则上适用于不同领域。这种制度在以营利为目的的企业里,或者在慈善机构里,或者在任何其他追随个人思想目的或是物质目的的企事业里,以及在政治的或者经济的团体里,都同样可以应用,而且在历史上也是可资证明的。韦伯认为,事实上,官僚制的发展推动了现代团体组织形式的发展,在所有的领域里(军队、经济企业、利益集团、协会、基金会等),"现代的"团体形式的发展一般是与官僚体制的行政管理的发展和不断增强相一致的(韦伯,1997)。

较之当时的其他组织形式,官僚制之所以能够所向披靡,根本原因在于其所坚持并发展的原则契合了工业社会发展的需求——理性与效率。韦伯认为,根据全部经验,纯粹的官僚体制的行政管理,即官僚体制集权主义的、采用档案制度的行政管理,精确、稳定、有纪律、严肃紧张和可靠。这种管理形式上可以应用于一切任务,纯粹从技术上看可以达到最高的效率程度(韦伯,1997)。

以效率为代表的管理主义在传统公共行政时期与宪政主义的斗争中胜出还得益于泰勒的科学管理原理对政府管理和社会管理的影响。作为一种"工作方式和组织方式"的科学管理原理,完美契合了韦伯倡导的官僚制和威尔逊倡导的政治与行政二分。休斯认为,泰勒所追求的是一种根本性的变革,用效率和科学取代了一时心血来潮的决定,而当通过科学管理使雇主和雇员表现出共同的利益时,这种变革甚至成为一种社会性变革(休斯,2015)。泰勒的科学管理原理追求"最佳的工作方式",与韦伯的官僚制理论在"行政人员的技能、无所不包的工作手册的编撰、理性的提高和非人格化"(休斯,2015)等方面都具有共同特征,"最佳路径法"和系统控制的思想完全与僵化的等级制、过程和先例相契合(休斯,2015)。科学管理原理中所蕴含的标准化、科学化、计量化等思想与威尔逊将行政作为一门独立的学科进行研究的初衷相吻合,且两者可以彼此很好地结合在一起。如果政治被限制在它的适当范围内,如果运用科学的方法,如果经济和效率是社会目标,那么,一个强有力的、有效的行政制度就可以蓬勃发展起来(休斯,2015)。张康之(2004)认为,管理型社会治理方式在追求秩序的同时也表现出对效率的推崇,而且是寄希望于效率能够为秩序提供支持。

随着时代的变化和新实践问题的产生,传统公共行政受到了广泛批判。批判的方面主要集中于政治与行政关系的不适切界定,官僚制与民主、有效组织形式的关系,最佳工作方式并不存在等。

(1)政治与行政关系方面。自威尔逊将行政从政治中分离出来以后,政治与行政的关系便受到了热烈讨论。作为公共行政理论创始人之一的古德诺在《政治与行政》中除了推进政治与行政分离研究之外,更强调了政治与行政之间的协调与和谐关系。Goodnow(1900)认为,尽管政治与行政分工不同,涉及的领域不同,但实际的政治需要根本不可能使行政功能从政治功能中分离出来,国家意志的表达和执行之间必须实现协调统一。首先,在实际的政治运作中,对于那些以执行国家意志为主要功能的政府机构而言,它们经常——实际上通常都被赋予表达国家意志的职责。尽管这些国家意志的具体细节在表达时必须遵守以表达国家意志为主要功能的政府机构制定的一般性原则。这也就是说,在绝大多数情况下,被称为执行机关的机构拥有相当大的制定法令权或立法权。另外,以表达国家意志为主要功能的机构,即立法机构,通常有权以这种或那种方式控制以执行国家意志为主要功能的机构对国家意志的执行(Goodnow,1900)。其次,在现代民主政治体制中,行政必须服从政治,政治必须实现对行政的适度控制,因为政府要求执行机构必须服从表达机构,而政治理所当然地比执行机构更能够代表人民。自古德诺关于政治与行政关系的论述发表以来,学术界与实践界关于两者关系的论点也取得了惊人的一致,即政治控制模式的不切实际之处在于,政治与行政必然是相互关联的。公务员的工作从本质上被认为是政治性的,尽管不一定是政党政治(休斯,2015)。从本质上看,政治与行政关系的论争实际上关乎的是政府合法性,即政府是否应该既民主又有效率地履行政府职能,尽管不同理论对政府职能的界定可能是大相径庭的。也因此,政治与行政关系的论争实际上是以民主为代表的宪政主义和以效率为代表的管理主义的论争。

(2)官僚制与民主、有效组织形式的关系。首先,在官僚制与民主的关系方面,休斯认为官僚制的正式理性、不透明、僵化和等级制,似乎使其不可避免地与民主发生冲突(休斯,2015)。其次,在官僚制的等级方面,正式的官僚制在任何意义上都不再有特别高的效率与效能。人们越来越多地认为,严格的等级制结构造成成本与收益相抵,而且还可能窒息组织的创造性与创新性(休斯,2015)。官僚制的僵化、形式主义较韦伯所设想的有过之而无不及,但其精英主义的特征又远不能达到韦伯的设想,这就导致了该体系效率的降低。等级制原则被发展到登峰造极的程度,设置了大量的等级,然后每个等级之下又设若干个等级,并设定限制以防止下级的发展超过一定程度(休斯,2015)。再次,在官僚制与程序规则方面,组织理论所阐明的官僚制中真正发生的事情与理性-法律型权威模式的描述有着相当大的差异。官僚制组织采用固定的运作程序,但相应地,它所产生的成效相对于程序与规则而言可能变得不那么重要了(休斯,2015)。由于工作变成了乏味的例行公事,绩效出色的员工与绩效较差的员工在报酬上体现不出多大的差异,其产生的结果不是生产力的提高,而是生产力的降低(休斯,2015)。因此,官僚制组织成了"低效率"或"无效率"的代名词。最后,在官僚制与创新方面,正式的官僚制或许有其优势,但是也有观点认为它造就了随波逐流者而非创新人士。正式的官僚制鼓励行政人员规避风险而非主动承担风险,浪费稀缺资源而非有效地利用稀缺资源。虽然官僚制被视为组织的"理想类型",但是该"理想类型"也因其制造惰性、缺乏进取精神、有太多繁文缛节、中庸和无效率而遭到批判,这些缺陷被认为是公共部门所特有的病症(休斯,2015)。

（3）是否存在一种最佳工作方式。最佳工作方式可以使得政府行为标准化,从而把政府行为从经验性实践的混乱和浪费中拯救出来,并使它们深深植根于稳定的原理之上(Wilson,1887)。最佳工作方式也意味着在它的管理定位中包含着把一切科学化、技术化手段纳入社会治理活动中来的要求和动力(张康之,2004)。因此,在管理实践中,管理总是不懈地追求制度设计的科学性和合理性,对于任何问题的解决,都寄希望于管理制度的完善(张康之,2004)。管理制度的完善意味着"程序手册"将变得十分冗长,意味着行政管理者的职责将依照"程序手册"行事,而无须为结果承担责任。因此,最佳工作方式的思想在实践中往往变成了"固守规则"。固守规则原先只是一种手段,后来却转化成目标本身,出现了众所周知的"目标替代"过程,从而"工具理性变成了终极价值"。纪律总是易于被接受为遵守规则,不论在何种情况下,它都不再被视为基于特定目的而设计的一种手段,而是变成了官僚职业生涯中的直接目标(休斯,2015)。实际上,由于行政环境的多变性与不确定性,最佳的工作方式根本不存在。

4.1.2 新公共管理时期:管理主义的深入与宪政主义的衰落

20世纪八九十年代,新公共管理理论开始取代传统公共行政理论成为公共政策实施和公共服务提供的主导模式。新公共管理理论是新自由主义在公共管理领域的具体实践和体现,在英国典型体现为撒切尔夫人的政府改革运动,在美国典型体现为克林顿政府的绩效改革运动。新公共管理理论的产生与发展既是对传统公共行政的反叛,也是对传统公共行政所坚持内核的深入发展,标志着公共政策实施和公共服务提供由公共行政进入了公共管理阶段。

尽管不同的学者和不同的国家对这场政府部门乃至公共部门的改革运动给予了不同的称谓(例如,管理主义、新公共管理、后官僚范式、企业型政府、市场导向的公共行政、新泰勒主义等),尽管不同的国家进行的改革侧重点有所不同,但依旧可以从中概括出共识性内容:将经济领域中的经济人假设引入公共部门、私有化、强调结果导向、公共管理由"划桨"向"掌舵"的转变、管理主义的深入、市场和竞争机制的引入、公民被视为顾客、企业家精神等。例如,奥斯本和盖布勒将其概括为十项主张(奥斯本 et al.,2016);催化的政府,"掌舵"而不是"划桨";社区拥有的政府,授权而不是服务;竞争性政府,将竞争机制注入提供服务中去;有使命感的政府,改变照章办事的组织;讲究效果的政府,按效果而不是按投入拨款;受顾客驱使的政府,满足顾客的需要,而不是满足官僚政治的需要;有事业心的政府,有收益而不是浪费;有预见的政府,预防而不是治疗;分权的政府,从等级制到参与和协作;以市场为导向的政府,通过市场力量进行变革。

新公共管理理论试图将现代管理实践与经济逻辑结合起来,但保留核心公共服务价值(Keating,2001)。具体而言,新公共管理理论主要具有如下特征(Keating,2001):关注结果(效率、有效性、服务质量,是否惠及了真正的受益者);分权化的管理环境;聚焦顾客,通过竞争环境为顾客提供选择机会;探索更加具有成本-有效性的公共供给和规制方案的灵活性,包括使用市场类型的工具、使用者付费等;对结果负责,对建立公平过程负责而非遵从一系列规则,从风险规避到风险管理。新公共管理理论的措施可归纳为:① 把顾客放在首位;② 对雇员赋权以实现结果;③ 削减繁文缛节;④ 削减政府职能,保留最基本的职能。罗茨认为新公共管理理论主要包含两个方面的内容:管理主义和新制度经济学。[①] 作为新公共管理理论泰斗之一的胡德(Hood)首先提出了"新公共管理"这一术语并将其主要要素概括为:公共部门中的职业化管理、绩效的明确标准与测量、更加重视产出控制、公共部门的分权化、公共部门中更多竞争、更加重视私人部门的管理方式、更加重视资源利用的纪律性和节约性。有新西兰学者将世界各国在新公共管理运动方面的通用做法归纳为:公共部门效率和效能的提升、顾客回应能力的提高、公共支出的减少、管理责任的明确、民营化、从控制投入到测量产出和结果、绩效标准、契约外包等(Boston et al.,1996)。

从上述新公共管理的主要内容中可以看出,尽管有学者认为新公共管理理论试图拆解传统公共行政的韦伯式官僚制支柱(Stoker,2006),但是,新公共管理所追求的首要价值仍是效率,只不过方式不同罢了。传统范式是过程和规则驱动的,强调等级决策和控制(Keating,2001),而新公共管理理论采用了市场的

---

① 俞可平.治理与善治[M].北京:社会科学文献出版社,2000:89.

方式来实现。较之传统公共行政,新公共管理理论更加弱化了宪政价值,将公民弱化为"顾客"。因此,新公共管理理论受到了众多学者的批判。针对"掌舵而非划桨"的理论定位,有学者认为掌舵让公共管理者拥有更多权力掌控社会方向,背离了民主治理的原则,发出了"当我们急于掌舵时,我们是否淡忘谁拥有这条船?"的疑问,King et al.(1998)则明确认为政府属于公民。不同的学者从不同的方面对新公共管理理论进行了批判。例如,福克斯认为新公共管理理论内部存在冲突(Fox,1996)。有学者分析了重塑政府对民主治理的影响,认为改革政府运动正在逐步远离民主治理价值(DE Leon et al.,2000)。Frederickson(1996)从六个方面比较了新公共管理和新公共行政,认为重塑政府运动提升了私人选择、激励提供、竞争的使用、市场型政府等价值,而新公共行政则更多地关注人文和民主行政,更多地关注制度建构和专业能力,更多地关注政治议题以及社会公平标签下的正义和公平。有学者分析了市场模型中的分权与公共部门间的紧张关系:一方面,新公共管理认为应该分权、赋权于基层雇员并进而进行结构性赋权改革以赋予公共服务组织提供公共服务的自主性;另一方面,持续的财政压力和全球经济则要求政治与项目层面协调(Peters et al.,1996)。有学者以宪政学校为例,分析了私有化运动对民主价值观和公共利益的影响,认为对市场机制的使用应该持谨慎态度(MC Cabe et al.,1999)。Terry(1998)认为新古典管理主义损害了公平、公正、代表制和参与等民主和宪政价值观,对民主治理构成了威胁。

4.1.3 新公共服务理论时期:宪政主义价值的复位与价值整合的萌芽

Terry(1999)在回应弗兰特对其"行政领导、新古典管理主义、公共管理运动"的批判中认为:传统公共行政学者的观点应该在新公共管理讨论中予以考虑。新公共管理拥护者应该慎重考虑最小化公共部门与私人部门区别的努力。盲目应用企业管理原则与实践将导致公共官僚忠诚度减弱并因此威胁到民主生活方式。

正如特里所坚持的那样,与新公共管理在实践中深入发展相伴随的是对新公共管理的批判。2001年"9·11"事件之后,登哈特夫妇对这种批判声音进行综合,并在《新公共服务:服务而不是掌舵》一书中,重新将公共利益、民主公民权、公共服务等宪政价值观肯定为公共行政学科的规范性基础。《新公共服务:服务而不是掌舵》一书有两个写作目的:第一,综合各种观点和声音。这些观点和声音呼唤将公共利益中的民主价值、公民权和服务重新肯定为公共行政领域的规范性基础。第二,旨在提供一个框架,从而能够组织这些围绕一定原则而形成的观念,赋予它们一个一直以来所缺少的名称、外壳和表达方式(Denhardt et al.，2015）。通过阐述七个核心原则（服务公民而非顾客、追求公共利益、重视公民权和公共服务胜过企业家精神、战略地思考民主地行动、责任并不简单、服务而非掌舵、重视人而不仅仅是生产率），《新公共服务：服务而不是掌舵》力图实现促进公共服务的尊严与价值，试图将民主、公民权、公共利益等价值重新肯定为公共行政的卓越价值等一系列目标。

登哈特夫妇认为，新公共服务是关于公共行政在治理系统中所扮演角色的一系列观念，并进一步认为治理系统将公共服务、民主治理和公民参与置于核心位置（Denhardt et al.，2015）。在民主社会中，对民主价值的关切应该置于人们思考治理体系的首位。诸如效率和生产率的价值不应该失去，但是应该被置于民主、社区、公共利益的大环境中。新公共服务理论显然与这种民主价值相吻合，并提供了一个分析框架。通过这个分析框架，包括传统公共行政和新公共管理核心要素在内的其他价值和技术都可以共存并发挥作用（Denhardt et al.，2015）。因此，新公共服务理论是对新公共管理理论的针对性纠正，本质上是对传统公共行政和新公共管理理论的一种扬弃。新公共服务理论试图吸收传统公共行政理论的合理内容，尤其是在承认新公共管理理论对于改进当代公共管理实践所具有的重要价值并摒弃新公共管理理论特别是企业家政府理论固有缺陷的基础上，提出和建立一种更加关注民主价值和公共利益、更加适合于现代公民社会发展和公共管理实践需要的新的理论选择（丁煌，2004）。新公共服务理论试图从根本上来确立宪政价值的中心位置。新公共服务理论并不是一种新的官僚技术，而是对我们是谁、我们为什么服务他人的界定。新公共服务理论是价值的根本改造（Denhardt et al.，2015）。

然而，尽管新公共服务理论是针对新公共管理实践的回应，以七条原则为核心的内容体系也在一定程度上包含了如何实现新公共服务理论预设的现实实践启示，但新公共服务理论更多的是从理论上重新确立了宪政主义价值的核心地位，其实践关切性（对网络治理、公共治理实践的回应）有待强化，具体实现路径有待进一步清晰。例如，对于新公共服务如何实现这一问题，《新公共服务：服务而不是掌舵》寄希望于作为公务员的个体、作为公民的个体的道德行为，寄希望于高度公民权对个体行为的激励作用，缺乏制度性安排。再如，《新公共服务：服务而不是掌舵》认为应该通过改变人们对工作的感觉，从内心找到赞誉、承认和促进这些理念的声音，来改变人们从事日常工作的方式（Denhardt et al.，2015）。随着网络治理时代的来临，仅仅依靠"公民权""公共服务精神"而缺乏制度性安排和支撑条件难以推动宪政主义价值在其与管理主义价值较量中取得稳固的优势。

此外，登哈特夫妇所主张的以公民权为核心的积极参与，就其参与性质来看,是从属于中心-边缘结构的。在这种结构中去开展参与活动,意味着更多的参与是对这个中心-边缘结构的强化。然而,从理论上说,只要是在存在着中心-边缘结构的地方,就不可能出现平等和自由的合作,至多也只会生成一种协作的状况。所以,倾向于强化中心-边缘结构的参与是不可能有利于合作关系生成的(张康之,2006)。因而,新公共服务理论不是在政府与社会的合作治理意义上去思考变革现行的社会治理模式的方案(张康之,2006),也难以适应后工业化社会的治理模式。后工业化社会的治理模式是一种新型的合作治理模式,在根本性质上不是控制导向的治理,而是政府与民间、公共部门与私人部门之间的合作与互动,是治理主体平等前提下的共治(张康之,2006)。

4.1.4 公共价值管理时期:价值主题的超越与多元价值的整合

在公共行政与公共政策中,再没有比公共价值更重要的话题了(Jørgensen et al.,2007)。如果学者能够推进,即使渐进地推进公共价值研究,使公共价值研究摆脱当前的模糊和无限状况,那么这些研究的进步将服务于多种不同的理论发展和实践目标。

新公共服务理论开启了新的理论与实践旅程,即公共行政或公共管理理论不仅要关注公共管理者(公共服务的尊严与价值),也要关注公民(民主、公民权和公共利益的价值观,尤其是"高度公民权")。这一论断预示着新的理论和实践范式的产生。正如之后 Stoker(2006)在《公共价值管理:网络治理的新叙事》中所强调的那样,要给予利益相关者更多合法性的论断。然而遗憾的是,新公共服务理论并未在与公共价值管理理论的竞争中胜出,而后者则被众多学者称之为继传统公共行政、新公共管理之后新的理论范式(Stoker,2006;Bryson et al.,2014;O'Flynn,2007),尽管新公共服务理论的众多核心要素被纳入了新兴起范式的内容之中(Bryson et al.,2014)。例如,较早地将公共价值管理理论视为范式并进行深入分析的斯托克(Stoker,2006)认为,公共价值管理理论确实提供了一个新的范式和一种不同的改革叙事。公共价值管理理论的长处在于重新界定了如何应对效率、责任和公平的挑战,在于它指向不依赖于规则和激励而推动公共服务改革的动机力量的能力。较之传统公共行政和新公共管理,公共价值管理理论建立在对人性更全面理解的基础之上。公共价值管理理论认为,人们受到参与网络和伙伴关系的激励,即受到在互相尊敬和共同学习背景下形成的与他人关系的激励。

在实践领域,公共价值管理理论也得到了广泛认同,并被视为一种后新公共管理时代的新范式(Horner et al.,2005;Coats et al.,2008)。有学者将公共价值管理理论视为公共管理的新范式,并分析公共价值框架所应该包含的要素

（Coats et al.，2008）。有研究认为公共价值管理理论解决了当前公共管理者面临的诸多关切。例如，如何维护决策的合法性、资源分配与服务结果测量问题。公共价值管理理论不仅仅是一个可能的绩效管理体系，公共价值作为重要框架的理念在过去的几年里已经得到了相当多的关注（Horner et al.，2005）。有学者将公共价值管理理论框架运用于电子政务绩效测量之中（Grimsley et al.，2007）。有学者将公共价值管理理论应用于哥伦比亚卫生部门改革中，以提高政府领导重大健康改革的能力（Bossert et al.，1998）。有学者分析了英国公共采购政策的监管目标、商业目标和社会经济目标，强调了这些目标之间的冲突并认为当前的公共采购政策过度强调了商业目标（Erridge，2007）。学者们对市场模型的批判引发了公共价值概念的应用，并将公共价值作为评估公共采购目标的要素，建构了公共价值分析框架以评估公共采购政策目标实现程度。Cole et al.（2006）以公共价值为标准，通过分析公共价值的构成要素建构了公共价值创造模型来评估公共服务部门绩效。Rogers et al.（2004）通过案例研究，试图理解公共价值和私人价值的属性，并进而理解公共价值如何影响网络的设计以及网络中的公共价值创造状况。在国内，将公共价值应用于具体场域中的研究也逐渐兴起，例如樊胜岳等（2013）、王冰等（2014）的相关研究。

公共价值管理理论在理论和实践领域得到广泛认同的根源在于其契合了网络治理的理论与现实需求。如果说传统公共行政和新公共管理理论是管理时代的产物，那么公共价值管理理论则是网络治理时代的产物。网络治理"对政治家、公共部门的管理者和行政人员来说意味着一种不同的工作方式"（Stoker，2006），因而需要相应的理论为其提供清晰的概念性框架以及总体性的战略目标与标准以判断其结果的价值（Stoker，2006）。如果没有一种具有普遍意义的公共行政理论作为指导，公共行政人员和其他行动者就不能描述公共服务和公共项目领域正在出现的制度或做法的特性，更不用说去评估这种变化的优缺点（Stoker，2006）。在传统公共行政和新公共管理已经与网络治理不相适应（Stoker，2006）的背景下，将其实践建立在体现网络化治理特征的对话和交流体系之上的公共价值管理理论，为应对网络化治理带来的挑战提供了一个宽泛的框架。概而言之，公共价值管理理论以网络治理为实践基础，又为网络治理提供了理论导向。

4.1.4.1 从治理到网络治理：内涵的拓展与价值之争主题的转变

治理与管理有着本质性的不同。何为管理？管理涉及的首先是实现结果，其次是管理者要对达成的结果承担个人责任（休斯，2015），不仅包括"行政"，而且它还涉及组织怎样以效率最大化的方式实现目标，以及对结果负责（休斯，2015）。因此，管理是一种以政府为中心点出发的思维取向，属于一个如何既增强政府的效能又降低政府的行政成本的设计思路(张康之,2006)。

与管理不同,治理是在政府与社会的合作治理意义上去思考变革现行的社会治理模式的方案(张康之,2006)。何为治理? 治理这一概念与人类历史一样古老(Weiss,2000),可以追溯到古典拉丁语和古希腊语中的"操舵"一词,原意主要指控制、指导或操纵,与"government"的含义交叉。长期以来,"governance"一词专用于与"国家公务"相关的宪法或普通法律的执行问题,或指管理利益关系不同的多种特定机构或行业(杰索普 et al.,2019)。国内学者徐勇(1997)认为"governance"的中文意思主要是统治、管理或统治方式、管理方式,即统治者或管理者通过公共权力的配置和运作,管理公共事务,以支配、影响和调控社会。在传统治理模式的历史条件下,治理是与统治交叉使用的同义语(徐勇,2001)。

20世纪90年代以后,治理的内涵发生了实质性变化,成了一个打破中心-边缘结构的合作治理模式(张康之,2006)意义上的治理。治理是指各种公共的或私人的个人和机构管理其共同事务的诸多方式的总和。治理是相互冲突的或不同的利益得以调和,个人或机构采取联合行动的一个持续过程。治理既包括正式制度和规则,也包括非正式制度安排。与统治不同,治理指的是一种由共同的目标支持的活动,这些管理活动的主体未必是政府,也无须依靠国家的强制力量来实现。治理意味着政府管理含义发生了变化。治理指的是一种新的管理(governing)过程,或者是一种改变了的有序统治状态,或者是一种新的社会管理方式(Rhodes,1996)。首先,治理需要权威,但这个权威并非一定是政府机关。治理是政治国家与公民社会的合作、政府与非政府的合作、公共机构和私人机构的合作、强制与自愿的合作。其次,与统治不同,治理是一个上下互动的管理过程。治理主要通过合作、协商、伙伴关系、确立认同和共同的目标等方式实施对公共事务的管理(俞可平,2000)。从"治理不在于政府下命令或运用其权威"到"治理是指出自政府但又不限于政府的一套机构和行为体"(斯托克,1999),治理明确指出在为社会和经济问题寻求解答的过程中存在的界线和责任方面的模糊点。治理明确认定在参与集体行动的机构之间的关系中包含着对权力的依赖。治理是指行为体网络的自主自治。治理认定,办好事情的能力并不在于政府下命令或运用其权威的权力。政府可以动用新的工具和技术来掌舵和指引。因此,治理打破了长期存在的市场与计划、公共部分与私人部门、国家与公民社会等两分法传统思维方式,回应了众多学者和实践者对新公共管理理论损害公平、正义、民主和代议制等宪政价值以及削弱公民主人地位的批评。尽管治理被赋予了不同的含义并被以不同的方式来使用,例如,Rhodes(1996)梳理了关于治理的六种不同用法,但是仍取得了基本共识,即治理指管理方式(governing styles)的发展,意味着公共和私人部门之间和内部的界限越来越模糊(Nag,2018),多元参与、权力依赖与分享、平等合作构成了治理的核心内容(翟军亮,2016)。

在实践领域,国际组织在更为宽泛的意义上来使用治理一词。治理主要被用于世界援助组织为了分配援助资源而对发展中国家进行的评估和提出的治理要求。1989年,世界银行在《撒哈拉以南非洲:从危机到可持续增长》的研究报告中认为非洲发展问题的根源是治理危机,首次将"治理"一词用于发展领域。之后,欧盟(EU)、国际货币基金组织(IMF)、经济合作与发展组织(OECD)和联合国(UN)等国际组织利用治理标准来评估被援助对象是否有资格获得援助。

Weiss(2000)在《治理、善治与全球治理:概念与实际挑战》中对治理、善治等相关概念进行了系统梳理,指出一些学者和国际实践者利用治理来指代公共领域和私人领域中的一系列复杂结构和程序,更多的学者倾向于将治理作为政府的同义语来使用。

联合国开发计划署(UNDP)将治理视为经济、政治和行政权威主体在各个层面上管理一个国家事务的实践,认为治理包括机制、过程和制度。通过这些机制、过程和制度,公民和团体能够表达他们的利益,行使他们的法定权利,履行责任,协调不同。[①]

全球治理委员会将治理界定为:治理是由个体与机构、公共主体与私人主体管理共同事务的方式的总和。治理是一个持续的过程,通过这一过程,互相冲突的或多元的利益能够相互调和并采取合作行为。治理既包括正式制度,也包括非正式制度。[②]

经济合作与发展组织将治理界定为:治理概念是指为促进经济和社会发展,在一个社会中行使与资源管理相关的政治权威和控制活动。[③] 这个广泛的定义包括了公共权威在建立经济良好运行环境、决定利益分配、决定统治者和被统治者关系本质中的角色。

有学者将治理界定为一种过程,通过该过程,个体和政府官员在互动中表达利益,行使权利,履行义务,找出各自的分歧并合作以生产提供公共产品和服务(Brinkerhoff et al.,2005)。

---

① WEISS T G. Governance, good governance and global governance: conceptual and actual challenges[J]. Third world quarterly,2000,21(5):795-814.

② WEISS T G. Governance, good governance and global governance: conceptual and actual challenges[J]. Third world quarterly,2000,21(5):795-814.

③ WEISS T G. Governance, good governance and global governance: conceptual and actual challenges[J]. Third world quarterly,2000,21(5):795-814.

尽管治理可以作为一般的工具性概念来使用,但其更具有较高层次的规范性指向,对治理质量的探求也自然成了学者和实践者的核心话题之一。善治实际上是作为关于治理的实用标准而被引进来的,这样就使得善治成了治理概念所不可或缺的内在价值构成要素,治理概念因而具有更强的实践意涵和功能(吴畏,2015)。然而,学者对善治的标准却莫衷一是(Perry et al.,2014;Jørgensen et al.,2012)。尽管治理被政策制定者和学者广泛讨论,但是却并没有对治理质量形成高度共识(Kaufmann et al.,2011)。例如,有学者通过梳理善治的相关界定之后发现,对于应该如何界定善治存在着广泛争论:善治的概念是仅仅包括程序性价值,还是应该也包括实质性政策和结果? 善治的概念应该在世界范围内具有普遍适用性还是应该因文化的不同而不同? 善治的概念应该等同于行政和经济效率还是应该被理解为对效率的解释? 善治的概念应该包括管理者代表被管理者还是关于掌舵社会的能力? 这一系列争论堪称经典,后续关于善治的界定整体上尚未脱离上述争论焦点。

世界银行在《撒哈拉以南非洲:从危机到可持续增长》的研究报告中将治理界定为通过行使政治权力来管理国家事务。在之后的《治理与发展》报告中,世界银行将治理界定为一个国家经济和社会资源管理中权力的运行方式,认为治理主要包括三个方面的内容:① 政治体制形式。② 一个国家经济社会资源管理中权威的运行过程。③ 政府设计、形成、执行政策的能力。善治的典型特征包括:可预见的、开放的、开明的政策制定(透明过程);富有职业精神的官僚体系;为行为负责的政府行政体系;强大的、参与公共事务的公民社会;法治。

Leftwich(1993)将世界银行在《撒哈拉以南非洲:从危机到可持续增长》报告中的善治标准进行了总结:① 有效率的公共服务;② 独立的司法体系和法律框架以履行契约;③ 能负责任地管理公共资金的公共行政体系;④ 独立的公共稽核;⑤ 对代议制立法机关负责;⑥ 对法律和人权的尊重;⑦ 多元的制度架构;⑧ 独立的媒体。

1. WGI 指标体系

WGI 指标体系自 1996 年以来覆盖了 200 多个国家和地区(Kaufmann et al.,2011),是当前世界上最流行的治理指标体系,被广泛用于比较不同国家和不同时间的治理质量,为援助分配决策、风险评级、学术分析和媒体文章服务(Arndt,2008)。WGI 指标体系吸引了众多研究者和政策制定者的注意力(Thomas,2010)。众多学者以 WGI 指标体系为基础进行了深入研究,WGI 指标体系逐渐成了在发展议题中占据主导性的概念界定和操作化定义(Doeveren,2011)。WGI 指标体系包括三个方面的内容、六类指标。

（1）选择、监督和更替政府的过程：① 政府责任。政府责任主要用于测量一个国家的公民能够参与选择政府、自由表达、结社自由和媒体自由的感知程度。② 政治稳定性、有无暴力或恐怖主义。政治稳定性、有无暴力或恐怖主义主要用于测量政府的不稳定性或被非宪政手段或暴力手段推翻的可能性，包括基于政治动机的暴力和恐怖主义。

（2）政府有效性和执行优良政策的能力：① 政府有效性。政府有效性主要用于测量公共服务质量、公民服务质量及其独立于政治压力的程度、政策形成和执行的质量、政府对政策执行程度的公信力。② 管制质量。管制质量主要用于测量政府制定并执行促进私人部门发展的政策并进行管制的力量。

（3）公民和国家对相互之间经济和社会互动机构的尊重情况：① 法治。法治主要用于测量行为主体对社会规则的信息和遵守程度，特别是在合同执行、财产权、警察和法院的工作质量、犯罪和暴力的可能性等方面。② 腐败的控制。腐败的控制主要用于测量公共权力为私人谋利益的程度，包括大型腐败和小型腐败以及精英和私人利益对国家的俘获程度。

2. 善治评估体系

有学者以世界上主要救援机构（如世界银行、国际货币基金组织、联合国开发计划署等）的倡议、原则和实践为基础，认为善治具有如下特征：参与、法治、公平和包容性、透明、回应性、共识和合法性、有效和效率（Nag，2018）。

Weiss（2000）认为善治的标准不仅包括多党选举、司法系统和议会系统，还包括对人权的普遍保护；非歧视性法律；富有效率的、公正的司法程序；透明的公共机构；公职人员对决策的负责；资源和权力从中央到地方的放权；公民有意义的参与公共政策辩论和选择。

联合国开发计划署对善治的界定：善治最重要的是参与、透明和负责任。善治应该是有效率的、公平的，能够促进法治。善治确保政治、社会和经济的优先发展一是需要建立在一个社会的广泛共识基础上，二是要确保一个社会在作出发展资源的分配决策过程中最弱势群体的声音能够被听见。

对善治的评估除 WGI 指标体系之外，亦有学者和实践者开发了善治评估体系（Hyden et al.，2004）。这套评估体系反映了正在出现的关于什么应该构成善治、什么可以构成善治的全球共识，主要包括参与、尊严、公平、责任、透明和效率。① 参与：受影响的利益相关者的参与程度和所有权程度。② 尊严：规则的形成和管理羞辱或伤害公民的程度。③ 公平：规则适用于社会中每个人的程度，无论其身份如何。④ 责任：选举和任命的公职人员对其行为负责并回应公众需求的程度。⑤ 透明：公职人员所做决定的明确程度和接受公民或其代表审查的开放程度。⑥ 效率：规则促进迅速和及时决策的程度。

国内关于治理与善治的研究中,俞可平的相关研究较具有先导性、权威性和代表性。俞可平(1999)认为:治理一词的基本含义是指在一个既定的范围内运用权威维持秩序,满足公众的需要。治理的目的是在各种不同的制度关系中运用权力去引导、控制和规范公民的各种活动,以最大限度地增进公共利益。从政治学的角度看,治理是指政治管理的过程,包括政治权威的规范基础、处理政治事务的方式和对公共资源的管理。治理特别关注在一个限定的领域内维持社会秩序所需要的政治权威的作用和对行政权力的运用。善治是使公共利益最大化的社会管理过程。善治的本质特征就在于它是政府与公民对公共生活的合作管理,是政治国家与公民社会的一种新颖关系,是政治国家与公民社会两者的最佳状态(俞可平,2000)。善治主要包括以下基本要素:合法性、透明性、责任性、法治、回应性、有效性、参与、稳定、廉洁、公正(俞可平,1999;俞可平,2002)[①]。继俞可平之后,何增科(2002)将善治的标准应用于中国场景,分析中国在迈向善治目标方面所取得的成就。

杨雪冬(2005)在梳理治理的用法时认为,善治是治理最突出的用法,强调合法性与效率具有政治、行政和经济价值。

姚大志(2015)将善治作为合法性的来源之一,认为善治是一种实质的合法性,政治意义上的善治要求实行法治、保障人权,行政意义上的善治要求政府提高效率、履行职责。进一步地,作为合法性善治的条件为:实行法治、保护人权、实现社会正义、提高政府效率、社会功能多元化。

李龙等(2016)认为,履行善治需要涵盖五大基本要素:良法是善治的前提,共治是善治的优势,自治是善治的基础,法治是善治的核心,德治是善治的保障。

周安平(2015)认为,治理是否可被称为"善治",并不在于治理主体是否加入了非政府因素而变得多元,而在于治理的过程和状态是否具有"善"的内容。

3. 公共价值整合途径

从上述关于治理、善治的界定和测量体系研究可以看出:尽管分歧依旧,但共识正在形成——善治的核心是公共价值(Jørgensen et al.,2012)。Kernaghan(2003)认为价值是公共服务的核心,应该将价值整合进公共服务中去。然而,治理与善治中公共价值核心要素之间关系却大相径庭。整体上看,学术界形成了

---

① 在《治理与善治引论》中,俞可平认为善治的基本要素有六个,分别为:合法性、透明性、责任性、法治、回应性、有效性;在《全球治理引论》中,俞可平认为善治的基本要素有十个,分别为:合法性、透明性、责任性、法治、回应性、有效性、参与、稳定、廉洁、公正。

公共价值整合的三种途径:寻找共同公共价值集合、分析公共价值冲突、推进公共价值整合。

(1) 寻找共同公共价值集合

所谓寻找价值集合即是在不同的价值集中寻找最大公约数。尽管善治是一个宽泛的概念,尽管界定不同,但是有着共同的核心公共价值。有学者通过分析 14 个国家的善治准则,确认了全球公共价值集合:公共利益、政权尊严、政治忠诚、透明度、中立性、公正性、有效性、问责制和合法性(Jørgensen et al.,2012)。这些公共价值主要来源于宪政主义和理性官僚主义,而受新公共管理和重塑政府改革运动的影响较小。这些公共价值与联合国、欧盟、经济合作组织、国际货币基金组织、世界银行等所强调的善治原则相匹配。有学者通过分析援助组织和相关学者关于善治原则的实践与研究认为,这些善治原则尽管有着广泛的不同,但围绕五项善治原则呈现出明显的收敛趋势,这五项善治原则分别为问责制、效率和有效性、公开性和透明度、参与、法治(Doeveren,2011)。这五项善治原则更多地适用于决策制定过程而非结果。如果政治政策过程遵循了这些原则,即使产生了不正当的结果,则这个国家也被认为治理良好(Doeveren,2011)。

(2) 分析公共价值冲突

公共价值冲突并不是新话题,公共价值之间存在冲突已经成为学术界的共识。较之寻找共同公共价值集合和推进公共价值整合,对公共价值冲突的研究较多。可能的原因为:一是实践所需。较之寻找共同公共价值和推进公共价值整合,公共价值冲突在公共管理实践中,尤其是基层层面发生的概率更高。特别是在以预算限制和充满活力的利益相关者期望为特征的动荡时期,公共决策者面临着冲突和矛盾的公共价值观和利益之间的权衡(Perry et al.,2014)。二是学术所需。公共价值之争贯穿于公共行政和公共管理理论发展始终,确立某一价值集合较另一价值集合的优势地位是理论范式得以确立的"身份"属性。例如,新公共管理理论对效率价值的倡导与新公共服务理论对民主的倡导确立了这两个理论属于不同的范式。

公共价值冲突具体内容方面,主要是规则导向的价值与结果导向的价值之间(Kaufmann et al.,2008)、绩效价值与程序价值之间(DE Graaf et al.,2015)抑或管理主义价值与宪政主义价值之间的冲突。凯特尔(2009)认为,效率并不是政府的唯一目标。除了效率之外,政府还会追求其他目标。可有的时候,这些目标又是互相矛盾的。在服务公共利益的过程中,政府所面临的根本性挑战是要平衡追求效率目标和追求其他目标同样重要(有时甚至是更为重要)这一关系。在公共政策和公共管理决策中,诸如责任和透明、法治和政府效率之类的许多善治价值可能相互冲突或相互矛盾(Perry et al.,2014)。有学者探讨了经济效率和民主合法性之间的紧张关系(冲突关系),认为应从更大的预算自主权与更多的公共管理者责任以及更大的意愿来保障公共偏好相关(Neshkova,2014)。有学者从妥协和合法性的角度讨论了公共价值之间的紧张关系,认为善治是一个充满冲突和妥协的过程,永远不会导致"最终解决方案"的产生(Oldenhof et al.,2014)。有学者讨论了广泛接受但抽象的公共价值之间的紧张关系及其在实践中的表现,认为在实践中,对"善"这一抽象概念的操作化定义导致冲突,这种冲突或分歧不是关于公共价值本身,而是关于日常行为中价值具体含义的(Cowell et al.,2014)。有的学者分析了民主参与和公共价值之间关系的动态特征,认为直接参与能够导致地方政府责任、信任、诚实水平的提高,对公民技能、政策制定和合法性有积极影响(Lawton et al.,2014)。有的学者分析了公私伙伴关系对公共价值的影响,认为公共价值在公私伙伴关系中会受到威胁、得到维护甚至加强,认为环境在维护公私伙伴关系中的公共价值方面具有重要作用(Reynaers,2014)。有学者认为,尽管在定义方式上存在差异,但善治对发展很重要。有的学者探讨了善治的概念,并分析了援助主体对善治的使用情况。研究表明,尽管援助主体对善治的观点存在冲突,但依旧有共同之处,这些共同之处主要在责任、效率和有效性、开放性和透明度、参与、法治五个原则上体现。在对援助主体使用善治概念的批判性反思基础上,一些学者认为,不要将其视为一种最佳的发展战略(Doeveren,2011)。有学者认为,善治准则通常以一份无人能反对的公共价值清单结束,然而并非所有这些价值(无论它们是多么可取)都可以同时实现。文献综述和案例研究表明,作为程序价值的合法性和透明性与作为绩效价值的有效性、效率之间常常发生冲突(DE Graaf et al.,2015)。

（3）推进公共价值整合

政府合法性建立于其公共服务职能基础之上,然而,公共服务所内含的社会价值并不能够被市场所代表的经济效率所解决(O'Flynn,2007)。新公共管理理论倡导的竞争性政府没有理解公共管理不仅在于提供公共服务,更在于践行治理价值(O'Flynn,2007)。基于理论和实践的双重需求,有学者从范式演进的角度提出了推进公共价值整合的理论主张。例如,登哈特夫妇认为应该将效率等价值置于民主等价值框架内,认为在民主社会里,当人们思考治理制度时,对民主价值观的关注是极为重要的。效率和生产力等价值观不应丧失,但应当被置于民主、社区和公共利益这一更广泛的框架体系之中(Denhardt et al.,2000)。民主、责任和效率是伙伴关系而不是被平衡的对象(Stoker,2006)。

4. 善治在实践中的应用

治理作为一种分析概念使人们意识到决策是如何制定的,善治作为一种规范性概念(一系列共同原则)使人们意识到善治对国家政治决策过程至关重要(Doeveren,2011)。然而,治理作为一个分析性概念,其用处是有限的,因为学者仅仅能够在其抽象界定上形成共识(Doeveren,2011)。因此,推进善治在实践中的深入应用,一则需要对善治进行拓展,二则需要对善治中的公共价值进行管理。两者的关系在于前者是后者的基础,后者是前者的升华。一方面,通过对善治的拓展,使善治内涵由静态的价值标准扩展到动态的价值能力,实现作为价值规范标准的善治与作为价值能力的善治的有机结合。另一方面,作为价值规范标准的善治,如前所证明,其构成要素往往具有冲突性,因此,需要对善治中的公共价值进行管理,以使二者能够和谐共存而非零和博弈。通过有效管理,方能实现作为价值标准的善治。正是这种管理,既赋予了善治能力属性,又赋予了公共价值管理理论范式变革的意义。

(1)善治内涵的拓展:作为价值规范标准的善治与作为价值能力的善治。通常,善治被通过建构一个清单来进行界定,这个清单主要包括规则、过程、政府行为等内容(Brinkerhoff et al.,2005),这个清单是治理应该遵循或实现的普遍价值标准。然而,这些普遍公共价值往往具有冲突性或矛盾性。有学者认为,强化治理的道德属性则削弱了治理的有效性和效力,这就意味着以正确的方式做事情并不能保证做正确的事情,或者说以正确的方式做事情意味着做事效率降低(DE Graaf et al.,2010)。因此,遵循程序性的普遍治理价值标准并不必然产生良好的治理结果,也可能产生治理失败。因此,仅仅将善治界定为普遍的公共价值标准具有天然的局限性,这种局限性也逐步得到了广大学者和实践者的承认,正如公共价值冲突分析中所描述的。基于此局限性,对善治的界定和研究逐步由价值标准向动态能力转型。例如,有学者认为善治是对公共价值之间潜在冲突的有效管理(DE Graaf et al.,2010),将善治的研究重心由静态标准转变到了动态过程。博瓦德(Bovaird)等学者将公共治理界定为利益相关者为了影响公共政策结果而进行的互相交流的方式,将善治界定为所有利益相关者在改善公共政策结果和商定治理原则问题(或领域)中进行的谈判(Bovaird et al.,2003)。这一定义实现了治理结果、治理过程和治理原则的统一。然而,仅仅在静态标准基础上赋予善治以动态过程还是不够的,还需要凸显治理动态过程中的价值整合与管理能力。毕竟价值冲突可能导致零和博弈,价值管理能力的欠缺可能导致治理失败。这可以从中国农村基层治理中获得很多经验证据(翟军亮,2016)。因此,经济合作与发展组织的公共管理项目在善治标准清单中增加了技术和管理能力以及组织能力(Jørgensen et al.,2012)。Perry et al.(2014)

也赋予了善治以动态能力的内涵,将善治理解为管理冲突或矛盾公共价值的能力。然而,遗憾的是,国内关于善治的研究中尽管也有从治理过程的角度进行探索的,但有待进一步深入;关于价值能力管理的探讨更有待深入。

（2）治理实践中的价值冲突催生了价值管理的理论研究,公共价值管理理论应运而生。正如 Stoker(2006)所认为的,公共价值管理理论的产生基于网络治理基础之上。正因为网络治理的革命性意义,公共价值管理得以产生范式变革。因为,公共价值管理理论获得范式属性的过程也正是其回应网络治理实践议题的过程。当然,治理与善治理论研究与实践议题的纷争也导致了公共价值理论研究的路径划分。Davis et al.(2009)将当前的公共价值研究划分为生成视角和制度视角。前者以 Moore(1995)和斯托克(Stoker)(2006)为代表,后者以Bozeman(2002)、Jørgensen et al.(2007)、Jørgensen et al.(2002)等学者为代表。

综上所述,如果说传统的价值之争主要是局限于管理主义和宪政主义之争,那么在公共治理时代,价值之争在管理主义和宪政主义之争的基础上,逐步转化为程序价值与绩效价值之争、公共利益-私人利益-程序利益之争,公共治理中公共价值增强与弱化以及如何整合公共治理中的多元价值成为研究主题与实践前沿。当然,作为价值之争基础的治理也悄然发生了变化,即在作为价值规范标准的善治（治理）的基础上获得了作为能力的善治（治理）,实现了静态价值标准与动态价值能力的结合。正是这种价值分析与实践基础的转变,使得价值研究有可能从价值冲突论中挣脱出来进而实现自身内在要素的整合,同时也赋予了公共价值管理以理论自洽性。

4.1.4.2 公共价值管理理论的核心内容

尽管学者们对公共价值管理理论进行了广泛研究,但做出系统概括的当属Stoker(2006),按其观点,同时结合其他学者的研究成果,公共价值管理理论的主要内容可以概括为以下五点。

1. 通过公共偏好来确定公共价值

与传统公共行政和新公共管理不同,公共价值管理理论将公民及公共偏好置于核心位置,认为公民不仅仅是消费者,而且应当能够影响服务的设计与递送(Coats,2006);公共偏好居于核心位置并决定着公共价值。因此,创造和维持高质量的服务供给需要的不仅仅是针对服务本身的复杂的市场调查和高质量的客户服务(Coats,2006),更需要确定公共偏好,确定公众最看重什么。确认公共偏好需要建构协商网络,需要公共管理者组织利益相关者进行持续不断的交流对话。当且仅当公共管理者、当选代表和公民之间进行持续不断的对话交流时,形成公共偏好的过程才是可能的(Coats,2006)。

Kelly et al.(2002)亦认为,应通过确定公共偏好来确定公共价值,同时指出了确定公共偏好的主要程序:确定需要考虑哪些人的偏好;确定公众想要参与的问题,获得公民的重要想法但并不过分要求他们;安排讨论会,以让公民或群体能够了解问题,表达想法,探究细节,寻求达到妥协,作出决策;认识到"显示性偏好"的局限性,探索"叙述性偏好"方法的潜力以及公众关注政策折中而不依赖将金钱作为唯一的比照参数的问题;倾听公众偏好,探索授权公众进行决策并对其负责的方法。

2. 通过寻找公共价值来定义公共干预

莫尔在《创造公共价值:政府战略管理》中认为,公共管理的终极目标在于创造公共价值,公共管理者的根本哲学也在于创造公共价值。Stoker et al.(2006)认为:公共管理者(无论是政治家还是行政官员)的根本哲学在于创造公共价值,需要回答的问题是公共干预是否取得了积极的社会和经济结果;提供服务已经不是政府干预的充足理由,无论这些服务是政府直接提供的还是通过委托授权渠道提供的,需要回答的问题是所提供的服务是否产生了积极的社会和经济效果,是否递送了公共价值(Gains et al.,2009)。

3. 通过建构协商网络以给予利益相关者的合法性更多关注

在承认传统理论所强调的政党政治输入合法性的基础上,公共价值管理理论拓宽了合法性的来源范围,并更加强调来源于商业合作伙伴、社区领袖、拥有服务知识的专家和使用者、稽核员和管制者等利益相关者的合法性。该理论认为:公共管理者与利益相关者之间应该有更多的沟通与协商;要使决策具有合法性,必须让所有利益相关者参与其中(Stoker,2006),以达到公众对决策和政府行为的默认向积极认可转变以及建立协作性、协商性合作途径的目的。为此,公共价值管理理论主张建立相应的参与协商网络,使参与主体多元化,参与方式更加便利、省时和具有吸引力,公共协商方式更加多样灵活。

利益相关者的参与,彰显了公共价值管理者在现有依赖规制或激励基础上更多依赖自身动员影响能力的力量,利益相关者和公共价值管理者可以通过在网络与合作中的参与而得到动员,可以在相互尊重与知识分享的背景下形成信任基础上的合作关系。

4. 通过对公共服务伦理道德的承诺来建立开放的、关系型的服务采购途径

公共价值管理理论更加强调公共服务伦理对整个系统健康运行的重要性,主要体现在以下几个方面:公共服务供给者选定标准中公共服务伦理道德因素凸显,将公共服务伦理道德评估作为选定公共服务供给者的重要一环,即通过评估相关组织(公共组织、私人组织和志愿组织)是否有能力对公共服务伦理道德作出承诺来确定公共服务最佳供给者;公共服务伦理道德场域的拓展,将对公共服务伦理道德的承诺拓展到日常实践中而非仅仅是在应对危机

时；公共服务伦理道德承诺主体扩展，认为所有的公共服务供给者都应对以绩效文化、承诺责任、回应公民诉求、负责任的雇员实践活动、为社会福利做贡献等（Aldridge et al.，2002）为核心的公共服务伦理道德作出承诺，而非仅仅是公共管理者。

公共价值管理理论认为，政府要放弃传统公认的"一种最好的方式"，应根据环境、公共价值、情景因素、任务的性质、可用的技术与资源等因素选择开放而实用的公共服务采购途径。具体体现在：① 应通过一种比较开放的、务实的方式来确定最佳供给者，无论他们是公共的、私人的或志愿组织。正如 Hughes（2006）所认为的，如果官僚制解决方案起作用就用官僚制解决方案，如果市场解决方案起作用就用市场解决方案。② 应当充分利用各类组织的特点及其资源建构灵活的服务采购网络以实现公共价值最大化。正如 Benington et al.（2010）所认为的，在公共价值目标的实现过程中，政府的一个潜在角色就是充分利用政府、市场和公民社会等三部门的力量和资源。

公共价值管理理论期望建立一种关系型的服务采购途径，这对传统明确区分生产者与消费者、顾客与承包商的做法构成了挑战（Benington et al.，2010）。该采购路径各主体之间应该建立高质量的协作与信任关系，以利于形成资源共享、相互依赖、合作互惠的公共服务采购网络运行机制；应该彼此视对方为合作伙伴以建立一种较为稳固持续的长远合作关系，而不应狭隘地局限于任何合同（Stoker，2006），以利于应对社会环境的复杂性、多样性和动态性带来的挑战，确保服务采购过程中各主体间互动关系的稳定性，维护公共服务采购网络的整体功效、运作机能，实现公共服务采购网络良性运转。

5. 建立灵活的、学习型的公共服务递送途径

公共价值管理理论认为，政府应根据环境的变化、公共价值的变化建立灵活的、学习型的公共服务递送网络以应对网络化治理给公共服务供给带来的挑战。在网络化治理中，永久性与稳定性已不占据主导地位，它所强调的是不间断的变化、评估、学习与适应。因此，公共管理者应在掌控协商网络和服务递送网络并维持整个系统健康运行的同时，不断对其进行调整以使其与不断变化着的环境相适应；应进行持续不断的评估和学习，评估环境以确定公共价值以及系统的适应性，学习新的管理技能以提高管理服务供给网络的能力，以促使组织高效率的达成目标，能够迅速适应新的目标并创造性地实现公共价值最大化。

公共价值管理的范式意义需要从其与传统公共行政、新公共管理的对比中获得。有学者对比了传统公共行政、新公共管理和正在出现的新范式的内涵（Bryson et al.，2014），见表4-1。

表 4-1　传统公共行政、新公共管理和新范式的对比 ①

维度		传统公共行政	新公共管理	公共行政正在兴起的新范式
环境与知识背景	物质和思想条件	工业化,城市化,现代公司的崛起,专业化,科学信念,进步信念,对市场失灵的担忧,大萧条和第二次世界大战的经历,对政府的高度信任	对政府失灵的担忧,对大政府的不信任,对市场效能和效率的信念,对理性和权力下放的信念	对市场、政府、非政府组织和公民组织失灵的担忧,对复杂问题的担忧,对日益加剧的不平等的担忧,"空心"国家,被贬低的公民权,网络和协作治理,发达的信息和沟通技术
	主要的理论和认识论基础	政治理论,科学管理理论,社会科学理论和务实主义	经济学理论,实证主义社会科学理论	民主理论,公共和非营利组织管理理论以及其他理论
	理性观和人类行为模式	全面理性,行政人	技术和经济理性,经济人,自私的决策者	形式理性,对理性的多重检验(政治、行政、经济、法律、伦理),对超越狭隘个人利益的公共精神的信念,对通过对话和协商产生影响力持开放态度的"理性人"
公共领域	对共同的善、公共价值、公共利益的界定	由民选官员和技术专家决定	由民选官员决定或者由加总的个体偏好决定,加总的个体偏好以消费者偏好选择为基础	尽管政府作为公共价值的担保人,但公共利益远远超出了政府的范围。共同利益取决于广泛的包容性对话和协商,并由证据、民主和宪法价值观所决定
	政治角色	确立统治者,以确定政策目标	确立统治者,以确定政策目标;赋权于管理者;围绕特定工具使用的行政政治	"公共工作"包括通过协商和对话方式来确定政策目标;作为一种"生活方式"的民主
	公民权角色	投票者,顾客和选民	顾客	公民被视为解决问题者和共同创造者,公民积极参与创造公众所看重的、对公众有益的事务

---

① BRYSON J M, CROSBY B C, BLOOMBERG L. Public value governance: moving beyond traditional public administration and the new public management[J]. Public administration review,2014,74(4):445-456.

表 4-1(续)

维度		传统公共行政	新公共管理	公共行政正在兴起的新范式
政府和公共行政	政府角色	划桨者,设计、执行政策和项目以回应政治目标	掌舵者,决定目标、通过工具选择以及依赖市场和非政府组织来推动服务提供	政府作为召集者、催化剂、协调者,有时掌舵,有时划桨,有时合作,有时避开不参与
	关键目标	政治上设定的目标;由公务员管理实施;通过官僚和民选官员的监督进行监控	政治上设定的目标;管理者以确保经济和对消费者回应的方式管理投入和产出	以有效解决公众最关心的问题和对公众有益的方式创造公共价值
	政策目标实现机制	通过集中、等级组织的公共机构来管理项目	建立机制和激励结构以实现政策目标,尤其是通过利用市场来实现政策目标	根据实用标准从备选提供机制菜单中选择;这通常意味着帮助建立跨部门的合作关系,并促使公民参与以实现商定目标
	公共管理者角色	确保遵守规则和适当程序;回应民选官员、选民和客户;行政官员拥有有限的自由裁量权	帮助定义并达到商定的绩效目标;回应民选官员和客户;允许广泛的自由裁量权	在帮助建立协商网络和供给网络方面,在保持和提高系统整体效能、责任和能力方面扮演着积极的角色;回应民选官员、公民和一系列利益相关者;裁量权是必要的,但是应受到法律、民主和宪政价值观、问责机制的限制
	责任实现途径	等级制的,行政官员对民选的政治官员负责	市场驱动	多方面的,因为公务员必须遵守法律、社区价值观、政治规范、职业标准和公民利益
	对民主过程的贡献	政治上确定目标和责任;通过民选官员之间的竞争来实现责任;公共部门垄断公共服务伦理	政治上确定目标;行政人员确定实现方式;对公共服务精神持批判态度;偏好顾客服务	促成对话;催化和回应积极公民权;没有一个部门垄断公共服务伦理;基于共同的公共价值观维持关系至关重要

  公共价值是公共价值管理理论的核心概念。有学者将公共价值研究划分为两个视角:生成视角和制度视角(Davis et al.,2009)。前者主要聚焦于公共价值的创造,代表性学者主要有 Moore(1995)和 Stoker(2006)等。后者主要聚焦于以观念、原则为表现形式的公共价值,代表性学者主要有 Jørgensen et al.(2012)、Bozeman(2007)、Bozeman(2002)等。关于公共价值的界定,在公共价

值变量的操作化部分中已有阐述,这里不再赘述。

通过系统梳理公共价值创造研究发现,整体上,公共价值理论分析框架及其构成要素的实现过程、价值冲突管理、有效回应公民诉求、赢得公民信任等内容仍需要深入的理论与实证研究。

4.2 作为公共治理过程的农地"三权分置"

从学科理论发展范式的角度看,公共政策实施经历了三种范式:公共行政、新公共管理、新公共治理(Osborne,2006)①。由于公共行政以传统公共行政理论为核心内容,而新公共管理构成了公共管理的核心内容,在 20 世纪绝大部分时间里居于支配地位的特殊理论通常被称为"传统公共行政模式",与之相对照的是可以交替使用的"新公共管理""管理主义",或"公共管理改革"(休斯,2007)。学者对各范式的称谓有所不同,这三种范式亦被众多学者称之为"公共行政""公共管理""公共治理"。例如,休斯(2007)分析了公共行政和公共管理两种范式的不同,认为公共行政与公共管理是不同的,二者之间并没有从属关系,它们应被看作两个相互竞争的典范。Bovaird(2009)则分析了公共管理和公共治理两种范式。不同的政策范式意味着不同的政策系统。农地"三权分置"属于哪一种政策实施范式?本节将回答这一问题。

4.2.1 从官僚制模式到公共治理模式

4.2.1.1 公共行政模式

传统公共行政以威尔逊和古德诺的政治行政二分理论、泰勒的科学管理原理和韦伯的官僚制理论为基础。传统公共行政的原理包括:① 官僚制。② 存在一个最佳的工作方式。③ 通过官僚制提供服务。④ 政治与行政二分法。⑤ 激励个体公务员的力量是公共利益。⑥ 公共行政是一种特殊的活动形式,需要中立的、无个性的、终身任职的职业官僚队伍。⑦ 公共服务领域的任务是行政性的,执行由其他人提供的指令而无须为结果承担个人责任(休斯,2007)。上述原理之中,官僚制具有基础性地位。官僚制是建立在韦伯所倡导的法理型权威基础之上的。因官僚制具有超越其他任何组织形式的纯技术上的优势,而被认为是最有效的组织形式。官僚制的特点包括:任务法定、权力法定、任职资

---

① 尽管学术界就第三种范式还没有形成一致的称谓,但是相关研究的内容却存在着共同之处。此处不对第三种范式是称之为"新公共治理"还是"公共治理"更为合适进行辨别。本章节中,"新公共治理"和"公共治理"具有相同的内涵。

格法定、等级制原则、书面原则、培训原则、能力而非资历原则、遵循规律原则、公职职业化、职位终身制、定期薪金制。在实践中这种模型典型体现为政府的实践活动,即人们通常所说的公共行政。何为行政？休斯(2007)认为行政从本质上是指执行指令和服务。公共行政是一种为公众服务的活动,公务员执行他人制定的政策。公共行政关注的是程序、将政策转化为行动以及办公室管理。传统公共行政模式的这种特质得到了众多学者的认可。例如,奥斯本 et al.(2006)认为传统公共行政的关键要素包括:法治居于主导地位、聚焦于行政性的规则和原则、官僚制在政策制定和执行中居于核心位置、公共组织中的政治-行政二分、增量预算、服务供给中的专业化。

尽管公共行政和公共管理均在说明相同的事情,即政府的各个行政部门是如何组织,如何处理信息以及如何提供政策、法律或商品、服务(休斯,2007),但公共行政和公共管理仍有着重大的不同。从公共行政到公共管理的变革意味着责任承担方式的变革,意味着政府与市场、政府与社会关系的变革,意味着政府体制的变革,意味着政府流程、政府重心的变革,意味着政府角色、政府管理方式的变革。许多学者对这种变革进行了较为经典的概括,将公共管理界定为利用管理性技术(通常来源于私人部门),通过公共服务来实现物有所值的一种途径。因此,公共管理主要包括管理者在公共部门组织和公共服务组织(无论是公共的、私人的还是志愿的)的一系列活动(Bovaird et al.,2009)。该定义对公共管理的界定主要汲取了新公共管理理论与实践的精华。事实上,公共管理途径也正是在新公共管理理论与实践逐步兴起之后逐步取代公共行政途径的。换句话说,公共管理是对公共行政途径日益暴露的缺陷(如,关注过程而非结果、低效率、组织臃肿、关注组织内部而忽视组织与社会生态的互动)的回应。正如休斯(2007)所认为的:人们越来越认为通过官僚制方法提供服务必定会造成工作无起色和效率低下。如果必须由政府从事某些活动,也必须寻求官僚制之外的其他组织方法。

4.2.1.2 公共管理模式

新公共管理植根于新古典经济学和公共选择理论。新古典经济学认为政府是问题的根源,限制了经济增长和经济自由,因此,新古典经济学笃信"小政府",坚信"管得最少的政府是管得最好的政府"。由于其是对传统的以政府为核心的公共机构迷信的反叛,故采用了相对于传统集权的分权化状态并坚信市场化信念。公共选择理论将微观经济学引入政府和社会领域,将理性经济人假设引入政治领域并用于分析政治活动和政治行为。公共选择理论认为:胡萝卜和大棒支配行为的假定适用于任何领域。官僚与其他任何人一样,不受公共利益的激励,而是被认为受利己利益的激励(休斯,2007)。因此,公共选择理论家认为,最好的结果应该是市场作用的最大化和政府作用的最小化(休斯,2007)。在公共管理实践中,新公共管理认为,公共组织的角色是掌舵,职能在于通过市场机制满足顾客需求,目标在于实现产出意义上的效率,即通过对产出的衡量来判断结果实现程度。为此,必须建立顾客驱使的政府,建立市场化政府、参与式政府、弹性化政府和解制型政府(彼得斯,2001)。作为一种公共政策执行范式,新公共管理关注的焦点在于组织绩效,并将其外部环境界定为竞争性的市场行为。因此,新公共管理改革措施依旧秉承了传统公共行政的关注焦点,依然聚焦于政府系统内部。所不同的是,传统公共行政聚焦于政府内部组织的建构,而新公共管理则试图通过政府组织的解构来推动目标的实现。尽管新公共管理极大地提高了效率,但作为主权者和政府拥有者的公民尚未进入议事领域。正如理论家对新公共管理理论的批评,顾客的不当隐喻弱化了公民的地位,掌舵角色的赋予使得政府较之于划桨者拥有更多的权力。进一步地,新公共管理理论尚未改变自传统公共行政以来的政府-公民之间的中心-边缘地位,将关注的焦点置于组织内部的做法在日益复杂化、多元化和网络化的现实世界中显得格格不入。更为重要的是,新公共管理所坚信的市场神话在公共政策制定和执行场域中往往因交易成本、信息不对称等问题而代价高昂和渐趋破灭。

4.2.1.3 公共治理模式

公共治理兴起于后新公共管理时代,是对新公共管理日益暴露的缺陷的回应,是一条与公共管理截然不同的途径。治理起源于私人部分,尤其是公司治理,但其在公共领域的应用已经泛滥成灾。不同的学者对不同场域中的治理进行了不同的界定。尽管如此,本书认为仍旧有必要对公共治理进行界定。只有如此,方能更充分地阐释农地"三权分置"。何为公共治理?不同的学者有着不同的界定,Bovaird et al.(2009)认为,公共治理意味着"一个组织如何与它的合作伙伴、利益相关者和网络一起工作以影响公共政策的结果"。总体而言,公共治理是指社会自己掌舵、统治和管理自己的过程,即政府、私人主体、公民社会组织、公民通过互动来定义、协商并决定共同的价值目标、组织形式、资源类型、活动种类的过程(Longo,2011)。因此,治理通常意味着价值、制度、规则、信念和技术的集合。通过这种集合,政府可以处理社会公共事务问题,实现理想的社会秩序(Longo,2011)。从这一定义中可以看出,公共治理聚焦于政府与政府外部主体的结构建构,即注重政策网络的建构。在政策网络中,政府并不一定必须是核心行动者,可能只是政策执行过程中的一个行动者。也就是说,公共治理改变了自传统公共行政以来所形成的政府-公民之间的中心-边缘地位。斯托克(1999)围绕五个论点对治理进行了探讨:治理指出自政府但又不限于政府的一套社会公共机构和行为者;治理明确指出各主体在为社会和经济问题寻求解答的过程中存在的界限和责任方面的模糊点;涉及集体行为的各个社会公共机构之间存在权力依赖;治理指行为者的自主自治;办好事情的能力并不在于政府的权力,不在于政府下命令或运用其权威。由此可见,网络的运行、维护能力是公共治理的关键。

公共治理将其理论和实践植根于组织社会学和网络理论中,并且承认实际的公共行政日益具有的碎片化和不确定性等特征(Osborne,2006)。以多元治理为基础,公共治理将其焦点置于组织间的治理,关注多元主体之间的关系及其环境(即多元主体所构成的网络及其运行环境)对治理的影响。因为在网络治理时代,组织内部的良好管理并不一定带来组织目标的实现。公共治理关注过程,关注多元主体协作过程中的互动及其对多元主体的重要意义。在公共治理中,人们达成决策的过程和方式对他们自身而言具有重要意义,不管达成了什么产出或结果。换句话说,公共治理更多的关注信任——重要的不是政府做了什么,而是人们对政府所做的感觉如何,过程很重要(Bovaird et al.,2009;Bovaird et al.,2003)。政府变成了由政府和社会主体构成的组织间网络的集成器。政府的一个关键挑战在于使网络运转起来并寻找新的合作形式(Rhodes,1997)。公共治理意味着所有的利益相关者在社区决策和政策网络中扮演着日益重要的角色(Bovaird et al.,2009)。同时,公共治理也关注结果。与新公共管理所关注的投入产出比不同,公共治理所关注的结果是多维的,不仅关注投入产出比意义上的效率,还关注其所产生的社会结果。例如,公共治理关注其所供给服务产生的社会影响。公共治理还关注多元主体之间的信任程度等,信任是多元主体合作的黏合剂,正是因为信任,多元主体间的合作网络才得以运转。

与新公共管理关注效率等市场价值不同,由于公共治理的主体是多元化的,故其所追求的价值基础是多元化的,甚至是相互竞争的。例如,在追求民主目标的时候也要实现效率目标,更要巩固多元协作过程中的信任价值。在此背景下,如何整合公共政策执行的多元价值显得尤为重要。

作为一种公共政策执行范式,公共治理将其关注的组织焦点置于"边界跨越和边界维持",即公共治理将其焦点置于公共组织的外部环境中,注重公共组织与外部环境和主体的连接与互动,重视可持续的公共政策和公共服务的发展以及组织间关系的治理(奥斯本,2016)。

综上所述,范式革新是渐进的,从公共行政到公共管理,再到公共治理,政府理念与实践均发生了实质性变革。较之公共行政和公共管理,公共治理的产生与发展更具有范式革命的意义,它强调多元参与、平等合作、权力依赖与分享(翟军亮,2016),强调多元价值的整合。这也增加了公共治理为农地"三权分置"理论创新和实践落实提供新解的可能性。

4.2.2 农地"三权分置"的公共治理效应

农地制度是农村生产关系的核心。不同学者从不同学科角度对农地"三权分置"进行了研究。代表性观点有:从经济学的角度看,农地"三权分置"是在农地"两权分置"的基础上将农地的家庭承包经营权分离为承包权和经营权,从而形成了所有权、承包权和经营权三权并置的局面,其核心意涵在于通过落实集体所有权、稳定农户承包权、放活土地经营权来释放农地制度创新红利、推动农业现代化和农村经济进一步发展。农地"三权分置"关注的主要内容在于农地"三权分置"对促进农地资源优化配置、城乡资源、新常态下农村经济发展乃至国民经济发展的影响。从法学的角度看,农地"三权分置"的研究重心在于如何从法律上确认并细分农民的用益物权,通过把农村土地的占有、使用、收益、处分等各项权能界定清晰,保证其市场交易顺畅,实现优化配置(肖卫东 等,2016),进而保障农民能够合理分享经济发展红利。从社会学角度看,社会学关注点集中于农地流转对农村阶层分化和村庄治理的影响、农地流转影响因素等。从社会保障学角度看,社会保障学主要关注农地的社会保障意义和农地流转对社会保障的影响。从政治学角度看,政治学主要关注农地流转中的政府、市场角色和职能,典型体现为政府在农地流转中产生的越位、缺位和错位等问题。这些研究具有较强的理论与实践意义,为本书的研究奠定了良好基础,但还需要进一步拓展。历史经验表明,农地制度的变革与创新构成了农村治理变革与创新的原始动力。本书认为,农地"三权分置"表面上是农地制度的创新,实质上是以农地制度创新为核心的农村治理创新,是公共治理在农地乃至农村场域中的具体体现,应该将农地"三权分置"制度视为政策网络并进而分析其公共治理效应。

4.2.2.1 主体:政府主导→政府—市场(或社会)的二维框架→政策网络节点

农地"三权分置"政策是对人民公社解体之后农地"两权分置"政策的继承和发展。从人民公社时期的土地制度到农地"两权分置"再到农地"三权分置",政策主体经历了政府→政府—市场(或社会)的二维分析框架→政策网络节点的转变。

土地是农业生产的核心,人民公社的建立首先起源于土地产权的转移(互助组、初级社、高级社和人民公社时期的土地产权是不一样的),是围绕因农地产权而产生的农业收益生产与分配而建立的行政体制。即人们通常所说的人民公社体制是全能式政府通过行政体制来整合农业、农村和农民的尝试,促成了"总体性社会"的形成,即政治与经济中心、国家与社会重合为一、资源和权力高度集中(孙立平,2004)。自上而下层层节制的科层制在这种总体性社会的形成、发展和消亡过程中扮演了至关重要的角色。而政府对市场的"控制"恰恰是通过层层节制的科层制来实现的。正如张乐天所认为的,政府控制了市场,市场"帮助"政府把生产队的经营活动纳入政府的框架(张乐天,2012)。人民公社的骨架是一整套完备的、以特殊的方式相互关联的、带有科层制色彩的组织系统。人民公社时期的绝大部分"职位"是非脱产的。正如科层制适应并促进了人类工业化初期的政治经济和社会发展并同时也限制了其进一步发展一样,科层制对人民公社的影响也是双面的。一方面,科层制有利于命令的执行,进而有利于国家统筹整合全社会资源推进社会主义现代化建设。公社制度的基本特征可以简要地概括为集权体制和以村为队。高度集权的权威模式确保了制度的稳定、政令的贯彻、体制的单一和计划的执行(张乐天,2012)。另一方面,科层制固有的缺陷,如聚焦于组织内部的目标、效率低下、机械的管理方式、与人民需求相脱节等,在人民公社消亡中起到了重要作用。传统的公共行政倾向于只考虑组织内部的短期目标(休斯,2007),而忽视了长期目标以及组织与外部环境之间的关系,尤其损害了其所赖以存在的、来自基层群众认同的合法性。正式的官僚制模式实际上更适合于行政或执行命令,而不太适合管理或结果的实现(休斯,2007),因此导致了人民公社后期的低效率。这种低效率在相关学者的研究中得到了证实。例如,罗必良认为:人民公社的"一大二公""一平二调",从根本上否定了作为集体的农民对土地资源的使用权、收益权与转让权。农民没有土地的使用权、收益权和转让权,土地的利用必然是低效的甚至是完全浪费的(罗必良,2002),其结果必然是农业增长陷入停滞,人民公社时期的农地制度失去合法性。

人民公社时期农地制度的失效导致了农地制度的诱致型变迁。农地"两权分置"则是全能式政府神话的破灭和政府向市场和社会的适度让权。这种让权本质上是调整农民对土地资源的使用权、收益权和转让权,使得农地制度的政策主体由政府单一主体演变成了政府与市场(或社会)的二元框架。也就是说,让权之后,政府从农村农地领域撤退,农业事务成为农民的私人事务,农民通过市场机制来实现自负盈亏,政府与农民之间的联系演变出了前期(工业反哺农业政策实施之前)的农业税和后期(工业反哺农业政策实施之后)的公共服务。尽管村集体依旧保留了农地所有权,但是在村集体弱化和农村市场化的整体背景下,这种所有权也处于实质上弱化的境地。如果说农业合作化的过程是农村经济不断被纳入国家计划的过程,是政府对市场的控制不断强化的过程,同时是乡村集权体制不断完善化的过程(张乐天,2012),那么农地"两权分置"时期则是市场渐居主导地位的时期。但是,市场机制并不能实现所有的经济职能,市场也会失灵,在关系国家命脉的、具有基础地位的农业领域中,政府也通过公共政策进行着引导、矫正和补充,尽管公共政策的广度和效度是有限的。政府和农民关系方面,正是由于市场化的嵌入、政府从农地领域乃至农民生活领域的退却,政府与农民之间的围绕农地而产生的关系发生了实质性变化,由之前的管理与被管理、主导与被主导关系变得日益松弛,新的互动格局逐步形成。

农地"三权分置"政策实施之后,农地公共治理真正形成。规则再也不仅仅是国家或政府间组织的事情了。私营公司、非政府组织、政府的所属单位以及跨国与跨政府网络,随着中央国家权威和政府间组织而产生,都在规则制定与规则解释中发挥着作用。结果,出现的任何治理模式都必然是网络化的而非等级制的,并且其具有的目标是小而具体的,而不是高度模糊的(休斯,2007)。[①] 政策主体由之前的二元框架演变为了政策网络节点。具体而言,政策网络节点可以划分为以下几个类型:① 政策社群,主要包括中央农业农村部及其下属机构、地方政府的农业相关部门。② 专业网络,主要包括各种专业合作社、经济合作组织以及以龙头企业为代表的农业企业组织。③ 议题网络,主要包括不同阶层的农民(如进城农民)。④ 部门间网络,主要包括村委会等机构。就主体关系而言,农地"三权分置"政策实施过程中,各个主体之间不是传统的科层等级结构,也非市场结构,而是平行的呈蜘蛛网状的网络结构。各个主体之间因各自利益而结合在一起并旨在实现互利共赢。

4.2.2.2 工具:规制(或强制性工具)→市场工具→网络工具

治理工具是治理目标得以实现的媒介,是特定主体介入并干预的方式,是特定主体行为正当化的应用机制。

人民公社时期,农地制度的实施工具主要是以规制为主要内容的强制性工具,目的在于实现行政机构对农民的组织整合。强制性权力、辅以泛政治化的政治文化氛围与科层制组织相结合,使得行政命令具备了强力整合农村社会和市场的能力。政府把最难讲计划的农业经济纳入了计划之中。从这个层面看,生产队集体经营是一种"被束缚住手脚的""缺乏自主性的""奉命式的"经营。党政不分、政企合一的体制,金字塔式集中的权力,政治权力的高度渗透,泛政治化的乡村文化气氛,政治控制下的组织化程度很高的市场,这一切在当时不仅有其存在的理由,而且正是这一切确保了政府经济计划在农村的有效实施(张乐天,2012)。行政干预和市场制约都是政府或者说国家对生产队的经营行为的干预,二者密切配合,实现着同一个目标(张乐天,2012)。例如,农业生产计划的制订遵循"上下结合,以上为主"的原则,批判"自由种植"的行为所营造的文化氛围规

制着农民的种植行为。

农地"两权分置"时期,强制性的工具逐步转变为契约和市场激励工具。具体而言,以农地"两权分置"为基础的家庭联产承包责任制确立了"承包"这一政策工具,即政府和农户签订农地承包合同,约定双方的权利与义务关系。这实质上是政府将市场契约工具引入了农地场域。尽管具有一定的局限性,但市场激励效应显著,农民生产积极性提高、农业生产效率提高、农村经济得到了快速发展。制度改革所释放的能力成为农业生产的强大推动力,每个农民家庭都以极大的热情精心经营那片刚刚划归家庭使用的土地。千千万万农民家庭的努力造成了改革初期农业大发展的奇迹(张乐天,2012)。与政府-农民关系变革相伴随的是农民-市场关系的变革。一方面,农民根据市场需求和种植习惯选择农业经营策略,市场获利成为农民种植选择的风向标,市场准则成为农业经营主体之间的行为准则,利益成为农业经营主体之间联系的纽带。另一方面,失去组织依托的农民,与传统小农一样,独自应对变化无常的市场,产生了"小农户"与"大市场"如何对接的问题,也产生了农民原子化、农村公共性消解、基层政府公共性消解等问题。在此背景下,市场工具,例如契约、竞争、价格成了核心工具。

公共治理起初只是公共行政和公共管理的重要组成部分,现在已经发展成为公共政策实施和公共服务提供的第三种体制(Osborne,2010)。这种体制深深地依赖伙伴关系,能够平衡各种非政府组织以提高公共价值的哲学理念,同时也能够平衡种类繁多的、创新的商业关系(戈德史密斯 et al.,2008)。公共治理既假定参与主体是多元的,即多元相互依赖的主体致力于公共服务供给,又假定公共政策过程是多元的,即公共政策系统由多元过程构成(Osborne,2010)。与公共行政和公共管理模式相比,公共治理认为,公共目标的实现不能仅仅依赖于传统意义上的公共雇员,而是更多地依赖各种伙伴关系、协议和同盟所组成的网络(戈德史密斯 et al.,2008)。与公共行政和公共管理关注组织内部制度和机构优化相比,公共治理关注制度和外部压力,也正是这种压力和限制使得公共政策实施和公共服务供给成为可能;公共治理聚焦于组织间关系和治理过程,强调依赖于公共服务组织与环境之间互动的服务有效性和结果(Osborne,2010)。因此,关系途径、资源集成与分享成了网络治理的工具。

关系是政策网络的构成要素,是网络主体的连接纽带。行动者间的关系是政策网络不可或缺的重要维度。行动者间的关系主要包括行动者之间关系的行政关系、行动者之间关系的强度、行动者之间关系的方向和行动者的影响力等(田华文 等,2015),关系纽带的深度、强度和可持续性决定了政策网络的质量。而网络关系的管理和维护需要知识的共享、信任的培育、激励机制的构建和价值观念的整合与调适。农地"三权分置"场域中,以共享价值为基础的网络关系对农地"三权分置"政策的有效实施具有重要作用。依据农地"三权分置"实施情景的不同,网络主体关系可以划分为公-私关系、私-私关系和公-公关系,具体包括:政府与市场的关系、政府与农户的关系、政府与村民委员会的关系、农户与村民委员会的关系、农户与市场的关系、村民委员会与市场的关系。关系的不同,作为网络节点的主体所扮演的角色不同,其行为逻辑和价值观也不同。因此,网络的构建和关系的维护成为网络治理的重要能力之一。

4.2.2.3 结构:等级制→市场关系→网络

官僚制是公共行政的三大核心理论基础之一。在公共行政模式阶段,无论是理论层面的概念框架还是实践层面的运行框架,官僚制都扮演着核心角色。因此,等级制也成了最关键的结构特征。等级制是公共行政的核心资源分配机制(Osborne,2010)。在人民公社农地制度阶段,以权力、职位、规则、书面文件为核心的结构特征构成了这一时期行政机构运行机制的核心内容。根据韦伯对官僚制的构想:根据其权力的级别安排其在等级中的地位;低一级的官员均受高一级官员的监督;下级通过清楚的指挥链条对其上级负责(汤普金斯,2010)。这种清晰规定的指挥链使最高层机关能够根据规则对下级机关的活动进行协调和控制(汤普金斯,2010)。

人民公社解体之后,中国农地制度进入了家庭联产承包责任制阶段。何为家庭联产承包责任制?简单而言,家庭联产承包责任制是指农户向国家或集体承包一定的农地或农业生产任务,农户和国家或村集体签订契约,根据契约约定,农户享有自主经营权,自负盈亏,并向国家和村集体上缴一定比例的农产品或等值物(例如货币)。在农业税取消之前,农户既要向国家上缴农业收益,又要承担因集体身份而带来的负担。因此,这种关系本质上是市场在农村的深入发展和政府的主动退却,即农户嵌入市场关系,按照经济逻辑行为,政府则缩小为生产资料的所有者并享受分红,农户和政府之间的关系成了以农业税、因村集体身份而带来的各种负担为主要内容的市场关系。需要说明的是,在农业税取消的过程中,政府与农民之间的关系发生了变化,市场关系成分缩小,公共服务关系逐步强化。

农地"三权分置"之后,农地关系主体由"两权分置"时期的农地所有者和承包经营者演化为了农地所有者、承包者和经营者,关系则由之前的市场关系演变了网络关系。何为网络?网络由若干节点及其之间关系链条构成。在农地"三权分置"时代,节点主要包括政府、村集体、承包者和经营者,关系链条则包括了政治关系、市场关系和社会关系。承包者因其属于某一个村集体的成员身份而享有农地承包权,承包者和村集体之间的关系既有政治成分,也有经济成分和社会成分。承包者和经营者的关系因农地的承包与经营关系而属于市场关系,按照市场逻辑运行。当然,这一市场逻辑也受到了国家法律、行政命令等宏观规则的约束。例如,要保证农地用途不得发生改变,要保证粮食安全等等。在"放活经营权"的背景下,市场资本的介入更推动了这一市场关系向更纵深层次发展。

4.3　作为公共价值创造过程的农地"三权分置"

实践是理论之源,理论是实践的先导。农地"三权分置"政策实践的创新呼唤理论的创新。传统公共行政理论笃信的命令-控制模式,以科层制为工具,以"划桨"为职能,政府与公民扮演着统治者(或代理人)与被统治者(或选民)角色,强制是两者关系的核心。新公共管理理论以政府回应为核心理念,以市场化为工具,以"掌舵"为职能,政府与公民扮演着管理者和顾客的角色,回应是两者关系的核心。可以看出,尽管新公共管理理论较之传统公共行政理论有了实质性进步,但仍没有发展出政府和公民之间积极的合作关系,也证明了传统公共行政理论和新公共管理理论在农地流转中不具有解释力。新公共服务理论将政府角色界定为"服务者",即政府应该扮演催化者和协调者角色。新公共服务理论将公民视为民主治理过程的充分参与者和真正的"主人",将民主、公民权和公共利益重新肯定为公共行政领域的规范性基础或卓越价值,这些论断较之新公共管理理论取得了实质性进步,但在实践中的解释力尚需进一步检验。有学者认为即使民主和市场的规范标准已经确认公民才是国家的终极所有者,但在现实中,公民不愿意,或许是没有能力扮演所有者角色。公民通常是在顾客和平等合作伙伴这两种角色构成的具有张力的空间之中寻找一个合适的落足点(Vigoda,2002)。可以看出,新公共服务理论关于政府与公民关系的规定比较符合我国农地流转场域,但是却忽视了农地流转主体成为充分参与者和真正"主人"的所需条件。例如,既有研究显示,在村庄治理中,农民能力偏低往往会导致公开排斥和政治包容等问题。公共价值理论在确认新公共服务所强调观点的基础上,将其实践建基于体现网络治理特征的对话和交流体系之上,将公共治理目标定位于公共价值创造,主张通过政治机制实现集体偏好,通过建构协商网络和服务递送网络来实现民主与效率的伙伴关系。实践基础的契合性使得公共价值理论为思考农地"三权分置"问题提供了新解。

公共价值理论将公共治理目标定位为公共价值创造,为农地流转多元整合目标的实现提供了理论支撑。公共价值是公共价值管理理论的核心与基石,它经历了不断被重构的过程。初期,莫尔将公共价值作为战略三角模型的核心要素。2002 年,凯利等学者将公共价值划分为服务、结果、信任和合法性,标志着公共价值研究内容开始转型,尽管结果、信任和服务与战略三角模型中的公共价值、授权环境和运行能力宽泛地对应,但是莫尔所强调的重点在重新表述中已经失去了(Williams et al.,2011)。同一年,博泽曼将公共价值界定为规范性共识的价值,开辟了新的公共价值研究领域。在博泽曼看来,公共价值主要包括公民应该获得的权利;公民所应该承担的义务;政策制定所需遵守的规则(Bozeman,2002)。之后,公共价值研究开始摆脱新自由主义所强调的以市场竞争为背景的个体本位主义的拘囿,公共性开始凸显(Benington,2009)。例如,公共价值由公共偏好决定,由利益相关者通过民主过程来确定(Stoker,2006)。有学者将公共和集体作为分析单元,认为包括"公众最重视什么"和"什么能够为公共领域增加价值"两个方面,前者强调多元参与,后者强调长期的公共利益,公共价值也因此被拓展为经济、生态、政治、社会、文化等多个维度。社会资本以及社会问题减少等内容也融入了公共价值内涵(Horner et al.,2005)。实践中,农地流转不仅强调服务、结果、信任、合法性、公共利益等结果性公共价值,更强调农地流转主体所应获得的权利和利益、所应承担的义务和所应遵循的农地流转规则等程序性公共价值;不仅强调个体,更强调公共和集体;不仅强调多元参与,更强调民主协商;不仅强调农地流转的私人利益,更强调长远的公共利益。

公共价值创造是一个动态过程。从过程要素角度看,公共价值创造是公共价值目标、合法性与支持、运作能力三者间的动态平衡过程(Moore,1995)。该观点建构了公共价值管理理论中最为经典的框架,也是诸多公共价值研究的起点。该框架由 Moore(1995)等学者创立,后经理解、扩展与应用(Alford et al.,2008;Benington,2009),已广泛应用于公共部门管理、公共部门决策、非政府组织管理、公共服务治理、电子政务等领域。该框架原初是以战略管理视角对政府行为的重新审视,因而被称之为战略三角模型。它起初由战略目标、授权环境和运行能力三部分组成,后经不断地拓展,形成了由"价值-能力-支持"三维要素构成的公共价值创造框架。价值(即公共价值)是目标,强调实现对公众有价值的结果;能力是指实现公共价值目标的能力,强调公共组织通过有效组织和运作以实现既定价值目标;支持指向公共价值实现的合法性来源,强调以公民支持、政治支持和资源支持为主要内容的内在和外在支持(Moore,1995);三者密切联系,相互支撑和配合,任一要素的缺失会导致公共价值创造失败(赵景华 等,2009)。从利益基础角度看,公共价值是私人利益、公共利益、程序利益三者间的动态平衡与耦合过程。Talbot(2011)对人类本性和人类动机进行了反思,认为人类既是利己主义者也是利他主义者,除自私和利他之外,人类本性的另一个方面也是很重要的即程序公平。Talbot(2011)认为,在一个民主政体中,不仅仅是个体从服务或结果中得到了多少私人利益，或从服务或结果中得到了多少公共利益，而且是通过这种程序，个体利益和公共利益得以形成和决定，公共服务绩效的效用得以判断。在借鉴其他学者研究成果的基础上，Talbot(2011)对公共价值创造框架进行了再造，建构了以公共利益、私人利益和程序利益为核心的公共价值创造框架。其中，私人利益强调作为纳税人的公民（或顾客）在公共价值创造过程中的收益程度，如是否以较低的价格获取了高质量的服务；公共利益强调社会结果的改善程度，旨在为提升全民福利的"共同的善"行为提供合法性；程序利益强调平等、公平和公正的参与过程，人们通过这种过程来参与形成公共决策甚至个体服务。从时间序列角度看，公共价值创造是授权、创造、评估三者间的动态循环过程。Coats et al.(2008)从公共价值创造的时间序列角度提出了"授权-创造-评估"框架。其中，"授权"旨在回答应该创造什么价值的问题；"创造"旨在回答采用何种方式来创造公共价值的问题；"评估"旨在回答在何种程度上创造了公共价值的问题。

尽管公共价值管理理论不是万能灵药，但是它确实为有效整合多元利益提供了新思路与方法，能够有效协调多元价值目标、引导多元利益主体从非合作走向合作、从利益冲突走向利益共融。如前所述，理想的农地流转效果依赖于政府、市场和社会等主体间以良性互动为媒介的公共利益、私人利益与程序利益三者之间的平衡，依赖于多元主体间以权力分享、平等参与、利益兼容、社会资本培育和制度共享为内核的协同治理模式的建构。简言之，通过制度建构来规制利益主体基于私利的理性选择观念与行为，整合多元价值观念，形成价值共识，搭建私人利益与公共利益兼容的桥梁，这是关键。例如，马华(2014)认为，尽管通过所有权、承包权、经营权的分离这一产权制度设置，尽量使得不同主体内部的理想目标与基本目标保持一定程度上的协调，但不同主体的横向多元目标却由于所有权主体的模糊而存在难以调和的冲突，而这些冲突正是土地流转纠纷不断的表现。在公共价值管理理论视域下，农地流转过程中的公共能力和公共支持在矫正利益主体间博弈失衡格局、建构价值表达和聚合机制、促进价值目标整合过程中起着重要作用，即以社会组织、村级组织和政府的支持等赋权强能措施对利益主体间的失衡状态进行再平衡，通过个体能力来改变利益主体间能力失衡状态，通过组织能力来搭建制度化的参与式决策系统和公共协商平台，通过公共协商这一交换理性的民主过程来探寻利益主体间价值目标、公私观和权利义务观的契合点，创造共享价值，增进共同理解、信任协作、彼此支持，形成价值共识、多方协定、合作行为，实现公众满意、困境化解、矛盾减少的目标。农地流转中公共价值创造分析框架见图4-1。

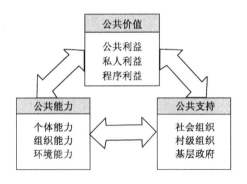

图 4-1　农地流转中公共价值创造分析框架

4.3.1　农地流转中的公共价值目标

公共价值并不排斥私人利益等多元利益,相反,公共价值旨在为多元主体提供一个行为框架,多元主体在此框架内追求其异质化价值目标。农地流转过程中,农地流转目标必须实现公共利益、私人利益和程序利益的均衡,而这种均衡又源于农地所具有的经济属性、社会属性和政策属性。农地流转不仅仅是一个满足合法性需要的过程,也不仅仅是表达村落成员公平性诉求的过程,还是效率追求的功能替代过程,并深深嵌入乡土社会村落情境之中(胡新艳 等,2013)。

首先,农地具有的经济属性决定了农地流转的经济属性。一方面,农地流转必须为农民带来经济效益,体现为党和国家文件中所规定的"农民增收"和"农民成为土地流转和规模经营的真正受益者"的目标。另一方面,市场机制在农地资源配置中起决定性作用。理论上,私人利益在通过市场机制实现的同时也有助于实现公共利益。斯密认为:像在其他许多场合一样,个体受着一只看不见的手的指导,去尽力达到一个并非他本意想要达到的目的。个体在追求自己利益的时候,往往使他能比在真正出于本意的情况下更有效地促进社会利益的实现(斯密,2015)。但是,市场机制并不是万能的,个体理性往往导致集体的非理性,典型体现为公共资源利用过程中的"公地悲剧"和"反公地悲剧"。在农地利用过程中,市场机制所具有的超强资本属性往往导致农地流转走样、农民主体地位丧失、非真正经营农业的企业为了赚取"政府补贴"等目的而掀起"新圈地运动",导致农地"非粮化""非农化"等现象频出。

其次,农地具有保障人类生存的功能,是人类生存和发展最基本、最重要的物质载体,具有不可替代性,因而农地是公共资源,具有公共属性,这直接决定了农地流转具有公共属性和政策属性。农地流转的公共属性意味着农地流转必须实现保障国家粮食安全、促进农业增效等公共利益目标。农地流转的政策属性决定了其作为一项涉及多元主体间权能结构和利益结构调整的制度安排,应以平等、公平和公正的参与过程和形成地利共享的实质性结果为内核。农地流转涉及的是规则的制定与执行,亦即程序利益强调平等、公平和公正的参与过程,以形成公共决策或有助于个体参与(Talbot,2011)。

最后,农地流转深嵌于乡土社会村落情境之中,它与农村生产生活方式的转型、农村阶层结构的重组、农村社会稳定所依赖的内在秩序的解构和重建之间存在复杂的影响与制约关系。例如,贺雪峰(2010)认为农地流转不仅受法律界定和经济利益的影响,也严重受制于特定村庄结构中村民与村民之间的关系,农地流转在华南团结型宗族村庄和华北分裂型村庄呈现出截然不同的面相。因此,农地流转的推进必须与乡土社会村落情景变迁相适应,超前与滞后均会带来消极影响。

4.3.2　农地流转中的公共能力

公共价值目标的实现依赖于公共能力的支持。农地流转中的公共能力主要包括农民个体能力和政府能力,尤其是政府合作能力。公共能力的功能在于对利益主体间的能力失衡状态进行再平衡。理论上,在公共价值创造战略三角模型中,公共能力是保障公共价值目标实现的重要一环。网络治理中,公民和公共管理者之间更为紧密的合作关系和伙伴关系的建立强调公共问题的解决和公共能力的培养。当前,传统公共行政和新公共管理拘囿于传统的政府与市场(或社会)二元对立的狭隘视角(吴春梅 等,2014a),已经难以满足公共治理时代背景下的实践需求,在为化解农地流转纠纷寻求答案的过程中显得力不从心。人们正在经历一种新的治理——强调从政府和市场到公民社会,从产出(结果)到信任和忠诚,从通过等级(或市场)协调到通过网络协调(Todoruţ et al.,2015)。这场变革中,公共能力尤其是合作能力对治理目标的达成至关重要。实践中,农地流转政策强调以农民为主体、政府扶持引导的主体结构关系,强调在强政府、弱社会背景下政府、公民等多元主体之间的合作治理关系。合作治理强调多元主体在平等、参与、创新、自由的信息交流、相互理解和妥协基础上的共识、权力和资源更加公平的分配与再分配等(Vigoda,2002)。个体能力和政府能力直接影响合作治理成效。例如,农民能力偏低导致农地流转中经常出现的公开排斥和政治包容问题,典型体现为"公司＋农户"模式异化为"公司替代农户"进而导致农户没有参与权、知情权,农户对公司及其资本的依附性增加甚至被俘获,公司成为最大受益者甚至违规套取国家惠农资金。

4.3.3 农地流转中的公共支持

农地流转中的公共支持主要为了解决农地流转的合法性问题。所谓农地流转的合法性是指农地流转怎样以及能否在社会成员心理认同的基础上有效运行,它不仅来自正式的法律或政策规章,更来自社会成员的心理认同。公共支持主要包括相互影响的两个层面:宏观层面,农地流转必须与以农村经济发展、农业发展、农村治理为主要内容的乡土社会村落情景相适应;微观层面,农地流转必须得到农民、以合作社为代表的社会组织、村级组织和政府的认同以及行为支持,且这种行为支持必须是一种发自内心的支持,亦即觉得自己应该如此去做,而非对法律、政策法规等的被迫遵从或功利性、工具性遵从;当农地流转与乡土社会村落情景脱嵌时,宏观层面的合法性往往受损,同时也意味着难以获取公民的心理认同与行为支持;当农地流转中的主体结构失衡时,微观层面的合法性往往受损,也往往需要通过赋权强能来改变利益主体间的失衡状态。具体而言,旨在获取农地流转合法性的公共支持主要包括农民支持、以合作社为代表的社会组织的支持、村级组织的支持和政府支持。其中农民支持居于核心位置,社会组织、村级组织和基层政府是催化者和协调者而非划桨者,其作用在于使公民不仅参与计划,而且还参与执行实现公共目标的项目(登哈特 et al.,2010);其作用在于为农户参与农地流转提供资金、信息、知识等方面的支持,使农户能够与政府、市场组织等主体形成对等地位。

第 5 章

农地"三权分置"中公共价值创造:实证研究设计

研究设计是进行实证分析的基础和关键,关涉数据质量,进而影响数据分析的过程科学性和结果有效性。在建构理论框架基础上,本章主要阐述研究方法及其适宜性,介绍变量操作化过程和量表编制过程,并在数据收集的基础上分析量表品质,检验其是否适合进一步进行实证分析。

5.1 实证研究方法

5.1.1 结构方程模型方法

结构方程模型(Structural Equation Modeling,SEM)是一种将测量与分析整合在一起的计量分析方法,它整合了传统统计方法中的因素分析(Factor Analysis)、路径分析(Path Analysis)和回归分析等分析方法,能够同时分析多个观测变量(Observed Variables)、潜变量(Latent Variables)、干扰或误差变量(Disturbance Variables/Error Variables)间的复杂关系,进而得出自变量对因变量的直接效应、间接效应和总效应,并通过考察理论模型和实证数据的适配度[①](Fitness)来评价模型和验证假设(吴明隆,2010a)。结构方程模型能够根据理论建立因果路径图的假设模型并建立研究框架图。由于能够较好地弥补传统统计方法的不足,自20世纪80年代以来,结构方程模型开始成为多元分析的重要工具。本书主要采用结构方程模型作为主要分析方法。

结构方程模型由测量模型(Measured Model)与结构模型(Structural Model)两个基本模型组成。其中,

测量方程为:

$$X = \Lambda_X \xi + \delta \tag{5-1}$$

$$Y = \Lambda_Y \eta + \varepsilon \tag{5-2}$$

结构方程为:

$$\eta = B\eta + \Gamma\xi + \zeta \tag{5-3}$$

式(5-1)是外因潜变量的测量方程,X 是由 q 个外生指标组成的 $q \times 1$ 向量,ξ 是由 n 个外因潜变量(因子)组成的 $n \times 1$ 向量,Λ_X 是 X 在 ξ 上的 $q \times n$ 因子负荷矩阵,δ 是 q 个测量误差组成的 $q \times 1$ 向量。

式(5-2)是内因潜变量的测量方程,Y 是由 p 个内生指标组成的 $p \times 1$ 向量,η 是由 m 个内因潜变量(因子)组成的 $m \times 1$ 向量,Λ_Y 是 Y 在 η 上的 $p \times m$ 因子负荷矩阵,ε 是 p 个测量误差组成的 $p \times 1$ 向量。

在结构方程式(5-3)中,B 是 $m \times m$ 系数矩阵,描述了内因潜变量 η 之间的彼此影响;Γ 是 $m \times n$ 系数矩阵,描述了外因潜变量 ξ 对内因潜变量 η 的影响;ζ 是 $m \times 1$ 残差向量。

本书采用结构方程模型作为主要分析方法的原因有:

---

① 也有学者将其翻译或称之为"拟合度"。

（1）潜变量的存在。本书中，公共价值、公共能力和公共支持以及现代性等变量都是潜变量，难以对其进行准确、直接的测量，只能用一些观测变量去间接测量，并用测量所得数据去代替潜变量。因此便产生了以下问题：测量指标是否有效？如何有效处理这些潜变量、观测变量以及潜变量和观测变量之间的关系？传统的分析方法难以有效解决这些问题，而结构方程模型则能够有效解决这些问题。即使存在测量误差，结构方程模型依旧可以使得潜变量之间的关系得到不偏估计值。

（2）潜变量之间的复杂关系。本书需要对多个潜变量之间的复杂关系进行探讨。传统的多元统计技术在这方面有其局限性，难以同时对多个潜变量之间的复杂关系进行探讨。而结构方程模型整合了多种不同的统计技术，可以同时精确地探讨多个变量之间的复杂关系。

（3）结构方程模型能够评估测量质量及潜变量之间的关系，能够使研究者以真实的理论架构来反映真实情况。结构方程模型能够同时考虑所有变量之间的关系，并同时估计模型的最适解。与此同时，较之第一代统计分析技术，结构方程模型能够将信息损失降到最低。

（4）模型比较的需要。本书为了探讨农地"三权分置"中的公共价值创造发生机理，需要构建数个假设模型，并用实证数据来检验并选取较好的模型。

5.1.2 模型适配度指标的选取

结构方程模型分析的核心是协方差，该模型是一种以协方差矩阵为基础的分析方法。因此，需要评估理论模型所导出的协方差与实际数据的协方差之间的接近程度。因而在进行参数估计后，需要评估两个协方差矩阵的相似或相异程度。所谓适配度是指假设的理论模型与实际数据的一致性程度，这种一致性程度的评估需要通过适配度指标（Goodness-of-Fit Indices）来进行。因而选择恰当的适配度指标显得尤为重要。适配度指标的选择原理为：$H_0: \sum(s) - \sum(\theta) = 0; H_1: \sum(s) - \sum(\theta) \neq 0$。上述假设中，$S$ 代表的是样本的协方差矩阵，θ 代表的是模型的协方差矩阵。模型适配度旨在检验两者之间的一致性程度。原假设为两者之间没有差异，而备择假设为两者之间有差异。也因此，模型适配度检验时，往往会希望接受原假设，即希望样本的协方差矩阵和模型的协方差矩阵之间没有差异。

依据上述原理，本书从模型基本适配度、整体模型适配度和模型内在结构适配度三个方面对 SEM 进行评估（吴明隆，2010a）。需要说明的是，模型适配度指标仅反映分析技术上的适配程度，而非理论上的证据，它们并没有一个强有力的理论基础来支撑数字背后的意义与使用原则,完美的适配模型反映的仅仅是一种技术上的最佳化(MC Donald et al.,2002)。因此,研究者最好根据理论建构和假设模型挑选几项最有关联的指标,并辅以测量模型和结构模型适配度的评估,来诠释检验假设模型与观察数据是否契合,如此结构方程模型才会具备理论建构的基础,而不会陷入以数据为导引的技术分析迷局中(吴明隆,2010a)[①]。

在检验统计量(或适配度指标)选取方面,χ^2 值适用的样本量为 100～200,当样本量越大时,χ^2 越可能达到显著,导致理论模型可能遭到拒绝。当样本量大于 200 时,即使隐含的协方差矩阵与样本协方差矩阵差异很小,卡方值也会变大,显著性概率值 p 会变小,容易造成假设模型被拒绝的情况,此时判断模型适配度需要结合其他指标来进行(Bollen et al.,1993;Maruyama,1998)。因此,在大样本的情况下,判断假设模型与样本数据是否适配,χ^2 并不是唯一的判断标准,其他的适配度指标也是重要的判断标准。本书有效样本数为 1 025 份,属于大样本情况,因此,在选取整体模型适配度检验统计量时,主要选取除卡方值以外的其他适配度检验统计量作为标准。SEM 整体模型适配度的评价指标及其标准见表 5-1。

表 5-1　SEM 整体模型适配度的评价指标及其标准[②]

适配度评价指标	适配标准
绝对适配度指标	
GFI 值	＞0.900
AGFI 值	＞0.900
RMR 值	＜0.050
RMSEA 值	＜0.050,良好;＜0.080,合理
增值适配度指标	
NFI 值	＞0.900
RFI 值	＞0.900
CFI 值	＞0.900
TLI 值	＞0.900
简约适配度指标	
χ^2/df 值	$1<\chi^2/df$ 值<3,良好;$3<\chi^2/df<5$,可以接受;$5<\chi^2/df$,不佳
PNFI 值	＞0.500
PGFI 值	＞0.500

① 吴明隆.结构方程模型:AMOS 的操作与应用[M].2 版.重庆:重庆大学出版社,2010.
② 吴明隆.结构方程模型:AMOS 的操作与应用[M].2 版.重庆:重庆大学出版社,2010.

需要说明的是,尽管 Mplus 软件和 Amos 软件均是结构方程模型软件,原理一样,但两者采用了的不同数量的模型适配度指标来衡量构建模型与数据之间的拟合程度。Mplus 软件主要采用了 RMSEA 值、CFI 值、TLI 值、SRMR 值来衡量模型适配度,而 Amos 软件则基本上采用了表 5-1 中的模型适配度指标。

5.2　变量的操作化

本书中的潜变量主要有公共价值、公共能力和公共支持。

5.2.1　公共价值

理论概念是对概念进行操作化定义的基础。对公共价值进行操作化定义需要厘清公共价值的核心内涵与外延。公共价值在公共价值框架中居于核心地位,它将公民置于公共治理的核心。经过体系化梳理可以发现,现有关于公共价值的研究可以划分为纵向、横向和利益基础三个视角。

5.2.1.1　纵向的公共价值研究

纵向的公共价值研究可以分为结果主导和共识主导两种路径(王学军 等,2013)。① 结果主导路径将公共价值作为治理的目的并强调价值是由"公共"来决定的。首先,公共价值是由公共偏好决定的(Kelly et al.,2002),是由利益相关者通过民主过程或公共协商来确定的(Stoker,2006)。例如,有学者认为,公共价值是通过由政治家、官员和社会群体参与的社会互动与政治互动而得到确认(Smith,2004)的。Stoker(2006)从公共价值与个人偏好的关系以及公共价值确认途径的角度对公共价值进行了阐释,认为公共价值并不仅仅是一个公共服务生产者或使用者的个体偏好的简单叠加,对于什么是公共价值的判断是通过选举和任命的政府官员与利益相关者之间的协商进行的。其次,公共价值范畴比公共物品大,它不仅仅是产出更是结果(Alford et al.,2009),是由服务、结果、信任或合法性(Horner et al.,2005)以及社会资本、社会问题的减少或避免(Horner et al.,2005)等要素组成的。例如,有学者从公共偏好和公共价值构成要素的角度阐释了公共价值的含义,认为公共价值是指政府通过服务、法律规制和其他行动创造的价值。在民主社会里,公共价值最终由公众决定,是由公共偏好决定,通过多种手段得以表达,并通过经选举产生的政治官员的决定表现出来。公共价值主要包括三部分:为使用者服务而产生的价值,尤其是服务供给中的公平价值;结果的价值;信任或合法性的价值(Kelly et al.,2002)。Horner et al.(2005)从私人价值的角度考察了公共价值,进一步强调了公共价值中的公民地位和公共价值的构成要素,认为公共价值是一个与通过股东收益来测量的私人价值紧密联系的概念,但在公共价值中,公民是股东。公共价值可以通过经济繁荣、社会凝聚和文化发展来创造。从根本上说,公共价值——例如更好的服务、不断增强的信任和社会资本、社会问题的减少或避免等是由公众决定的。公民通过参加民主选举、地方政府的协商会、调查等民主过程来决定。Alford et al.(2009)通过与公共物品概念相比较,更为强调结果、公民的主观满足感和增加价值的积极意义,认为公共价值包含公共物品但不仅仅局限于公共物品,公共价值范畴比公共物品大。公共价值不仅仅是产出,更是结果。公共价值对人们有价值,其相对于人们的主观满足感,而不是公共领域决策者认为对人们最好的东西。更重要的是,公共价值意味着增加价值的积极意义,而非保护利益的消极意义。② 共识主导路径认为公共价值是关于权利、义务和规范形成的共识(Bozeman,2002,2007)。两种路径的公共价值的关系在于:两者都以共同的社会价值为基础;共识主导的公共价值贯穿于结果主导的公共价值实现的整个过程,是公共价值实现的制度基础;两者都以实现根本公共利益为其最终目的(Bao et al.,2012;王学军 等,2013)。因此,从纵向角度看,对公共价值的操作化定义需要从结果主导和共识主导两个视角展开。

5.2.1.2 横向的公共价值研究

横向的公共价值研究主要从价值哲学视角展开,核心观点可以概括为:公共价值可被看作是实体形态的公共价值(客体的公共效用)、观念形态的公共价值(主体的公共表达)和规范形态的公共价值(具有公益导向的普遍规范)三者的统一。客体的公共效用主要是指具有公共性的客体同时满足众多主体需要、欲望和目的的效用性,反映的是实体形态的公共价值。主体的公共表达是指一定共同体的人们(主体)对其内在尺度的共识性表达,反映的是观念形态的公共价值。具有公益导向的普遍规范是指人们对公共事物以及处于公共生活中的人本身进行评价、选择和改造所使用的普遍性尺度,反映的则是规范形态的公共价值。三者关系在于:公共价值的生成以物的公共性(公共物品、公共利益)为客观基础,以人的公共理性(公共意识、公共推理)为主观条件,以社会公共领域为社会前提(汪辉勇,2008)。

5.2.1.3 利益基础的公共价值研究

利益基础是理解公共价值的第三个视角,核心观点可以概括为:公共价值是私人利益、公共利益、程序利益三者间的动态平衡与耦合过程。Talbot(2011)认为,公共价值潜在地将私人利益、公共利益和程序利益囊括于一个框架之中。其中,私人利益强调以最优的价格为纳税人(或公民)和顾客提供质量良好的、高效率的公共服务;公共利益强调公共服务的社会结果方面,为旨在提升全民福利的行为提供合法性;程序利益强调平等、公平和公正过程,人们通过这种过程来参与形成公共决策甚至个体服务。

可以看出，相关研究从不同的角度对公共价值内涵及其构成要素进行了分析。尽管表面上相差甚远，分析层次不一，但本质上却是相同的。具体地，结果主导的公共价值、实体形态的公共价值、公共利益均旨在强调物质和服务形态的公共价值，具体体现为公共服务和公共产品及其公共服务和公共产品所产生的社会结果；共识主导的公共价值、规范形态的公共价值和程序利益均强调规范形态的公共价值和制度形态的公共价值，具体体现为制度；观念形态的公共价值实质上是以观念为存在形式的价值共识。这种观念形态的价值共识具体而言则是指公私观，即关于公共利益和私人利益、公共领域和私人领域的界限认知和优先序，具体体现为公共利益和私人利益的界限划分和优先序认知。因此，上述研究为公共价值概念的操作化奠定了坚实而统一的基础。

以上述研究为理论基础，以农地"三权分置"为实践场域，同时兼顾便于实地调研的结果导向，本书以农地公共服务、结果、信任、合法性、纠纷的减少和公众满意度作为二级指标来测量实体形态的公共价值；以价值共识（公共的价值观念、共识、公共判断）、公私观、权利义务观作为二级指标来测量观念形态的公共价值；以公益导向的规范或制度设计作为二级指标来测量规范形态的公共价值。具体而言，本书以农地"三权分置"中的公共服务、结果、信任来测量实体形态的公共价值，以公共利益和私人利益观念来测量观念性形态的公共价值，以科学决策制度、民主决策制度来测量规范形态的公共价值。公共价值操作化定义见表 5-2。

表 5-2　公共价值操作化定义

潜变量		观测变量	主要相关文献
农地公共服务	*ps1*	自己能够很便利地获取农地流转服务（如价格、信息、合同等）	Kelly et al.，2002；Horner et al.，2005；Alford et al.，2008，2009；O'Flynn，2007
	ps2	政府(村、镇/乡、街道)提供了比较好的价格评估服务	
	ps3	自己能够很便利地获取农地流转法律支持或政策引导	
结果	*outc1*	农地流转后，收益大幅增加	
	outc2	农地流转后，没有农户因流入方违约或经营不善遭受损失	
	outc3	农地流转收益的分配是比较公平的	
	outc4	村(村、镇/乡、街道)提供的农地流转服务很有用	

表 5-2(续)

潜变量	观测变量		主要相关文献
信任	trust1	农地流转中,自己相信村"两委"是为村民着想的	Kelly et al.,2002; Horner et al.,2005
	trust2	农地流转中,由于对方品德、声誉好,所以彼此信任	
	trust3	农地流转中,由于都是熟人,所以彼此信任	
	trust4	农地流转中,由于签订了契约(或合同),所以彼此信任	
	trust5	农地流转中,由于大家都遵守同样的制度规则,所以彼此信任	
公共利益和私人利益观念	pi1	因为私人收益才流转农地	汪辉勇,2008
	pi2	因为公共利益(或响应国家号召)才流转农地	
	pi3	因为村集体号召或做思想工作才流转农地	
	pi4	获得私人利益是农地流转的首要目的	
科学决策制度	scid1	村里的农地流转方案经过了充分讨论	Stoker,2006; Smith,2004; Horner et al.,2005; 汪辉勇,2008; Bozeman,2007; Talbot,2011
	scid2	村里的农地流转方案完全符合(本村的)实际情况	
	scid3	村里的农地流转方案体现了大多数人的需求	
	scid4	村里的农地流转方案体现了大家的集体智慧,适用性强	
民主决策制度	demd1	自己参与了农地流转方案的制定与实施	
	demd2	自己参与了农地流转方案制定过程的绝大部分环节	
	demd3	自己很了解农地流转方案的制定状况	
	demd4	老百姓的意见在农地流转过程中得到了充分反映	

5.2.2 公共能力

在莫尔的战略三角模型中,能力是重要构成要素。能力指的是一种运作能力,是实现公共价值目标的能力,强调通过有效的运作来实现公共价值目标。当然,莫尔战略三角模型中对能力理解更多是将其置于组织或公共组织的场域中,强调公共组织的运作能力。然而,农地"三权分置"是公共治理过程,能力不平等可能会导致"政治贫困"(吴春梅 等,2010)。众多研究表明,农地"三权分置"中的能力不平等可能会导致农民利益受损,或者引发土地纠纷乃至群体性事件和恶性案件。例如,徐勇(2013)认为,特别需要从权利、条件和能力三个方面重视农民对现代化进程的平等参与。农地"三权分置"实施过程中也不例外,也需要从能力方面重视农民的平等有效参与。因此，需要对莫尔所强调的"能力"进行扩展，对能力的理解需要将其放入农地"三权分置"这一公共治理过程中。能力应该有助于农地"三权分置"中程序利益(Talbot，2011)的实现，应该有助于形成平等、公平、公正和包容性的参与过程，应该有助于形成公共决策和个体参与。因此，农地"三权分置"中的能力应该包含个体、组织和环境三个层次。其中，个体能力是基础，组织能力是关键，环境能力是保障。

5.2.2.1　个体能力

良好的个体能力是实现农地"三权分置"有序、有效实施的基础。农地"三权分置"的目标在于实现农业现代化。而农业现代化首先是主体的现代化，即农民主体地位的强化和农民的现代化。众多研究表明，农民处于无组织状态，谈判能力弱，缺乏与政府等主体平等对话的能力，在与政府和企业等主体的博弈过程中往往处于弱势地位。因此，要使个体具有良好的公共协商效果，必须使个体具备良好的公共协商能力。协商民主理论认为，从个体角度而言，这种公共协商能力主要包括参与主体在决策过程中表达真实偏好的能力，有效利用文化资源的能力和基本的认知能力(奈特 et al.，2006)。能力建设理论则对个体能力进行了更为普遍化的产生，认为个体能力主要包括个体的知识、技能、价值观、态度、意识等要素。在农地"三权分置"实施过程中，这种个体能力典型体现为个体的农业现代化意识、参与意愿、参与能力、公共理性程度和合作意识等内容。以此为依据，本书从农民的农业现代化意识、参与能力、公共理性等维度对农地"三权分置"中的个体能力进行操作化定义。

5.2.2.2　组织能力

一方面，在强政府-弱社会的态势下，政府依旧是农地流转和农业现代化的重要推动者。另一方面，众多研究表明，作为农业现代化主体之一的农民常常处于弱势地位，容易受到政府权力和市场资本的裹挟。因此，如何通过组织能力为多元主体尤其是农民搭建平等、公平、有效、包容的参与平台显得至关重要。在农地"三权分置"这一公共治理过程中，农地"三权分置"的合法性依赖于多元主体的有效参与，而多元主体的有效参与在一定程度上依赖于除个体能力之外的组织能力。正如众多理论家所认为的，公共协商过程有效参与需要政府财政保证有效参与的社会经济条件(奈特 et al.，2006)，需要收集和提供有关地方社区的经验数据，需要建立公平、负责和透明的参与式政策过程，需要发展支持性组织文化(Cuthill et al.，2005)。此外，农地具有公共资源属性，农地"三权分置"的首要目的在于优化农地资源配置、促进农业增效和农民增收，维护国家粮食安全。这一目标与企业等市场主体的"利润最大化"相悖，因此，需要以政府监管能力作为保障。正如 2019 年生效的新修订的《农村土地承包法》中所规定的土地经营权流转所应遵循的原则:不得改变土地所有权的性质和土地的农业用途,不得破坏农业综合生产能力和农业生态环境,受让方须有农业经营能力或者资质。综合上述研究,本研究从信息收集与交流、培训、参与支持系统、公共协商制度化、合作性文化、监管与风险防范等方面对组织能力进行操作化定义。

5.2.2.3 环境能力

环境能力是保障。根据能力建设理论,环境能力主要包括正式制度、非正式制度、社会关系等(Matachi,2006)。具体到农地"三权分置"场域,环境能力则可以具体化为"三农"政策、社会资本等指标。以此为依据,本书从"三农"政策、社会资本等方面对环境能力进行操作化定义。公共能力操作化定义见表 5-3。

表 5-3　公共能力操作化定义

潜变量		观测变量	主要相关文献
现代农业意识	moda1	自己知道什么是现代农业	Matachi,2006
	moda2	发展现代农业很必要	
	moda3	农地流转对发展现代农业很重要	
	moda4	自己知道所有权、承包权和经营权的归属	
能力平等	eqc1	农地流转中,自己有能力参与农地流转方案协商	Matachi,2006;奈特 et al.,2006
	eqc2	农地流转中,自己能与他人进行有效沟通且不会处于不利地位	
	eqc3	农地流转中,自己能利用自身资源(如人际关系资源等)来参与农地流转方案协商	
	eqc4	农地流转中,自己能准确理解其他人的观点与意图	
	eqc5	农地流转中,自己能利用现有机会参与农地流转方案协商	
公共理性	ration1	农地流转中,自己根据事实来判断观点是否合理	奈特 et al.,2006
	ration2	农地流转中,不管这个方案是谁提出来的,只要好,我就支持	
	infor1	农地流转中,信息非常公开透明	
	infor2	村(街道、镇/乡)能够尽快将最新的农地流转信息传达给大家	
	infor3	自己能够很方便地将意见反映给村"两委"	
	infor4	村里面提供的农地流转信息是有用的	

表 5-3(续)

潜变量	观测变量		主要相关文献
培训	train1	经常举行农业种植、就业等技术培训或讲座	Matachi,2006
	train2	教育(或培训)已经形成了比较完善的体系	
	train3	自己能够很方便地获取(非)农业技术(或就业)培训(或指导)	
程序包容性	equai1	在确定农地流转方案过程中,自己拥有平等的发言机会	奈特 et al.,2006;
Cuthill et al.,2005
	pars1	需要开会时,选择谁参加,有具体规定(制度或习惯)	
	pars2	需要开会时,选择谁参加,有公平公开的操作方法	
	deli1	农地流转中,怎么开会、有谁参加、按照什么程序都有规定	
协商讨论制度化	deli2	协商讨论农地流转事务已经成为一种惯例	
	deli3	村(街道、镇/乡)制定了一系列有关农地流转协商的规章制度	
	deli4	农地流转时,召开了协商会议	
	deli5	遇到重大事项时,村里面都会开会协商或征求意见	
合作型文化	cul1	自己经常跟其他村民分享农地流转信息	奈特 et al.,2006;
Cuthill et al.,2005
	cul2	农地流转过程中,自己很愿意与其他村民合作	
	cul3	农地流转过程中,不同身份参与者之间实现了相互包容和理解	
	cul4	农地流转过程中,参与者间的隔阂得到了改善	
监管与风险防范能力	moni1	工商企业租赁农地有上限要求	相关政策文件
	moni2	村(街道、镇/乡)对转入方资格进行了严格审查	
	moni3	村(街道、镇/乡)对租地条件进行了严格规定	
	moni4	村(街道、镇/乡)对流转后农地的经营范围进行了严格监管	
	moni5	村(街道、镇/乡)会定期对租赁者的农业经营能力进行监督检查	
	poli1	农地流转政策在本村得到了较好执行	
	poli2	农地流转有完备的法律规定和规范的操作程序	

表 5-3(续)

潜变量		观测变量	主要相关文献
政策	poli3	自己了解农地流转政策	
	poli4	自己知道国家为什么推行农地流转	
社会资本	capi1	村规民约能够得到较好遵守	Matachi,2006
	capi2	村里的整体社会风尚较好	
	capi3	自己与他人相处得很好	

5.2.3 公共支持

公共支持是公共价值创造框架的第三个核心要素。在 Moore(1995)提出的战略三角模型中,公共支持指向公共价值实现的合法性来源与支持,以公民支持、政治支持和资源支持为主要内容。以此为依据,本书从公民支持、政治支持和资源支持等方面来对公共支持进行操作化定义,具体见表 5-4。

表 5-4 公共支持操作化定义

潜变量		观测变量	主要相关文献
公民支持	csup1	自己赞同国家正在推行的农地流转	
	csup2	自己认同村(街道、镇/乡)里面采用的农地流转方式或方法	
	csup3	农地流转过程中,自己积极参与	Williams et al.,2011;
政治支持	psup1	有上级(驻村)干部主抓村里面的农地流转事务	Moore,1995
	psup2	村(街道、镇/乡)鼓励大家积极参与农地流转事务	
资源支持	rsup2	村里面的农地流转有政策支持	
	rsup3	村里面的农地流转有资金支持	

5.3 数据收集

5.3.1 问卷开发

公共价值、公共能力和公共支持均为无法直接观测的潜变量。故本书在借鉴相关研究的基础上，依据学术界通行做法，即根据各个潜变量的内涵与外延来开发问卷。本书调查问卷的开发历时约一年，问卷开发经历了初步问卷设计→征求意见→初步问卷修正→试调查→问卷修订→形成正式问卷等程序。

第一步，界定公共价值、公共能力和公共支持的内涵和外延，同时结合前期调查成果，初步设计问卷。

第二步，针对初步设计的调查问卷，通过座谈会等方式征求意见，征求对象为长期从事农村研究的学者。

第三步，根据征求意见结果，对初步形成的调查问卷进行修正，并进行试调查。

第四步，对试调查结果进行分析，对问卷进行二次修正，形成正式调查问卷。

5.3.2 数据来源

5.3.2.1 样本选择说明

为了保护被调查地，依据学术界惯例，本书中的村名进行了技术化处理。本书数据来源于 2016 年 7—9 月和 2017 年 7—9 月的调查。调查采用随机抽样原则抽取样本，涵盖了东中西部的 25 个村庄，涉及陕西省、青海省、山东省、海南省、山西省、浙江省、湖南省、云南省、浙江省、山东省、湖南省、四川省、甘肃省、河南省等省份。因篇幅所限，这里仅对部分样本村进行总括性描述。

醒村位于陕西省东北部，村庄面积达 600 亩(1 亩≈666.67 平方米)，全村土地面积达 5 800 亩。醒村约有农户 1 040 户，人口约 3 500 人。醒村地势整体比较平坦，属黄土丘陵与黄土台塬区，年平均气温 13.3 ℃，昼夜温差不大，全年平均降雨量 513 毫米。醒村是一个粮食产区，主要盛产小麦、玉米、苹果、花椒、黄花菜、核桃等。村内矿产资源主要为煤矿。醒村基础设施齐全，交通便利，已实现"村村通"，每天都有 6 班去县城的公交车。村内全部农户已通电、通水，有线电视进村入户，互联网也逐渐普及。文化教育方面，村内有幼儿园、小学、初中各 1 所，全村基本已无"文盲"。村里会不定期邀请农业专家对村民进行农业技术培训。新农村建设方面，醒村开展了"安居工程"，在村里建设新型社区式住房来保证村民的住房安全和生活质量。目前，醒村正在进行"美丽乡村"建设，以全面提高村民的生活水平、生活环境。村内有公益性文化场所 4 处，包括 1 个书报阅览室、1 个广播站、1 个文化活动室、1 个村庄文化活动广场。醒村的发展重点是农业和果树产业。2015 年全村"惠农"补贴总金额达 30 万元。村民基本参加了新型农村合作医疗。全村低保人数约 90 人。村庄曾获"先进村""五好家庭村"等荣誉称号。

燕村位于青海省，村庄土地面积 1 500 亩，草场面积 1 962 亩，人均耕地面积

0.85 亩。全村农户 431 户,全村人口 1 562 人,外出务工者占总人口的 68%。全村设有 2 个党支部,中共党员 41 人,村干部 4 人,2015 年参加新型农村合作医疗人数 1 444 人,全村有低保 3 人。燕村的主要农产品为菊苣、小芋头、茅菜、洋葱、大芋头。在农地流转过程中,村两委为村民提供了有效的土地流转信息,在土地流转过程中做到公开透明。

郭村位于山东省。郭村土地面积约 630 亩,其中旱地 550 亩,流转土地 80 亩。全村有农户约 100 户,人口约 370 人,外出务工者占总人口的 28%。郭村实现了"村村通"。村里全部农户已通电,通互联网农户 24 户。郭村的主要产业为种植业。郭村有中共党员 9 人,村干部 3 人,村支书和村主任非"一肩挑"。郭村设有阅览室、活动广场等专门的公益性文化活动场所。2015 年郭村举办公共文化活动 3 场,其中文化下乡活动 1 次,文化中心户 1 个,文艺演出队 1 个。郭村设有经营性文化网店。郭村每年放映电影 20 次左右,村内有电影放映设备,经常无偿放映;举办灯会、文艺演出等活动 2 次。2015 年全村"惠农"补贴约 75 000 元,其中绝大多数为粮食补贴。除常年在外上学工作且以加入其他医疗保险的人以外的所有村民参加了农村新型合作医疗。

港村隶属海南省。港村约 7 000 人,村民大多进行大规模的园林种植,例如杧果园、槟榔园,收益较好。随着中心渔港项目的实施,村民的生活水平日益提高。村内有 1 所初中,3 所小学。

汪堡村位于甘肃省,是张掖绿洲现代农业试验示范区建设的核心区之一,具有优越的发展条件和广阔的发展空间。全村辖 7 个合作社,有 364 户村民共 1 464 人,村行政区域面积为 3.6 平方千米,耕地面积为 4 500 亩,其中旱地 3 600 亩,水浇地 900 亩,人均耕地 2.5 亩。流转旱地面积 3 100 亩,流转水浇地面积 700 亩,每亩流转费均为 900 元。村支柱产业是玉米制种、畜禽养殖、蔬菜种植和劳务输出。汪堡村地处张掖绿洲现代农业试验示范区核心,是土地流转、设施农业、科技园建设的典型示范村。2015 年农民人均纯收入为 9 783 元。"两委"不断加强劳动技能培训,积极邀请市区农科专家讲授蔬菜栽培修剪技术 80 多场次,培训农户 1 000 余人次,提高了农民种植技能。2013 年全村农民人均纯收入为 9 471 元,高于所在的甘州区农民人均纯收入(8 959 元)512 元。近几年来,汪堡村大规模发展以日光温室和钢屋架拱棚为主的优势产业,不断强化基础设施建设,形成了"整村推进,全面提升"的工作新局面。汪堡村新建钢架大棚 500 座,累计建成钢架大棚 800 座、高标准日光温室 109 座,设施农业已成为全村主导特色产业。汪堡村抢抓张掖绿洲现代农业试验示范园区建设机遇,整理土地 4 000 亩,全村建成农村小康住宅楼 12 栋 360 户,全村 95% 以上农户入住小康楼,安全饮水入户率达 100%,栽植各类苗木 10.3 万株,配套小区供排水、电气、园林、公共服务等基础设施,小区管理基本步入正规化。铺设低压管道56千米,建设高标准斗渠4.4千米,农渠16.125千米,共打机井13眼,配套滴灌3 500亩,形成了渠、路、林网配套完善的发展新格局。2013年秋,集村民休闲游憩、娱乐健身等为一体的绿洲生态公园全面建成投入使用。汪堡村依托绿洲生态公园、农家书屋、村级阵地等平台,积极组织群众开展自娱文化活动,搭建起了群众休闲娱乐新平台,进一步丰富了群众日常文化生活。

吉村位于山西省,是新农村建设推进村之一。全村土地970余亩,人口约1 000人。近年来,吉村投资近240万元进行了户户通水泥硬化街道工程;投资近180万元打700米深井一眼,彻底解决了人畜吃水难这一历史问题;投资近120万元新建舞台一座;投资近20万元恢复了农历二月十九古庙会,促进了生产、生活物贸的交流;投资近30万元新建扩建文体活动场所、卫生室,办公设施进行了更新;投资近5万元用于为村级学校配制电教室、解决学校煤炭供应经费不足等问题;投资近5万元在村内主要场地购置了健身器材3处;投资近3万元进行了垃圾定点堆放并即时专人进行清除;年内给村民发放福利两次;投资近120万元新修人畜饮水蓄水池1个;防火防汛工作不懈努力,民事纠纷大多处理在萌芽状态,无一上访事例,各项工作取得了较好的成绩。吉村有卫生所1处,小学1所。村里环境卫生治理效果明显。

岑村位于浙江省,全村以种植水稻为主,兼种经济作物,全村现有耕地1 800亩。岑村有22个村民小组,8个自然村,542户农户,总人口1 677人(其中非农3人)。岑村有中共党员67人,村民代表50人。岑村先后多次被评为先进集体。

凤凰村位于湖南省。凤凰村村庄面积12 000多亩,全村共有农户1 120户,人口2 670人,以汉族、彝族居民为主。全村人平纯收入超过1.2万元。2007年获赫山区"五星村"评比活动综合评分第一名,并被评为湖南省首届新农村建设"十大明星村"。凤凰村自然资源丰富,土地面积约11 200亩。其中旱地约1 400亩,水田8 000多亩,主要种植水稻、苞谷等作物;园地约600亩;林地300多亩,主要种植核桃、茶叶等经济林果;水域700多亩,其他200亩。凤凰村主要产业为农业、林业以及渔业。2015年村"两委"收支总额分别为15万元、14万元。2016年该村经济总收入715.36万元,其中:种植业收入485.52万元,占总收入的67.87%;畜牧业收入17.57万元,占总收入的2.46%;林业收入18.27万元,占总收入的2.55%;第二、三产业收入194万元,占总收入的27.12%。工资性收入100.51万元,占总收入的14.05%。农民人均纯收入1 481元,农民收入以种植业、外出劳务收入等为主。至2016年,土地流转面积约为300亩。凤凰村已实现"村村通"——通公交路线,所有农户通电,336户通自来水,896户通有线电视,112 户通互联网。2015 年,凤凰村有公益性文化活动场所 5 个,分别为书报阅览室、阅报栏、广播站、文化活动室和村庄文化活动广场,举办公共文化活动 5 次,均为文化下乡活动;民间文化设施场所 3 处,均为文化大院、文化大户;民间文艺组织 4 个,均为文艺演出队;经营性文化网点共 10 家;放映电影 5 次、演戏 30 次、民间艺术活动和民俗表演 20 次、劳动技能比赛 3 次。凤凰村建有小学 2 所,校舍建筑面积 490 平方米。2015 年全村"惠农"补贴总金额为 1 305 000 元,其中粮食补贴总金额为 759 500 元,良种补贴为 217 000 元,农资综合补贴为 108 500 元,农机购置补贴为 200 000 元,养殖补贴为 20 000 元。参加新型农村合作医疗人数为 3 670 人;参加"新农保"人数为 320 人;全村低保人数为 220 人;全村五保人数为 7 人。利用益阳市和兰溪米市的经济辐射,凤凰村大力发展第二、三产业,现已有大米加工厂 5 家,木材加工企业 4 家,年产值近 2 亿元。

杨家村位于云南省,属于坝区。土地面积 22 平方千米,海拔 1 300 米,年平均气温 20 ℃,适宜种植水稻、蔬菜等农作物。杨家村逐步形成了"粮、菜、果、畜、渔、花卉"六大产业。有耕地 4 949.60 亩,其中人均耕地 0.95 亩;有林地 1 854.70 亩。全村辖 8 个村,总人口 1 648 人,外出务工人数占总人口约 70%。全村每户通水电、有线电视和互联网。杨家村的主要产业为工业和农业。杨家村全村共有 206 名中共党员,有村干部 8 人,有公益性文化活动场所共 8 个,其中阅报栏、广播站、文化活动中心、书报阅览室各一个,村庄文化活动广场 2 个。2015 年公共文化活动场数为 10 场,其中文化下乡活动次数为 3 次。民间文化设施方面,有文化大院 2 个,民间文艺组织方面有文艺演出队 1 个,没有剧团。经营性文化网点方面,有网吧 2 家,录像厅 1 家,桌球室 1 家,农家乐 4 家,茶馆及棋牌室各 3 家。杨家村举办过的文化活动有:放映电影 1 次,表演杂技 1 次,舞狮龙 2 次,编织 1 次,剪纸 1 次。2015 年全村"惠农"补贴总金额 18 000 元,其中粮食补贴为 8 000 元,良种补贴为 4 000 元,农机购置补贴为 2 000 元,农资综合补贴 2 000 元,养殖补贴为 2 000 元。参加新农合人数为 3 500 人,参加"新农保"人数为 3 000 人,全村低保人数 242 人,全村五保人数为 12 人。该村已签订农业承包合同 1 385 份,农村土地承包面积 4 909.00 亩,其中土地流转面积 768.00 亩。

溪村位于浙江省,村域面积 9.2 平方千米,村庄面积 14 400 亩,旱地面积 4 453 亩,水浇地面积 945 亩,山林面积 10 383 亩(其中毛竹山地面积 3 860 亩),耕地面积 947 亩,茶园面积 1123 亩。全村总人口 2 113 人,40%的人口已外出务工,村党总支下设 4 个党支部,有中共党员 83 人。村里山地面积众多,主要发展林业和种植业,全村已形成"三笋一茶"为主导产业的农业格局,农民人均收入 3 668 元。村内基础设施较为完善,有 15 个公益性文化活动场所。2016 溪村年举办了 2 场公共文化活动,3 次文化下乡,村里共有 4 个民间文化设施、6 家农家乐、1 个戏台,村里这一年共放映 6 次电影。近年来,溪村先后获得宁波市文明村、余姚市文明村、余姚市基层示范党校、余姚市村庄整治与庭院整治合格村、鹿亭乡先进党组织、五好党组织、村级好班子等荣誉称号。近年来,溪村大力推进土地流转,希望吸引更多的企业来村里发展生态游,带动当地的旅游业发展,促进农民增收,现在村里的土地流转主要是承包给企业,发展种植业,还有农户承包发展养殖业,以及村里集资承包茶园。

董村位于山东省。董村地处丘陵山地,属于移民村。2014 年该村被定为省级贫困村,共有村民 46 户,137 口人。村庄规模小,外出人口多,村中青壮年劳动力少。董村以农业为主导产业主要农作物有玉米、花生、小麦、地瓜,其他农作物有大豆,芝麻。畜牧主要以猪羊为主。近年来土地流转较多,主要是用于花圃种植、旅游开发(休闲、采摘),提供了一些临时岗位,增加了村民收入。

峡村位于湖南省,峡村于 2016 年 6 月 1 日与栗塘村合并,从原有的 1 902 亩耕地扩展到全村面积 8.7 平方千米。耕地中有水田 2 200 亩、林地 2 000 亩、水域 300 亩。峡村目前拥有村户 630 户,拥有村民 2 380 余人。基础设施建设上,该村于 2012 年底完成村级主干道硬化工程,2013 年 7 月投入资金将村级主干道路灯安装,并于同年 8 月投入使用。2013 年入冬以来,峡村开始实施农田基本改造,兴修水利设施,土地平整、灌溉与排水、田间道路、农田防护及生态环境保护工程;公共设施方面,通电 630 户、自来水 0 户(全村使用井水)、有线电视 625 户、互联网 40 户。峡村 2016 年人平纯收入 6 612 元。村里的主产业为农业;56％村民外出务工。2016 年村"两委"收入总额 700 000 元,支出 830 000 元。峡村社会政治稳定,人民安居乐业。峡村有党员 116 人,有村干部 5 人。峡村公益性文化活动场所主要有书报阅览室 1 个、广播站 1 个、阅报栏 2 个、文化活动室 2 个。2016 年峡村获惠农补贴总金额 44 万元,其中粮食补贴 345 400 元,良种补贴 6 600 元,农机购置补贴 80 000 元。2016 年峡村参加农村新型合作医疗 2 100 人,参加新型农村社会养老保险 1 000 人,全村有低保 93 人,有五保 30 人。土地流转方面,峡村的主要方式为农户与农户间流转,且多为同组或亲戚熟人间、正式合同签订的也很少、多为口头约定。邻里间相处融洽、民风淳朴。空心化比较严重,很少有全员在家的、年轻人几乎都在外求学或打工。

韩家牟城村位于山东省。全村蔬菜大棚面积达到 850 亩,建设农业园区 1 个,畜牧养殖区 1 个,培育形成了以蔬菜、养殖为主导产业的规模种植模式,产品远销国内外,发展壮大了集体经济,增加了农民收入。村"两委"的主要收入来源是上级转移支付和集体资产的经营、租赁、发包等收入。韩家牟城村先后被街道授予环境卫生综合治理先进单位、生态文明建设先进村、寿光市文明村、模范村、潍坊市文明单位等荣誉称号。全村 280 多户,1 000 多人,耕地约 1 200 亩,主产蔬菜、小麦、玉米及畜禽产品等。韩家牟城村建有小学 1 所,可容纳学生 600 人。2012 年全村经济总收入 6 330 万元,人均纯收入 1.2 万余元。

红村位于浙江省,位于平湖市农业核心区。全村面积 4.39 平方千米,耕地面积 3 620 亩。红村共有旱地 280 亩,水田 3 340 亩,流转土地面积水田为 2 430 亩。2014 年全村村级经济收入 121.38 万元,农民人均收入 2.1 万元。全村共有村民小组 15 个,自然村 16 个,农户 861 户,常住人口 3 258 人,其中中共党员 80 名,有 4 个村党支部先锋站。红村已成功创建嘉兴市市级文化活动中心、平湖市二星级老年活动室、嘉兴市行政村规范化档案室、平湖市信息化达标村等。红村主要以农业生产、畜牧养殖、水产养殖为主要产业。

周村位于河南省,行政村占地 1 500 亩左右,人口约 300 人,可耕地 800 亩左右。农户家庭主要经济来源是农业收入以及外出打工。由于地理位置优越,风景优美,近年来村庄发展起了旅游业,建起了度假村,吸引了周围地区的人们前来游玩。近两年,周庄越来越注重生态保护。周庄的主要农作物为玉米、小麦、大豆、花生。周庄紧邻中原大铁佛寺。中原大铁佛寺是周围旅游胜地,每逢农历初一、十五,各地游客络绎不绝。周庄属于河南省节水示范区,许昌市高效农业示范园区。

索村位于河南省,位于万山半坡,周围有三山河水库(又称三庙湾水库),水库周围修建有提水站,大多数土地都能受到灌溉,有少量水浇地。水库周边环境较好,林地遍布。全村土地面积 2 005 亩,其中旱地 1 295 亩,水浇地 360 亩,林地 350 亩。村中有农户 462 户,有村民 1 526 人。村里实现了"村村通",并且每天有 8 班公交车次。全部农户实现了通电、通自来水和通有线电视台,有 126 户实现了同互联网。索村的主要产业是农业、渔业、餐饮娱乐业和旅游业。索村基本达到了小康村标准。村内有农家书屋等村文娱设施场所。部分村民外出打工,部分村民在农家乐和农庄里上班,收入良好。索村大部分土地都进行了流转,流转土地主要集中在水库附近。索村将土地流转给企业,用于发展生态农业、科技农业,没有改变土地的原有用途。

5.3.2.2 调查的组织与实施

本书主要采取了以下措施以保障问卷调查的有效性:① 选取有相关学科背景的教师、研究生、本科生参与调查。参与调查的教师和研究生长期从事农村公共服务、乡村政治与治理等方面的理论与实证研究,参与调查的本科生均为公共管理专业的学生,且均为农村籍,对农村相对比较熟悉。② 在问卷调查准备阶段对调查人员进行了培训,对调查背景、内容与注意事项(如严禁调查人员用带有明显倾向性话语进行调查)进行了详细讲解与告之。③ 为了最小化社会称许性偏差和提高所获得数据的真实性,本书采取了在调查问卷首页醒目处用黑体字注明"科学研究调查问卷""根据实际情况和您所了解的相关事实""答案无对错之分""对您所提供的情况予以保密"字样以及由调查人员进行解释等措施。

在调查过程中,对于受教育程度较高的调查对象,问卷调查采取调查人员针对性解释与调查对象自主填写问卷相结合的方式展开;对于受教育程度较低的调查对象,问卷调查则采取调查人员针对性解释、询问与交流后代填问卷的方式展开。

深度访谈对象包括体制内精英(例如乡镇干部或驻村干部、村党支部和村委会成员)、体制外精英(例如以乡村教师为代表的知识精英、以私营企业主为代表的经济精英等)和在公共服务参与方面有代表性且愿意深入交流的农民,共深度访谈28人。例如,在港村调查中,调查人员对该村所属镇的党委书记与办公室主任、村党支部书记、村委会主任、村内涉农企业总经理和村民代表分别进行了深度访谈,形成了7份访谈报告,了解了村庄的公共服务状况、公共服务决策程序与机制、公共服务中的村民参与情况等。

问卷调查对象包括乡镇干部、村组干部、农村中小学教师、在家务农的农民和暂时返乡的外出务工人员等。问卷调查采用随机抽样方法按照村庄农户数量80%的比例在样本村抽取农户样本,在农户样本中选取年龄在18周岁以上且有能力代表农户意志的1个家庭成员作为调查对象,同时剔除调查期间无人在家的农户和不愿接受调查或没有能力接受调查的农户。问卷调查情况见表5-5。

表5-5　问卷调查情况

调研地点	频率	百分比	有效百分比
醍村	42	5.2	5.2
燕村	62	7.6	7.6
郭村	36	4.4	4.4
港村	19	2.3	2.3
汪堡村	29	3.6	3.6
友爱村	16	2	2
吉村	30	3.7	3.7
岑村	25	3.1	3.1
凤凰村	65	8	8
杨家村	66	8.1	8.1
河村	46	5.6	5.6

表 5-5(续)

调研地点	频率	百分比	有效百分比
溪村	19	2.3	2.3
董村	29	3.6	3.6
峡村	37	4.5	4.5
韩家牟城村	36	4.4	4.4
红村	40	4.9	4.9
锁石村	17	2.1	2.1
白村	19	2.3	2.3
周村	30	3.7	3.7
栗村	26	3.2	3.2
湾村	15	1.8	1.8
石桥村	29	3.6	3.6
索村	40	4.9	4.9
王村	23	2.8	2.8
东洞村	19	2.3	2.3
总计	815	100	100

5.3.3　调查结果与有效样本基本情况

调查最终回收问卷 842 份,其中有效问卷 815 份,有效问卷率约为 96.8%。有效样本的基本情况见表 5-6。从表 5-6 中可以看出,调查对象的性别结构较为合理,年龄多介于 26 岁至 50 岁之间,职业具有多元化特征,受教育程度以初中及以下为主,政治面貌以普通群众为主且兼顾中共党员、民主党派成员和共青团员,农户人均年纯收入多介于 3 001 元至 20 000 元之间。这些情况与农村实际情况相符,样本具有较好的代表性。

表 5-6　有效样本基本情况

		频率	百分比	有效百分比	累积百分比
性别	女	341	41.84	41.84	41.84
	男	474	58.16	58.16	100
	总计	815	100	100	

表 5-6(续)

		频率	百分比	有效百分比	累积百分比
年龄	25 岁以下	77	9.45	9.47	9.47
	26～40 岁	175	21.47	21.53	31.00
	41～50 岁	290	35.58	35.67	66.67
	51～60 岁	172	21.10	21.16	87.82
	61 岁以上	99	12.15	12.18	100
	小计	813	99.75	100	
	缺失值	2	0.25		
	总计	815	100		
受教育程度	小学及以下	195	23.93	23.93	23.93
	初中	311	38.16	38.16	62.09
	中专或高中	205	25.15	25.15	87.24
	大专及以上	104	12.76	12.76	100
	总计	815	100	100	
职业	在家务农	403	49.45	49.45	49.45
	乡镇和村组干部	56	6.87	6.87	56.32
	农村中小学教师	40	4.91	4.91	61.23
	在外打工	162	19.88	19.88	81.10
	个体私营企业主	64	7.85	7.85	88.96
	其他	90	11.04	11.04	100
	总计	815	100	100	
政治面貌	共青团员	77	9.45	9.55	9.55
	普通群众	580	71.17	71.96	81.51
	民主党派成员	15	1.84	1.86	83.37
	中共党员	134	16.44	16.63	100
	小计	806	98.90	100	
	缺失值	9	1.10		
	总计	815	100		

表 5-6（续）

		频率	百分比	有效百分比	累积百分比
人均 年收入	3 000 元以下	138	16.93	16.93	16.93
	3 001～6 000 元	206	25.28	25.28	42.21
	6 001～10 000 元	169	20.74	20.74	62.95
	10 001～20 000 元	173	21.23	21.23	84.18
	20 001 元以上	127	15.58	15.58	99.76
	其他	2	0.24	0.24	100
	总计	815	100	100	

5.4 量表品质检验

量表品质检验是后续实证分析的基础,主要包括量表效度检验和信度检验两部分内容。效度检验的是测量指标①在多大程度上反映了构念,信度检验的是测量指标之间的异质性程度。

5.4.1 效度检验

5.4.1.1 效度检验的内涵与程序

效度是指量表测量的准确性程度,即量表在多大程度上测量了所欲测量的内容。效度主要包括内容效度(Content Validity)和建构效度(Construct Validity)。

1. 内容效度

内容效度是最重要的效度检验,是理论检验的前提条件(Joseph et al.,2014)。内容效度主要是指量表内容在多大程度上反映了研究者所要测量的特定构念(Haynes et al.,1995),或者说内容效度主要检验总体量表中单个变量之间的一致性程度及单个变量与所界定的概念之间的一致性程度(Joseph et al.,2014)。如果量表不能反映所欲测概念的主要内容或遗漏了重要内容,则内容效度受损。内容效度的检验主要通过专家学者的判断等方法来进行。本书中所使用的量表,一是建立在前期直接相关研究基础之上,二是在量表开发之前经过了良好和充分的概念界定,三是在量表开发过程中经过了专家学者的审视,具有充

---

① 本书中测量指标、指标变量、观察变量、量表题项具有同一内涵,因子载荷值和因素载荷值具有同一内涵,因子分析和因素分析具有同一内涵。

分的内容效度。

2. 建构效度

一般情况下,衡量建构效度最常用的效度形式主要包括聚敛效度(Convergent Validity)、区分效度(Discriminant Validity)和理论效度(Nomological Validity)。

(1) 聚敛效度

简单而言,聚敛效度主要是指同一概念或构念的不同测量题项之间的相关程度。换句话说,同一个概念或构念的测量题项之间应该有比较高的共同方差或应该聚敛。题项之间相关度越高,则题项对所欲测量构念的测量程度越好,聚敛效度越好。当前,源于结构方程模型分析技术的因子载荷(Factor Loadings)、平均方差抽取量(Average Variance Extracted,AVE)和构念信度(Construct Reliability,CR)都等指标成了衡量聚敛效度的重要手段(Joseph et al.,2014)。

① 因子载荷是衡量聚敛效度的第一个指标。因子载荷反映的是潜变量对测量指标的解释程度。一般情况下,因子载荷值应该大于 0.5;理想情况下,大于 0.7 为佳。因子负荷量挑选标准见表 5-7。

表 5-7　因子负荷量挑选标准

因子负荷量	因子负荷量平方(解释变异量)	题项变量状况
0.71	50%	甚为理想(excellent)
0.63	40%	非常好(very good)
0.55	30%	好(good)
0.45	20%	普通(fair)
0.32	10%	不好(poor)
<0.32	<10%	舍弃

注:吴明隆.问卷统计分析实务:SPSS 操作与应用[M].重庆:重庆大学出版社,2010.

衡量因子载荷的分析方法分为两类:探索性因子分析(Exploratory Factor Analysis,EFA)和验证性因子分析(Confirmatory Factor Analysis,CFA)。探索性因子分析的目的在于通过确立量表的因子结构来建立量表的建构效度,验证性因子分析的目标在于检验 EFA 所建立的建构效度的适切性与真实性(吴明隆,2010b)。

在进行探索性因子分析之前,需要进行因子分析适宜性检验。因子分析适宜性检验主要通过两个指标值进行检验:KMO 值和巴特利特(Bartlett's)球状检验结果。

KMO 值的取值范围介于 0～1 之间,值越大,变量间的共同性越强,偏相关性越弱,越适合进行因子分析。其原理是依据变量间的偏相关(Partial Correlations)系数值而得,当变量之间具有相关关系时,变量间的偏相关系数值会较小。变量间的偏相关系数值越小(或越接近于0),表示变量间越具有共同因子;变量间的偏相关系数越大,表示变量间的共同因子越少,此时,不适合进行探索性因子分析。KMO指标值的判断准则见表5-8。

表 5-8   KMO 指标值的判断准则

KMO 统计量值	判别说明	因素分析适宜性
0.90 以上	极适合进行因子分析(marvelous)	极佳的(perfect)
0.80 以上	适合进行因子分析(meritorious)	良好的(meritorious)
0.70 以上	尚可进行因子分析(middling)	适中的(middling)
0.60 以上	勉强可进行因子分析(mediocre)	普通的(mediocre)
0.50 以上	不适合进行因子分析(miserable)	欠佳的(miserable)
0.50 以下	非常不适合进行因子分析(unacceptable)	无法接受的(unacceptable)

注:① 表中的因子分析是指探索性因子分析。

② 吴明隆.问卷统计分析实务:SPSS操作与应用[M].重庆:重庆大学出版社,2010.

巴特利特(Bartlett's)球状检验以相关系数为基础,主要通过各变量是否各自独立以及净相关矩阵是否为单元矩阵来判断是否适合进行因子分析。所谓单元矩阵是指净相关矩阵中的非对角线数值(净相关系数)均为0。若巴特利特(Bartlett's)球状检验未达到0.05显著性水平,则应接受虚无假设,表示净相关矩阵系数矩阵不是单元矩阵。若净相关系数矩阵是单元矩阵则表示变量间的净相关系数均为0,变量数据适合进行探索性因子分析(吴明隆,2010b)。

根据学术界的通行做法,本书采用探索性因子分析与验证性因子分析相结合的方法来检验量表的效度。在计量软件选取方面,本书运用 SPSS 22.0 软件进行探索性因子分析,运用 Mplus 8.0 软件进行验证性因子分析。

② 平均方差抽取量是衡量聚敛效度的第二个指标。其计算公式如下:

$$AVE = \frac{\sum_{i=1}\lambda_{yi}^2}{\sum_{i=1}\lambda_{yi}^2 + \sum_{i=1}(\theta_i)} \tag{5-4}$$

式(5-4)中,λ 为指标变量(或测量指标)在潜变量(或构面、构念)上的标准化参与估计值(或因素、因子负荷量、载荷量),θ 是观测变量(或指标变量)的误差方差,i 为指标变量的数目。式(5-4)的分子是标准化因子载荷(λ)平方之和,分母由标准化因子载荷(λ)平方之和与随机误差之和组成。从式(5-4)中可以看出,平均方差抽取量是潜变量可以解释其指标变量的变异量的比值。平均方差抽取量值越大,则测量指标被潜变量解释的变异量百分比就越大,相对的测量误差就越小。一般情况下,平均方差抽取量值应该大于 0.50;若小于 0.50,则表示潜变量可以解释的指标变量的变异量小于误差项所解释的变异量,聚敛效度不佳。亦有相关研究显示,0.36～0.5 为平均方差抽取量值可接受门槛。

③ 信度是衡量聚敛效度的另一个重要指标,在验证性因素分析模型中,信度采用的是构念信度(Construct Reliability)。潜变量的构念信度又称之为组合信度(Composite Reliability)(吴明隆,2013),其计算公式如下:

$$CR = \frac{\sum_{i=1}^{n}(\lambda)^2}{\sum_{i=1}^{n}(\lambda)^2 + \sum_{i=1}^{n}(\theta)} \quad (5-5)$$

式(5-5)中,与平均方差抽取量计算公式一样,λ 为指标变量(或测量指标)在潜变量(或构面、构念)上的标准化参与估计值(或因素、因子负荷量、载荷量),θ 是观测变量(或指标变量)的误差方差,i 为指标变量的数目。构念信度值越高,则测量指标的同构性越高,测量指标所测得的潜变量的一致性越高,测量指标测量的是同一潜变量。若组合信度值大于等于 0.7,则表示测量模型的构念信度佳;若组合信度值介于 0.6 和 0.7 之间,则表示测量模型的构念信度可以接受。需要说明的是,平均方差抽取量和组合信度要以构面为单位分别进行计算。

(2)区分效度

区分效度主要包括两层含义:第一,区分效度用来检测相似的两个概念之间的区分程度。换句话说,一个构念的量表应该与另一个构念的量表之间有足够的区分度。概念之间的相关程度越低,则区分效度越好。第二,单个的测量题项只能用于测量一个潜变量,不允许出现交叉负荷情况,即一个测量题项不能用于测量两个或两个以上的潜变量。

(3)理论效度

理论效度主要用于检测量表是否如理论所揭示的那样,准确地测量了构面以及各构念之间的相关关系是否有意义、是否建立在理论或之前研究的基础之上。

5.4.1.2 公共价值量表效度检验

1. 公共价值量表的探索性因子分析

运用 SPSS22.0 软件对公共价值量表进行因子分析适宜性检验,结果显示,公共价值量表的 KMO 值为 0.899,大于 0.8 接近于 0.9,表明因子分析适宜性良好。巴特利特(Bartlett's)球状检验显著性水平小于 0.05,拒绝原假设,接受备择假设,即变量之间并不是相互独立的,有共同因子存在,适合进行因子分析。公共价值量表因子分析适宜性检验结果见表 5-9。

表 5-9　公共价值量表因子分析适宜性检验结果

KMO 取样适切性量数		0.899
巴特利特(Bartlett's)球状检验	近似卡方值	8 021.443
	自由度	276
	显著性	0.000

表 5-10 是公共价值量表共同性分析结果,即每个题项的初始共同性和采用主成分分析法(Principal Component Analysis)抽取主成分后的共同性。共同性越低,表明该题项越不适合纳入主成分分析之中;共同性越高,表明该题项的共同特质越多,越适合抽取共同因子。从表 5-10 可以看出,抽取主成分后,每个题项的共同性均在 0.5 以上,这表明共同性良好,适合抽取共同因子。

表 5-10　公共价值量表共同性分析结果

变量	初始值	共同性
$ps1$	1	0.761
$ps2$	1	0.763
$ps3$	1	0.666
$outc1$	1	0.55
$outc2$	1	0.659
$outc3$	1	0.639
$outc4$	1	0.538
$trust1$	1	0.559
$trust2$	1	0.659
$trust3$	1	0.678
$trust4$	1	0.626
$trust5$	1	0.616
$pi1$	1	0.722
$pi2$	1	0.675
$pi3$	1	0.734
$pi4$	1	0.766
$scid1$	1	0.656

表 5-10(续)

变量	初始值	共同性
scid2	1	0.736
scid3	1	0.749
scid4	1	0.704
demd1	1	0.64
demd2	1	0.763
demd3	1	0.744
demd4	1	0.523

注：① 抽取方法为正成分分析法。

　② *ps2_1* 为题项 *ps2* 采用序列均值弥补缺失值后的题项代码,下同。

表 5-11 是公共价值量表运用主成分分析法抽取主成分的结果。转轴方法采用直交转轴的最大变异法。从表 5-11 可以看出,特征值大于 1 的主成分共有 7 个,即根据特征值大于 1 的原则,公共价值量表的 24 个题项一共可以抽取 7 个因子。从"初始特征值"中可以看出,7 个因子依特征值大小,其重要性从高到低排列。第 1 个因子的特征值为 7.722,该因子可解释的变异量为 32.176%;第 2 个因子的特征值为 1.723,可解释的变异量为 7.18%;第 3 个因子的特征值为 1.715,可解释的变异量为 7.146%;第 4 个因子的特征值为 1.416,可解释的变异量为 5.898%;第 5 个因子的特征值为 1.338,可解释的变异量为 5.573%;第 6 个因子的特征值为 1.167,可解释的变异量为 4.863%;第 7 个因子的特征值为 1.045,可解释的变异量为 4.354%。这 7 个因子一共可以解释 67.191%的变异量。经过转轴后,这 7 个因子中每个因子的特征值有所改变。例如,第一个因子的特征值由 7.722 变成了 2.978。但是,这 7 个因子可解释的总变异量是不变的。

表 5-11　公共价值量表解释总变异量

成分	初始特征值			平方和负荷量萃取			转轴平方和负荷量		
	总和	方差/%	累积/%	总和	方差/%	累积/%	总和	方差/%	累积/%
1	7.722	32.176	32.176	7.722	32.176	32.176	2.978	12.406	12.406
2	1.723	7.180	39.356	1.723	7.18	39.356	2.872	11.965	24.371
3	1.715	7.146	46.502	1.715	7.146	46.502	2.667	11.113	35.484
4	1.416	5.898	52.401	1.416	5.898	52.401	2.281	9.504	44.988

表 5-11(续)

成分	初始特征值			平方和负荷量萃取			转轴平方和负荷量		
	总和	方差/%	累积/%	总和	方差/%	累积/%	总和	方差/%	累积/%
5	1.338	5.573	57.974	1.338	5.573	57.974	2.258	9.407	54.395
6	1.167	4.863	62.837	1.167	4.863	62.837	1.579	6.58	60.975
7	1.045	4.354	67.191	1.045	4.354	67.191	1.492	6.215	67.191
8	0.722	3.007	70.197						
9	0.675	2.811	73.008						
10	0.666	2.773	75.781						
11	0.597	2.487	78.268						
12	0.559	2.328	80.596						
13	0.544	2.267	82.863						
14	0.535	2.228	85.091						
15	0.505	2.104	87.195						
16	0.449	1.869	89.064						
17	0.407	1.695	90.759						
18	0.361	1.503	92.262						
19	0.356	1.485	93.748						
20	0.333	1.389	95.137						
21	0.314	1.31	96.447						
22	0.299	1.246	97.693						
23	0.284	1.182	98.876						
24	0.27	1.124	100						

注:① 抽取方法为主成分分析法。

② 因四舍五入取值,故"累积"略有偏差,表 5-21、表 5-31 同。

表 5-12 是公共价值量表转轴后的成分矩阵。采用最大变异法(Varimax)进行直交转轴,转轴时采用 Kaiser 正态化方式处理(with Kaiser Normalization),进行了 6 次迭代运算。从表 5-12 可以看出,题项 $ps1$、$ps2$、$ps3$ 在因子 5 上具有较高的载荷值,由于这些题项主要反映了农地"三权分置"中的公共服务状况,因此可以将因子 5 命名为农地"三权分置"公共服务因子。题项 $outc1$、$outc2$、$outc3$、$outc4$ 在因子 4 上具有较高的载荷值,由于这些题项主要反映了农地"三权分置"结果状况,因此可以将因子 4 命名为结果因子。题项 $trust1$、$trust2$、$trust3$、 *trust*4、*trust*5 在因子 1 上具有较高的载荷值,由于这些题项主要反映了农地"三权分置"中的信任状况,因此可以将因子 1 命名为信任因子。题项 *pi*1、*pi*4 在因子 6 上具有较高的载荷值,由于这 2 个题项主要反映了私人利益在农地"三权分置"中作用,因此可以将因子 6 命名为私人利益因子。题项 *pi*2、*pi*3 在因子 7 上具有较高的载荷值,由于这 2 个题项主要反映了公共利益在农地"三权分置"中的作用,因此可以将因子 7 命名为公共利益因子。题项 *scid*1、*scid*2、*scid*3、*scid*4 在因子 2 上具有较高的载荷值,由于这些题项主要反映了制度形态公共价值中的科学决策状况,因此可以将因子 7 命名为科学决策因子。题项 *demd*1、*demd*2、*demd*3、*demd*4 在因子 3 上具有较高的载荷值,由于这些题项主要反映了制度形态公共价值中的民主决策状况,因此可以将因子 3 命名为民主决策因子。

表 5-12　公共价值量表转轴后的成分矩阵

观测变量	因子						
	1	2	3	4	5	6	7
*ps*1	0.196	0.099	0.078	0.143	0.814	0.153	0.007
*ps*2	0.148	0.199	0.09	0.217	0.789	0.035	0.146
*ps*3	0.072	0.085	0.231	0.193	0.742	−0.103	0.026
*outc*1	0.218	0.172	0.132	0.641	0.198	0.034	0.064
*outc*2	0.098	0.043	0.239	0.763	0.07	−0.06	0.02
*outc*3	0.141	0.229	0.014	0.716	0.174	0.117	0.099
*outc*4	0.145	0.283	0.073	0.571	0.277	0.104	0.133
*trust*1	0.549	0.237	0.126	0.233	0.332	−0.041	0.139
*trust*2	0.776	0.086	0.152	0.062	0.089	0.025	0.115
*trust*3	0.782	0.088	0.154	0.045	0.064	0.169	−0.008
*trust*4	0.712	0.227	0.094	0.194	0.138	0.043	0.002
*trust*5	0.718	0.162	0.112	0.187	0.066	0.103	0.108
*pi*1	0.188	0.01	0.055	0.089	0.01	0.819	0.064
*pi*2	0.154	0.15	0.092	0.145	0.074	−0.066	0.768
*pi*3	0.044	0.107	0.113	0.051	0.062	0.108	0.831
*pi*4	0.042	0.154	0.09	0.013	0.049	0.854	−0.017
*scid*1	0.117	0.729	0.135	0.089	0.122	0.098	0.244
*scid*2	0.198	0.752	0.27	0.184	0.125	0.071	0.069
*scid*3	0.189	0.795	0.175	0.195	0.104	0.046	0.016

表 5-12(续)

观测变量	因素						
	1	2	3	4	5	6	7
scid4	0.198	0.743	0.222	0.207	0.115	0.044	0.071
demd1	0.148	0.192	0.736	0.126	0.036	0.144	0.038
demd2	0.135	0.121	0.832	0.066	0.131	0.115	0.057
demd3	0.14	0.164	0.802	0.157	0.16	−0.029	0.055
demd4	0.161	0.291	0.596	0.108	0.115	−0.038	0.177

注:① 抽取方法为主成分分析法。
② 旋转方法为 kaiser 标准化最大方差法。

从表 5-12 可以看出,仅有 3 个题项的因子载荷值介于 0.5～0.6,其余题项的因子载荷值均高于 0.7,这表明公共因子对题项的解释力比较好,也进一步表明了公共价值量表具有良好的聚敛效度。另外,所有题项中,单个题项均用于测量单个因子,均没有出现交叉载荷的状况,即一个题项在 2 个乃至多个因子上均有比较高的载荷值,这表明公共价值量表具有良好的区分效度。此外,根据公共价值量表的探索性因子分析结果,上述 7 个因子与理论架构的特质是一致的,与问卷开发时的理论预设一致。换句话说,公共价值量表如理论预设所揭示的那样,准确地测量了公共价值构面。因此,可以初步断定,公共价值量表具有较好的效度。

2. 公共价值量表的验证性因子分析

根据前述理论研究、探索性因子分析结果,可以初步判定公共价值量表具有良好的效度。农地"三权分置"中的公共价值主要由实体形态的公共价值、制度形态的公共价值和观念形态的公共价值构成,具体而言,主要由公共服务、结果、信任、私人利益、公共利益、科学决策、民主决策等要素构成。为了进一步评估公共价值量表的效度,本书在探索性因子分析基础上,采用 Mplus 8.0 软件,以极大似然法对公共价值进行了验证性因子分析。

整体模型适配度衡量的是模型与数据的拟合程度,直接决定着后续分析的有效性。公共价值构成要素一阶验证性因子分析模型适配度结果如表 5-13 所示。从表 5-13 可以看出,各项适配度指标均在合理范围内。因此,可以判断公共价值构成要素一阶验证性因子分析模型适配度良好,这为后续分析奠定了良好基础。

表 5-13　公共价值构成要素一阶验证性因子分析模型适配度结果

检验统计量	适配标准	检验结果	适配判断
卡方自由度比值①	1＜比值＜3,良好;3＜比值＜5,可以接受; 5＜比值,不佳	3.685	可以接受
RMSEA 值	＜0.05,良好;＜0.08,合理	0.057	合理
CFI 值	＞0.90	0.921	是
TLI 值	＞0.90	0.906	是
SRMR 值	＜0.08	0.043	是

表 5-14 为公共价值构成要素一阶验证性因子分析非标准化估计结果。从表 5-14 可以看出,测量模型的非标准化载荷值均为正数且显著;观测变量的方差和残差方差均为正数且显著。这表明估计模型中没有出现违反估计的情况,模型适配度良好。

表 5-14　公共价值构成要素一阶验证性因子分析非标准化估计结果

潜变量	观测变量	估计值	标准误	临界比	显著性
PS	PS1	1			
	PS2	1.118	0.054	20.856	0.000
	PS3	0.854	0.048	17.708	0.000
OUTC	OUTC1	1			
	OUTC2	0.865	0.063	13.662	0.000
	OUTC3	0.971	0.063	15.496	0.000
	OUTC4	0.947	0.061	15.479	0.000
TRUST	TRUST1	1			
	TRUST2	1.036	0.063	16.564	0.000
	TRUST3	1.065	0.066	16.057	0.000
	TRUST4	1.137	0.066	17.164	0.000
	TRUST5	1.122	0.065	17.207	0.000
PUBI	PI2	1			
	PI3	0.849	0.105	8.09	0.000

---

①　卡方自由度比值并不会在 Mplus 软件中自动生成。表 5-13 中的数据值是人工计算的结果。

表 5-14(续)

潜变量	观测变量	估计值	标准误	临界比	显著性
PRAI	PI1	1			
	PI4	0.858	0.147	5.829	0.000
SCID	SCID1	1			
	SCID2	1.175	0.056	21.03	0.000
	SCID3	1.143	0.057	20.202	0.000
	SCID4	1.201	0.06	20.034	0.000
DEMD	DEMD1	1			
	DEMD2	1.158	0.057	20.498	0.000
	DEMD3	1.127	0.059	19.079	0.000
	DEMD4	0.885	0.057	15.56	0.000

表 5-15 为公共价值构成要素一阶验证性因子分析标准化系数估计结果。从表 5-15 可以看出,标准化系数(因子载荷值)介于 0.5~0.95,这表明模型基本适配度良好。

表 5-15　公共价值构成要素一阶验证性因子分析标准化系数估计结果

潜变量	观测变量	估计值	标准误	临界比	显著性
PS	PS1	0.765	0.02	38.115	0.000
	PS2	0.842	0.018	46.977	0.000
	PS3	0.664	0.024	27.693	0.000
OUTC	OUTC1	0.659	0.025	26.463	0.000
	OUTC2	0.567	0.029	19.879	0.000
	OUTC3	0.693	0.024	29.233	0.000
	OUTC4	0.690	0.024	29.202	0.000
TRUST	TRUST1	0.668	0.023	28.594	0.000
	TRUST2	0.690	0.023	30.242	0.000
	TRUST3	0.689	0.023	30.323	0.000
	TRUST4	0.738	0.02	36.251	0.000
	TRUST5	0.732	0.021	35.659	0.000
PUBI	PI2	0.721	0.046	15.744	0.000
	PI3	0.577	0.041	13.963	0.000

表 5-15(续)

潜变量	观测变量	估计值	标准误	临界比	显著性
PRAI	PI1	0.756	0.065	11.607	0.000
	PI4	0.665	0.059	11.256	0.000
SCID	SCID1	0.695	0.021	33.184	0.000
	SCID2	0.819	0.015	53.716	0.000
	SCID3	0.805	0.016	51.07	0.000
	SCID4	0.797	0.016	49.1	0.000
DEMD	DEMD1	0.702	0.022	31.959	0.000
	DEMD2	0.802	0.018	45.466	0.000
	DEMD3	0.810	0.017	46.794	0.000
	DEMD4	0.637	0.025	25.751	0.000

表 5-16 为公共价值构成要素一阶验证性因子分析可解释方差结果。可解释方差又称之为多元相关平方(SMC)，主要用于衡量观测变量被潜变量解释的程度。一般情况下，可解释方差应该大于 0.36，0.5 以上则表明较为理想。从表 5-16 可以看出，除去观测变量 OUTC2、PI3 之外，其他观测变量的可解释方差均大于 0.36。这表明，模型内在质量良好。

表 5-16 公共价值构成要素一阶验证性因子分析可解释方差

观测变量	估计值	标准误	临界比	显著性
PS1	0.586	0.031	19.058	0.000
PS2	0.709	0.030	23.489	0.000
PS3	0.441	0.032	13.846	0.000
OUTC1	0.434	0.033	13.231	0.000
OUTC2	0.322	0.032	9.939	0.000
OUTC3	0.481	0.033	14.617	0.000
OUTC4	0.476	0.033	14.601	0.000
TRUST1	0.447	0.031	14.297	0.000
TRUST2	0.476	0.031	15.121	0.000
TRUST3	0.475	0.031	15.161	0.000
TRUST4	0.544	0.030	18.126	0.000
TRUST5	0.537	0.030	17.829	0.000

表 5-15(续)

潜变量	观测变量	估计值	标准误	临界比	显著性
PI1	0.572	0.099	5.804	0.000
PI2	0.520	0.066	7.872	0.000
PI3	0.333	0.048	6.981	0.000
PI4	0.442	0.079	5.628	0.000
SCID1	0.483	0.029	16.592	0.000
SCID2	0.671	0.025	26.858	0.000
SCID3	0.647	0.025	25.535	0.000
SCID4	0.635	0.026	24.550	0.000
DEMD1	0.493	0.031	15.979	0.000
DEMD2	0.643	0.028	22.733	0.000
DEMD3	0.656	0.028	23.397	0.000
DEMD4	0.406	0.032	12.876	0.000

从上述检验结果可以看出,因子载荷反映了公共价值量表具有聚敛效度。此外,还需要通过平均方差抽取量和组合信度来检验公共价值构成要素的聚敛效度。公共价值构成要素聚敛效度估计结果见表 5-17。

表 5-17　公共价值构成要素聚敛效度估计结果

潜变量	观测变量	估计值	标准误	临界比	显著性	多元相关平方	组合信度	平均方差抽取量
PS	PS1	0.765	0.020	38.115	0.000	0.586	0.803	0.578
	PS2	0.842	0.018	46.977	0.000	0.709		
	PS3	0.664	0.024	27.693	0.000	0.441		
OUTC	OUTC1	0.659	0.025	26.463	0.000	0.434	0.748	0.428
	OUTC2	0.567	0.029	19.879	0.000	0.322		
	OUTC3	0.693	0.024	29.233	0.000	0.481		
	OUTC4	0.690	0.024	29.202	0.000	0.476		
TRUST	TRUST1	0.668	0.023	28.594	0.000	0.447	0.831	0.496
	TRUST2	0.690	0.023	30.242	0.000	0.476		
	TRUST3	0.689	0.023	30.323	0.000	0.475		
	TRUST4	0.738	0.020	36.251	0.000	0.544		
	TRUST5	0.732	0.021	35.659	0.000	0.537		

表 5-17(续)

潜变量	观测变量	估计值	标准误	临界比	显著性	多元相关平方	组合信度	平均方差抽取量
PUBI	PI2	0.721	0.046	15.744	0.000	0.520	0.595	0.426
	PI3	0.577	0.041	13.963	0.000	0.333		
PRAI	PI1	0.756	0.065	11.607	0.000	0.572	0.672	0.507
	PI4	0.665	0.059	11.256	0.000	0.442		
SCID	SCID1	0.695	0.021	33.184	0.000	0.483	0.861	0.609
	SCID2	0.819	0.015	53.716	0.000	0.671		
	SCID3	0.805	0.016	51.070	0.000	0.647		
	SCID4	0.797	0.016	49.100	0.000	0.635		
DEMD	DEMD1	0.702	0.022	31.959	0.000	0.493	0.829	0.549
	DEMD2	0.802	0.018	45.466	0.000	0.643		
	DEMD3	0.810	0.017	46.794	0.000	0.656		
	DEMD4	0.637	0.025	25.751	0.000	0.406		

从表 5-17 可以看出：平均方差抽取量方面，潜变量 $OUTC$、$TRUST$、$PUBI$ 的平均方差抽取量值小于 0.5，但是高于 0.4，介于 0.36~0.5，可以接受；其他构面的平均方差抽取量值均大于 0.5，表明结果理想。组合信度方面，$PUBI$ 构面的组合信度值为 0.595，$PRAI$ 构面的组合信度值为 0.672，其余构面的组合信度值均大于 0.7，表明公共价值构成要素的组合信度良好。

表 5-18 为公共价值构成要素构面区分效度检验结果。从表 5-18 可以看到，除 0.654 略小于 0.658 之外，平均方差抽取量根号值均大于该构面与其他构面的皮尔逊相关系数。这表明公共价值构成要素构面的区分效度理想。

表 5-18 公共价值构成要素构面区分效度检验结果

	平均方差抽取量	PS	OUTC	TRUST	PUBI	PRAI	SCID	DEMD
PS	0.578	**0.760**						
OUTC	0.428	0.662	**0.654**					
TRUST	0.496	0.507	0.607	**0.704**				
PUBI	0.426	0.358	0.452	0.405	**0.653**			
PRAI	0.507	0.183	0.262	0.346	0.141	**0.712**		
SCID	0.609	0.483	0.658	0.585	0.462	0.283	**0.780**	
DEMD	0.549	0.432	0.494	0.499	0.374	0.241	0.597	**0.741**

注：对角线粗体为平均方差抽取量开根号值；下三角为构面之皮尔逊相关系数。

综上所述,公共价值量表的内容效度、聚敛效度、区分效度均理想。这表明公共价值量表具有良好的效度,为后续分析奠定了良好基础。

5.4.1.3 公共能力量表效度检验

1. 公共能力量表的探索性因子分析

运用 SPSS 22.0 软件对公共价值量表进行因子分析适宜性检验,结果显示,公共价值量表的 KMO 值为 0.918,大于 0.9,表明因子分析适宜性极佳。巴特利特(Bartlett's)球状检验显著性水平小于 0.05,拒绝原假设,接受备择假设,即变量之间并不是相互独立的,有共同因子存在,适合进行因子分析。公共能力量表因子分析适宜性检验结果见表 5-19。

表 5-19　公共能力量表因子分析适宜性检验结果

KMO 取样适切性量数		0.918
巴特利特(Bartlett's)球状检验	近似卡方值	17006.894
	自由度	861
	显著性	0

表 5-20 为公共能力量表共同性分析结果,即每个题项的初始共同性和采用主成分分析法(Principal Component Analysis)抽取主成分后的共同性。共同性越低,表明该题项越不适合纳入主成分分析之中;共同性越高,表明该题项的共同特质越多,越适合抽取共同因子。从表 5-20 可以看出,抽取主成分后,每个题项的共同性均在 0.5 以上,这表明共同性良好,适合抽取共同因子。

表 5-20　公共能力量表共同性分析结果

观测变量	初始值	共同性
$moda1$	1	0.547
$moda2$	1	0.732
$moda3$	1	0.687
$moda4$	1	0.55
$eqc1$	1	0.652
$eqc2$	1	0.668
$eqc3$	1	0.64
$eqc4$	1	0.616
$eqc5$	1	0.633
$ration1$	1	0.664

表 5-20(续)

观测变量	初始值	共同性
ration2	1	0.718
infor1	1	0.645
infor2	1	0.718
infor3	1	0.624
infor4	1	0.566
train1	1	0.779
train2	1	0.831
train3	1	0.819
equai1	1	0.504
pars1	1	0.719
pars2	1	0.689
deli1	1	0.639
deli2	1	0.646
deli3	1	0.664
deli4	1	0.704
deli5	1	0.63
cul1	1	0.648
cul2	1	0.702
cul3	1	0.719
cul4	1	0.587
moni1	1	0.539
moni2	1	0.763
moni3	1	0.776
moni4	1	0.774
moni5	1	0.693
poli1	1	0.566
poli2	1	0.564
poli3	1	0.77
poli4	1	0.765
capi1	1	0.686
capi2	1	0.757
capi3	1	0.726

注:抽取方法为主成分分析法。

表 5-21 是公共能力量表运用主成分分析法抽取主成分的结果。转轴方法采用直交转轴的最大变异法。从表 5-21 可以看出,特征值大于 1 的主成分共有 11 个,即根据特征值大于 1 的原则,公共价值量表的 42 个题项一共可以抽取 11 个因子。从"初始特征值"中可以看出,11 个因子依特征值大小及其重要性从高到低排列。第 1 个因子的特征值为 11.795,该因子可解释的变异量为 28.084%;第 2 个因子的特征值为 3.402,可解释的变异量为 8.101%;第 3 个因子的特征值为 2.499,可解释的变异量为 5.95%;第 4 个因子的特征值为 1.899,可解释的变异量为 4.52%;第 5 个因子的特征值为 1.516,可解释的变异量为 3.609%;第 6 个因子的特征值为 1.414,可解释的变异量为 3.367%;第 7 个因子的特征值为 1.389,可解释的变异量为 3.306%;第 8 个因子的特征值为 1.257,可解释的变异量为 2.992%;第 9 个因子的特征值为 1.119,可解释的变异量为 2.664%;第 10 个因子的特征值为 1.026,可解释的变异量为 2.443%;第 11 个因子的特征值为 1.003,可解释的变异量为 2.389%。上述 11 个因子一共可以解释 67.424% 的变异量。经过转轴后,这 11 个因子中每个因子的特征值有所改变。例如,第一个因子的特征值由 28.084 变成了 4.275。但是,这 11 个因子可解释的总变异量是不变的。

表 5-21 公共能力量表解释总变异量

成分	初始特征值			平方和负荷量萃取			转轴平方和负荷量		
	总和	方差/%	累积/%	总和	方差/%	累积/%	总和	方差/%	累积/%
1	11.795	28.084	28.084	11.795	28.084	28.084	4.275	10.179	10.179
2	3.402	8.101	36.185	3.402	8.101	36.185	3.493	8.317	18.497
3	2.499	5.950	42.134	2.499	5.950	42.134	3.231	7.693	26.190
4	1.899	4.520	46.655	1.899	4.520	46.655	2.627	6.256	32.446
5	1.516	3.609	50.263	1.516	3.609	50.263	2.590	6.167	38.613
6	1.414	3.367	53.630	1.414	3.367	53.630	2.382	5.672	44.285
7	1.389	3.306	56.936	1.389	3.306	56.936	2.322	5.528	49.813
8	1.257	2.992	59.928	1.257	2.992	59.928	2.198	5.232	55.045
9	1.119	2.664	62.592	1.119	2.664	62.592	1.864	4.438	59.483
10	1.026	2.443	65.035	1.026	2.443	65.035	1.795	4.274	63.757
11	1.003	2.389	67.424	1.003	2.389	67.424	1.540	3.667	67.424
12	0.855	2.036	69.460						
13	0.836	1.990	71.450						

成分	初始特征值			平方和负荷量萃取			转轴平方和负荷量		
	总和	方差/%	累积/%	总和	方差/%	累积/%	总和	方差/%	累积/%
14	0.751	1.789	73.239						
15	0.736	1.754	74.992						
16	0.662	1.576	76.568						
17	0.574	1.366	77.934						
18	0.573	1.364	79.298						
19	0.547	1.303	80.602						
20	0.54	1.287	81.888						
21	0.511	1.216	83.104						
22	0.486	1.158	84.262						
23	0.477	1.136	85.398						
24	0.453	1.078	86.476						
25	0.448	1.066	87.542						
26	0.414	0.986	88.528						
27	0.403	0.958	89.486						
28	0.393	0.935	90.421						
29	0.380	0.904	91.326						
30	0.371	0.883	92.209						
31	0.357	0.851	93.060						
32	0.344	0.819	93.879						
33	0.327	0.779	94.658						
34	0.314	0.747	95.405						
35	0.302	0.719	96.124						
36	0.288	0.685	96.809						
37	0.275	0.656	97.465						
38	0.273	0.65	98.114						
39	0.225	0.535	98.649						
40	0.207	0.492	99.141						
41	0.192	0.458	99.600						
42	0.168	0.400	100						

注：抽取方法为主成分分析法。

表 5-22 是公共能力量表转轴后的成分矩阵,采用最大变异法(Varimax)进行直交转轴,转轴时采用 Kaiser 正态化方式处理(with Kaiser Normalization),进行了 8 次迭代运算。从表 5-22 可以看出,题项 $moda1$、$moda2$、$moda3$、$moda4$ 在因子 6 上具有比较高的载荷,由于这几个题项主要反映了农地"三权分置"中的现代农业意识,故可以将因子 6 命名为现代农业意识因子。题项 $eqc1$、$eqc2$、$eqc3$、$eqc4$、$eqc5$ 在因子 2 上具有比较高的载荷,由于这几个题项主要反映了农地"三权分置"中的参与能力状况,故可以将因子 2 命名为参与能力因子。题项 $ration1$、$ration2$ 在因子 11 上具有比较高的载荷,由于这 2 个题项主要反映了农地"三权分置"中的公共理性状况,故可以将因子 11 命名为公共理性因子。题项 $infor1$、$infor2$、$infor3$、$infor4$ 在因子 7 上具有比较高的载荷,由于这几个题项主要反映了农地"三权分置"中的信息收集与交流状况,故可以将因子 7 命名为信息交流因子。题项 $train1$、$train2$、$train3$、$equai1$ 在因子 3 上具有比较高的载荷,由于这几个题项主要反映了农地"三权分置"中的培训状况,故可以将因子 3 命名为培训因子。题项 $pars1$、$pars2$、$deli1$ 在因子 9 上具有比较高的载荷,由于这几个题项主要反映了农地"三权分置"中的参与包容性状况,故可以将因子 9 命名为参与包容性因子。题项 $deli2$、$deli3$、$deli4$、$deli5$ 在因子 5 上具有比较高的载荷,由于这几个题项主要反映了农地"三权分置"中的公共协商状况,故可以将因子 5 命名为公共协商因子。题项 $cul1$、$cul2$、$cul3$、$cul4$ 在因子 4 上具有比较高的载荷,由于这几个题项主要反映了农地"三权分置"中的合作性文化状况,故可以将因子 4 命名为合作性文化因子。题项 $moni1$、$moni2$、$moni3$、$moni4$、$moni5$、$poli1$、$poli2$ 在因子 1 上具有比较高的载荷,由于这几个题项主要反映了农地"三权分置"中的监管能力与风险防范状况,故可以将因子 1 命名为监管能力与风险防范因子。题项 $poli3$、$poli4$ 在因子 10 上具有比较高的载荷,由于这 2 个题项主要反映了农地"三权分置"中的政策理解状况,故可以将因子 10 命名为政策因子。题项 $capi1$、$capi2$、$capi3$ 在因子 8 上具有比较高的载荷,由于这 2 个题项主要反映了农地"三权分置"中的社会资本状况,故可以将因子 8 命名为社会资本因子。

表 5-22　公共能力量表转轴后的成分矩阵

观测变量	成分										
	1	2	3	4	5	6	7	8	9	10	11
$moda1$	0.194	0.061	0.118	0.134	0.112	0.585	0.051	0.003	−0.012	0.338	0.049
$moda2$	0.106	0.102	0.023	0.088	0.012	0.814	0.098	0.148	0.073	0.013	0.047
$moda3$	0.071	0.177	−0.001	0.060	0.015	0.762	0.126	0.184	0.117	−0.04	0.044

表 5-22（续）

观测变量	成分										
	1	2	3	4	5	6	7	8	9	10	11
$moda4$	0.060	0.260	0.094	0.050	0.160	0.599	0.056	0.020	0.001	0.221	0.177
$eqc1$	0.028	0.726	0.040	0.207	0.102	0.157	0.187	0.061	0.033	0.017	0.068
$eqc2$	0.064	0.767	0.054	0.162	0.107	0.126	0.069	0.029	0.049	0.088	0.051
$eqc3$	0.129	0.744	0.032	0.075	0.056	0.130	0.130	0.082	0.036	0.135	−0.008
$eqc4$	0.066	0.744	0.028	0.092	0.113	0.134	0.024	0.063	0.092	0.055	0.045
$eqc5$	0.119	0.728	0.159	0.088	0.115	−0.016	0.065	0.098	0.033	0.113	0.119
$ration1$	0.101	0.220	−0.179	0.126	0.025	0.062	0.034	0.097	0.141	0.117	0.713
$ration2$	0.071	0.035	−0.089	0.064	0.058	0.179	0.150	0.181	−0.108	−0.046	0.771
$infor1$	0.189	0.209	0.318	−0.011	0.047	0.100	0.640	0.167	0.081	−0.015	−0.093
$infor2$	0.187	0.129	0.180	0.087	0.167	0.021	0.761	−0.035	0.088	0.096	0.040
$infor3$	0.185	0.158	0.108	0.162	0.110	0.118	0.680	0.111	0.061	0.082	0.127
$infor4$	0.144	0.055	0.181	0.186	0.170	0.223	0.565	0.022	0.123	0.139	0.206
$train1$	0.105	0.056	0.848	0.016	0.045	0.040	0.187	0.011	0.029	0.016	−0.071
$train2$	0.152	0.020	0.876	0	0.086	0.046	0.095	−0.087	0.043	0.023	−0.108
$train3$	0.136	0.049	0.867	−0.015	0.032	0.029	0.120	−0.015	0.103	0.033	−0.131
$equai1$	0.095	0.291	0.533	0.062	0.111	0.070	0.227	0.177	0.089	0.072	0.094
$pars1$	0.113	0.092	0.021	0.137	0.112	0.025	0.028	0.100	0.808	0.037	0.024
$pars2$	0.197	0.116	0.215	0.171	0.123	0.117	0.207	0.141	0.685	−0.036	0.007
$deli1$	0.212	0.024	0.168	0.084	0.433	0.142	0.147	−0.007	0.553	0.153	−0.004
$deli2$	0.231	0.144	0.053	0.086	0.648	−0.020	0.157	−0.038	0.293	0.155	0.073
$deli3$	0.310	0.113	0.167	0.116	0.672	0.034	0.131	0.046	0.153	0.067	0.116
$deli4$	0.209	0.199	0.058	0.117	0.750	0.076	0.099	0.153	0.033	0.017	−0.017
$deli5$	0.177	0.155	0.032	0.304	0.636	0.180	0.102	0.180	0.031	−0.001	−0.004
$cul1$	0.114	0.189	0.047	0.707	0.235	0.081	0.077	0.099	0.012	0.068	−0.119
$cul2$	0.096	0.173	0	0.769	0.134	0.099	0.042	0.170	0.060	0.035	0.098
$cul3$	0.192	0.154	−0.016	0.747	0.040	0.091	0.122	0.107	0.180	0.009	0.176
$cul4$	0.287	0.151	0.031	0.613	0.110	0.046	0.146	0.103	0.189	0.102	0.115
$moni1$	0.636	0.046	0.040	0.223	0.156	0.059	0.153	0.132	−0.009	0.105	0.041
$moni2$	0.800	0.072	0.027	0.150	0.129	0.133	0.190	0.140	0.069	0.009	−0.022
$moni3$	0.805	0.120	0.078	0.137	0.128	0.073	0.185	0.129	0.114	0.058	0.016

表 5-22(续)

观测变量	成分										
	1	2	3	4	5	6	7	8	9	10	11
*moni*4	0.832	0.088	0.117	0.087	0.129	0.110	0.079	0.074	0.099	0.010	0.049
*moni*5	0.747	0.107	0.230	0.036	0.202	0.054	0.078	0.032	0.114	0.058	0.040
*poli*1	0.479	0.098	0.264	0.127	0.261	0.043	−0.031	0.082	0.190	0.238	0.265
*poli*2	0.472	0.050	0.404	0.071	0.193	0.078	0.078	0.061	0.180	0.167	0.238
*poli*3	0.110	0.217	0.057	0.053	0.126	0.169	0.112	0.198	0.037	0.776	0.067
*poli*4	0.108	0.166	0.051	0.078	0.039	0.109	0.103	0.192	0.052	0.809	0.001
*capi*1	0.238	0.129	0.016	0.130	0.086	0.154	0.121	0.683	0.038	0.282	0.052
*capi*2	0.179	0.092	0.066	0.127	0.099	0.096	0.049	0.798	0.122	0.116	0.096
*capi*3	0.081	0.113	−0.059	0.206	0.089	0.138	0.041	0.771	0.072	0.081	0.161

注:① 抽取方法为主成分分析法。

② 旋转方法为 kaiser 标准化最大方差法。

从表 5-22 可以看出,仅有 2 个题项的因子载荷值小于 0.5,其余题项的因子载荷值均高于 0.5,多数高于 0.6 甚至高于 0.7,这表明公共因子对题项的解释力比较好,也进一步表明了公共能力量表具有良好的聚敛效度。另外,所有题项中,单个题项均用于测量单个因子,均没有出现交叉载荷的状况,即一个题项在 2 个乃至多个因子上均有比较高的载荷值,这表明公共能力量表具有良好的区分效度。此外,根据公共能力量表的探索性因子分析结果,上述 11 个因子与理论架构的特质是一致的,与问卷开发时的理论预设一致。换句话说,公共能力量表如理论预设所揭示的那样,准确地测量了公共能力构面。因此,可以初步断定,公共能力量表具有较好的效度。

2. 公共能力量表的验证性因子分析

根据前述理论研究、探索性因子分析结果,可以初步判定公共能力量表具有良好的效度。农地"三权分置"中的公共能力主要由现代农业意识、参与能力、公共理性、信息交流、培训、参与包容性、公共协商、合作性文化、监管能力与风险范防、政策、社会资本等要素构成。为了进一步评估公共能力量表的效度,本书在探索性因子分析基础上,采用 Mplus 8.0 软件对公共能力量表进行了验证性因子分析。

采用极大似然法对公共能力量表构成要素进行一阶验证性因子分析,模型适配结果[①]见表 5-23。从表 5-23 可以看出，模型适配度的各项指标均良好，这表明模型与数据契合度良好，这为后续分析奠定了基础。

表 5-23　公共能力量表构成要素一阶验证性因子分析模型适配结果

检验统计量	适配标准	检验结果	适配判断
卡方自由度比值[②]	1<比值<3,良好;3<比值<5,可以接受;5<比值,不佳	2.900	良好
RMSEA 值	<0.05,良好;<0.08,合理	0.048	良好
CFI 值	>0.90	0.913	是
TLI 值	>0.90	0.901	是
SRMR 值	<0.08	0.059	是

表 5-24 为公共能力构成要素一阶验证性因子分析非标准化估计结果。从表 5-24 可以看出，测量模型的非标准化载荷值均为正数且显著；观测变量的方差和残差方差均为正数且显著。这表明估计模型中没有出现违反估计的情况，模型适配度良好。

表 5-24　公共能力构成要素一阶验证性因子分析非标准化估计结果

潜变量	观测变量	估计值	标准误	临界比	显著性
MODA	MODA1	1.000			
	MODA2	1.027	0.068	15.202	0.000
	MODA3	1.065	0.074	14.376	0.000
	MODA4	0.838	0.063	13.384	0.000
EQC	EQC1	1.000			
	EQC2	1.018	0.047	21.589	0.000
	EQC3	0.955	0.049	19.616	0.000
	EQC4	0.874	0.047	18.681	0.000
	EQC5	0.933	0.049	18.941	0.000
RATIONS	RATION1	1.000			
	RATION2	0.869	0.090	9.604	0.000

---

① 释放了如下观测变量之间的相关关系:POLI2 with POLI1;CUL2 with CUL1;DELI5 with DELI4;MODA3 with MODA1;MONI5 with MONI4;PARS2 with PARS1。
② 卡方自由度比值并不会在 Mplus 软件中自动生成。表 5-24 中的数据值是人工计算的结果。

表 5-24(续)

潜变量	观测变量	估计值	标准误	临界比	显著性
INFOR	INFOR1	1.000			
	INFOR2	1.024	0.058	17.590	0.000
	INFOR3	0.981	0.062	15.693	0.000
	INFOR4	0.884	0.059	14.888	0.000
TRAINE	TRAIN1	1.000			
	TRAIN2	1.081	0.033	32.884	0.000
	TRAIN3	1.045	0.033	31.480	0.000
	EQUAI1	0.476	0.032	14.778	0.000
PROC	PARS1	1.000			
	PARS2	1.366	0.101	13.570	0.000
	DELI1	1.579	0.130	12.116	0.000
DELI	DELI2	1.000			
	DELI3	1.070	0.053	20.019	0.000
	DELI4	0.935	0.055	16.862	0.000
	DELI5	0.849	0.057	14.864	0.000
CUL	CUL1	1.000			
	CUL2	1.142	0.067	17.045	0.000
	CUL3	1.464	0.100	14.687	0.000
	CUL4	1.374	0.096	14.238	0.000
MONI	MONI1	1.000			
	MONI2	1.195	0.058	20.506	0.000
	MONI3	1.263	0.060	20.876	0.000
	MONI4	1.185	0.060	19.811	0.000
	MONI5	1.060	0.058	18.173	0.000
	POLI1	0.755	0.051	14.806	0.000
	POLI2	0.811	0.055	14.613	0.000
POLI	POLI3	1.000			
	POLI4	0.824	0.051	16.252	0.000
CAPI	CAPI1	1.000			
	CAPI2	1.093	0.055	20.022	0.000
	CAPI3	1.006	0.055	18.318	0.000

表 5-25 为公共能力构成要素一阶验证性因子分析标准化系数估计结果。从表 5-25 可以看出,标准化系数(因子载荷值)介于 0.5～0.95,这表明模型基本适配度良好。

表 5-25 公共能力构成要素一阶验证性因子分析标准化估计结果

潜变量	观测变量	估计值	标准误	临界比	显著性
MODA	MODA1	0.670	0.028	23.789	0.000
	MODA2	0.719	0.021	33.907	0.000
	MODA3	0.779	0.023	33.515	0.000
	MODA4	0.601	0.026	22.792	0.000
EQC	EQC1	0.752	0.019	39.656	0.000
	EQC2	0.772	0.018	42.811	0.000
	EQC3	0.732	0.020	37.155	0.000
	EQC4	0.704	0.021	33.279	0.000
	EQC5	0.706	0.021	33.413	0.000
RATIONS	RATION1	0.744	0.039	18.884	0.000
	RATION2	0.606	0.037	16.438	0.000
INFOR	INFOR1	0.673	0.024	27.749	0.000
	INFOR2	0.740	0.022	34.291	0.000
	INFOR3	0.687	0.023	29.539	0.000
	INFOR4	0.652	0.025	26.251	0.000
TRAINE	TRAIN1	0.850	0.012	70.293	0.000
	TRAIN2	0.898	0.010	90.604	0.000
	TRAIN3	0.881	0.011	82.179	0.000
	EQUAI1	0.503	0.028	17.978	0.000
PROC	PARS1	0.503	0.033	15.469	0.000
	PARS2	0.663	0.027	24.425	0.000
	DELI1	0.765	0.025	30.621	0.000
DELI	DELI2	0.734	0.021	35.130	0.000
	DELI3	0.782	0.019	40.881	0.000
	DELI4	0.661	0.024	27.575	0.000
	DELI5	0.596	0.027	21.989	0.000

表 5-25(续)

潜变量	观测变量	估计值	标准误	临界比	显著性
CUL	CUL1	0.553	0.029	19.336	0.000
	CUL2	0.655	0.024	26.919	0.000
	CUL3	0.826	0.018	45.717	0.000
	CUL4	0.760	0.020	38.175	0.000
MONI	MONI1	0.658	0.022	30.202	0.000
	MONI2	0.833	0.013	63.602	0.000
	MONI3	0.873	0.011	78.666	0.000
	MONI4	0.819	0.014	58.913	0.000
	MONI5	0.739	0.018	40.332	0.000
POLI	POLI1	0.576	0.025	22.704	0.000
	POLI2	0.571	0.026	22.212	0.000
	POLI3	0.875	0.024	36.036	0.000
	POLI4	0.745	0.025	29.893	0.000
CAPI	CAPI1	0.762	0.021	37.172	0.000
	CAPI2	0.798	0.019	42.051	0.000
	CAPI3	0.732	0.021	34.178	0.000

表 5-26 为公共能力构成要素一阶验证性因子分析可解释方差结果。可解释方差又称之为多元相关平方(SMC),主要用于衡量观测变量被潜变量解释的程度。一般情况下,可解释方差应该大于 0.36,若大于 0.5 则表明较为理想。从表 5-26 可以看出,观测变量 $EQUAI1$、$PARS1$、$DELI5$、$CUL1$、$POLI1$、$POLI2$ 分别为 0.253、0.253、0.355、0.305、0.332、0.326 外,其余观测变量的可解释方差均大于 0.36,大部分观测变量的可解释方差大于 0.5。这表明,模型内在质量可以接受。

表 5-26　公共能力构成要素一阶验证性因子分析可解释方差

观测变量	估计值	标准误	临界比	显著性
MODA1	0.449	0.038	11.895	0.000
MODA2	0.517	0.031	16.953	0.000
MODA3	0.607	0.036	16.757	0.000
MODA4	0.361	0.032	11.396	0.000

表 5-26(续)

观测变量	估计值	标准误	临界比	显著性
EQC1	0.565	0.029	19.828	0.000
EQC2	0.595	0.028	21.405	0.000
EQC3	0.536	0.029	18.578	0.000
EQC4	0.495	0.030	16.639	0.000
EQC5	0.498	0.030	16.707	0.000
RATION1	0.553	0.059	9.442	0.000
RATION2	0.367	0.045	8.219	0.000
INFOR1	0.453	0.033	13.874	0.000
INFOR2	0.547	0.032	17.146	0.000
INFOR3	0.472	0.032	14.770	0.000
INFOR4	0.425	0.032	13.126	0.000
TRAIN1	0.722	0.021	35.146	0.000
TRAIN2	0.807	0.018	45.302	0.000
TRAIN3	0.776	0.019	41.089	0.000
EQUAI1	0.253	0.028	8.989	0.000
PARS1	0.253	0.033	7.735	0.000
PARS2	0.440	0.036	12.213	0.000
DELI1	0.585	0.038	15.310	0.000
DELI2	0.538	0.031	17.565	0.000
DELI3	0.611	0.030	20.441	0.000
DELI4	0.437	0.032	13.787	0.000
DELI5	0.355	0.032	10.995	0.000
CUL1	0.305	0.032	9.668	0.000
CUL2	0.429	0.032	13.460	0.000
CUL3	0.683	0.030	22.859	0.000
CUL4	0.578	0.030	19.087	0.000
MONI1	0.433	0.029	15.101	0.000
MONI2	0.694	0.022	31.801	0.000
MONI3	0.761	0.019	39.333	0.000
MONI4	0.671	0.023	29.456	0.000
MONI5	0.547	0.027	20.166	0.000

表 5-26（续）

观测变量	估计值	标准误	临界比	显著性
POLI1	0.332	0.029	11.352	0.000
POLI2	0.326	0.029	11.106	0.000
POLI3	0.766	0.043	18.018	0.000
POLI4	0.555	0.037	14.947	0.000
CAPI1	0.581	0.031	18.586	0.000
CAPI2	0.637	0.030	21.026	0.000
CAPI3	0.535	0.031	17.089	0.000

从上述检验结果可以看出，因子载荷反映了公共能力量表具有聚敛效度。此外，还需要通过平均方差抽取量和组合信度来检验公共能力构成要素的聚敛效度。公共能力构成要素聚敛效度估计结果见表 5-27。

表 5-27　公共能力构成要素聚敛效度估计结果

潜变量	观测变量	估计值	标准误	临界比	显著性	多元相关平方	组合信度	平均方差抽取量
MODA	MODA1	0.670	0.028	23.789	0.000	0.449	0.788	0.483
	MODA2	0.719	0.021	33.907	0.000	0.517		
	MODA3	0.779	0.023	33.515	0.000	0.607		
	MODA4	0.601	0.026	22.792	0.000	0.361		
EQC	EQC1	0.752	0.019	39.656	0.000	0.566	0.853	0.538
	EQC2	0.772	0.018	42.811	0.000	0.596		
	EQC3	0.732	0.020	37.155	0.000	0.536		
	EQC4	0.704	0.021	33.279	0.000	0.496		
	EQC5	0.706	0.021	33.413	0.000	0.498		
RATIONS	RATION1	0.744	0.039	18.884	0.000	0.554	0.628	0.460
	RATION2	0.606	0.037	16.438	0.000	0.367		
INFOR	INFOR1	0.673	0.024	27.749	0.000	0.453	0.783	0.474
	INFOR2	0.740	0.022	34.291	0.000	0.548		
	INFOR3	0.687	0.023	29.539	0.000	0.472		
	INFOR4	0.652	0.025	26.251	0.000	0.425		

表 5-27(续)

潜变量	观测变量	估计值	标准误	临界比	显著性	多元相关平方	组合信度	平均方差抽取量
TRAINE	TRAIN1	0.850	0.012	70.293	0.000	0.723	0.872	0.640
	TRAIN2	0.898	0.010	90.604	0.000	0.806		
	TRAIN3	0.881	0.011	82.179	0.000	0.776		
PROC	EQUAI1	0.503	0.028	17.978	0.000	0.253		
	PARS1	0.503	0.033	15.469	0.000	0.253	0.684	0.426
	PARS2	0.663	0.027	24.425	0.000	0.440		
DELI	DELI1	0.765	0.025	30.621	0.000	0.585		
	DELI2	0.734	0.021	35.130	0.000	0.539	0.789	0.486
	DELI3	0.782	0.019	40.881	0.000	0.612		
	DELI4	0.661	0.024	27.575	0.000	0.437		
	DELI5	0.596	0.027	21.989	0.000	0.355		
CUL	CUL1	0.553	0.029	19.336	0.000	0.306	0.796	0.499
	CUL2	0.655	0.024	26.919	0.000	0.429		
	CUL3	0.826	0.018	45.717	0.000	0.682		
	CUL4	0.760	0.020	38.175	0.000	0.578		
MONI	MONI1	0.658	0.022	30.202	0.000	0.433	0.888	0.538
	MONI2	0.833	0.013	63.602	0.000	0.694		
	MONI3	0.873	0.011	78.666	0.000	0.762		
	MONI4	0.819	0.014	58.913	0.000	0.671		
	MONI5	0.739	0.018	40.332	0.000	0.546		
POLI	POLI1	0.576	0.025	22.704	0.000	0.332		
	POLI2	0.571	0.026	22.212	0.000	0.326		
	POLI3	0.875	0.024	36.036	0.000	0.766	0.794	0.660
	POLI4	0.745	0.025	29.893	0.000	0.555		
CAPI	CAPI1	0.762	0.021	37.172	0.000	0.581	0.808	0.584
	CAPI2	0.798	0.019	42.051	0.000	0.637		
	CAPI3	0.732	0.021	34.178	0.000	0.536		

从表 5-27 可以看出,各个构面的组合信度值均大于 0.6,这表明各个构面具有良好的组合信度。MODA 构面的平均方差抽取量值为 0.483,RATIONS 构

面的平均方差抽取量值为 0.460，$INFOR$ 构面的平均方差抽取量值为 0.474，$PROC$ 构面的平均方差抽取量为 0.426，$DELI$ 构面的平均方差抽取量值为 0.486，CUL 构面的平均方差抽取量值为 0.499，这些构面的平均方差抽取量值均介于 0.4～0.5，表明聚敛效度可以接受。其他构面的平均方差抽取量值均大于 0.5，表明潜变量可以解释的观测变量的变异量大于误差项所解释的变异量，聚敛效度良好。

表 5-28 为公共能力构成要素构面区分效度检验结果。从表 5-28 可以看到，平均方差抽取量根号值均大于该构面与其他构面的皮尔逊相关系数。这表明公共能力构成要素构面的区分效度理想。

表 5-28　公共能力构成要素构面区分效度检验结果

	平均方差抽取量	$MODA$	EQC	$RATIONS$	$INFOR$	$TRAINE$	$PROC$	$DELI$	CUL	$MONI$	$POLI$	$CAPI$
$MODA$	0.483	**0.695**										
EQC	0.538	0.451	**0.733**									
$RATIONS$	0.460	0.369	0.379	**0.678**								
$INFOR$	0.474	0.455	0.491	0.291	**0.688**							
$TRAINE$	0.640	0.172	0.197	−0.204	0.485	**0.800**						
$PROC$	0.426	0.401	0.369	0.229	0.603	0.418	**0.653**					
$DELI$	0.486	0.356	0.476	0.294	0.586	0.312	0.783	**0.697**				
CUL	0.499	0.401	0.499	0.433	0.487	0.096	0.528	0.559	**0.706**			
$MONI$	0.538	0.388	0.350	0.302	0.582	0.346	0.602	0.662	0.529	**0.733**		
$POLI$	0.660	0.457	0.458	0.340	0.404	0.175	0.366	0.397	0.312	0.365	**0.812**	
$CAPI$	0.584	0.472	0.393	0.444	0.400	0.062	0.405	0.422	0.534	0.475	0.531	**0.764**

注：对角线粗体为平均方差抽取量开根号值；下三角为构面之皮尔逊相关系数。

综上所述，公共能力量表的内容效度、聚敛效度、区分效度均理想。这表明公共能力量表具有良好的效度，为后续分析奠定了良好基础。

5.4.1.4　公共支持量表效度检验

1. 公共支持量表的探索性因子分析

运用 SPSS 22.0 软件对公共支持量表进行因子分析适宜性检验，结果显示，公共支持量表的 KMO 值为 0.766，大于 0.7，表明可以进行因子分析。巴特利特（Bartlett's）球状检验显著性水平小于 0.05，拒绝原假设，接受备择假设，即变量之间并不是相互独立的，有共同因子存在，适合进行因子分析。公共支持量表因子分析适宜性检验结果见表 5-29。

表 5-29　公共支持量表因子分析适宜性检验结果

KMO 取样适切性量数		0.766
巴特利特(Bartlett's)球状检验	近似卡方值	1661.619
	自由度	28
	显著性	0.000

表 5-30 为公共支持量表共同性分析结果，即每个题项的初始共同性和采用主成分分析法(Principal Component Analysis)抽取主成分后的共同性。共同性越低，表明该题项越不适合纳入主成分分析之中；共同性越高，表明该题项的共同特质越多，越适合抽取共同因子。从表 5-30 可以看出，抽取主成分后，每个题项的共同性均在 0.5 以上，这表明共同性良好，适合抽取共同因子。

表 5-30　公共支持量表共同性分析结果

观测变量	初始值	共同性
$csup1$	1	0.663
$csup2$	1	0.722
$csup3$	1	0.68
$psup1$	1	0.654
$psup2$	1	0.606
$psup3$	1	0.553
$rsup2$	1	0.771
$rsup3$	1	0.797

注：提取方法为主成分分析法。

表 5-31 是公共支持量表运用主成分分析法抽取主成分的结果。转轴方法采用直交转轴的最大变异法。从表 5-31 可以看出，特征值大于 1 的主成分共有 3 个，即根据特征值大于 1 的原则，公共支持量表的 8 个题项一共可以抽取 3 个因子。从"初始特征值"中可以看出，3 个因子依特征值大小及其重要性从高到低排列。第 1 个因子的特征值为 3.061，该因子可解释的变异量为 38.257%；第 2 个因子的特征值为 1.329，可解释的变异量为 16.613%；第 3 个因子的特征值为 1.057，可解释的变异量为 13.21%。

表 5-31 公共支持量表解释总变异量

成分	初始特征值			平方和负荷量萃取			转轴平方和负荷量		
	总和	方差/%	累积/%	总和	方差/%	累积/%	总和	方差/%	累积/%
1	3.061	38.257	38.257	3.061	38.257	38.257	2.222	27.774	27.774
2	1.329	16.613	54.870	1.329	16.613	54.870	1.627	20.340	48.114
3	1.057	13.210	68.080	1.057	13.210	68.080	1.597	19.966	68.080
4	0.767	9.587	77.668						
5	0.504	6.294	83.962						
6	0.473	5.908	89.870						
7	0.417	5.218	95.088						
8	0.393	4.912	100						

注:提取方法为主成分分析法。

表 5-32 为公共支持量表转轴后的成分矩阵。采用最大变异法(Varimax)进行直交转轴,转轴时采用 Kaiser 正态化方式处理(with Kaiser Normalization),进行了 5 次迭代运算。从表 5-32 可以看出,题项 $csup1$、$csup2$、$csup3$ 在因子 1 上具有比较高的载荷值,由于这 3 个题项主要反映了农地"三权分置"中的公民支持状况,故可以将因子 1 命名为公民支持因子。题项 $psup1$、$psup2$、$psup3$ 在因子 2 上具有比较高的载荷值,由于这个 3 个题项主要反映了农地"三权分置"中的政治支持状况,故可以将因子 2 命名为政治支持因子。题项 $rsup2$、$rsup3$ 在因子 3 上具有较高的载荷值,由于这 2 个题项主要反映了农地"三权分置"中的资源支持状况,故可以将因子 3 命名为资源支持因子。

表 5-32 公共支持量表转轴后的成分矩阵

观测变量	成分		
	1	2	3
$csup1$	0.802	0.027	0.135
$csup2$	0.825	0.162	0.125
$csup3$	0.807	0.161	0.06
$psup1$	0.274	0.761	0.012
$psup2$	0.344	0.657	0.238
$psup3$	−0.114	0.721	0.141
$rsup2$	0.189	0.184	0.837
$rsup3$	0.071	0.098	0.884

注:① 提取方法为主成分分析法。

② 旋转方法为 kaiser 标准化最大方差法。

从表5-32可以看出,8个题项的因子载荷值介于0.6与0.9之间,这表明公共因子对题项的解释力比较好,也进一步表明了公共支持量表具有良好的聚敛效度。另外,所有题项中,单个题项均用于测量单个因子,均没有出现交叉载荷的状况,即一个题项在2个乃至多个因子上均有比较高的载荷值,这表明公共支持量表具有良好的区分效度。此外,根据公共支持量表的探索性因子分析结果,上述3个因子与理论架构的特质是一致的,与问卷开发时的理论预设一致。换句话说,公共支持量表如理论预设所揭示的那样,准确地测量了公共支持构面。因此,可以初步断定,公共支持量表具有较好的效度。

2. 公共支持量表的验证性因子分析

采用极大似然法对公共支持量表构成要素进行一阶验证性因子分析[①],模型适配结果如表5-33所示。从表5-33可以看出,模型适配度的各项指标均良好,这表明模型与数据契合度良好,为后续分析奠定了基础。

表5-33 公共支持量表构成要素一阶验证性因子分析模型适配结果

检验统计量	适配标准	检验结果	适配判断
卡方自由度比值[②]	1<比值<3,良好;3<比值<5,可以接受;5<比值,不佳	1.798	良好
RMSEA值	<0.05,良好;<0.08,合理	0.031	良好
CFI值	>0.90	0.994	是
TLI值	>0.90	0.989	是
SRMR值	<0.08	0.018	是

表5-34为公共支持构成要素一阶验证性因子分析的非标准化结果。从表5-34可以看出,测量模型的非标准化载荷值均为正数且显著;观测变量的方差和残差方差均为正数且显著。这表明估计模型中没有出现违反估计的情况,模型适配度良好。

表5-34 公共支持构成要素一阶验证性因子分析非标准化估计结果

潜变量	观测变量	估计值	标准误	临界比	显著性
CSUP	CSUP1	1.000			
	CSUP2	1.210	0.070	17.345	0.000
	CSUP3	0.980	0.058	16.796	0.000

---

① 在进行验证性因子分析时,初次结果不太理想,删除了变量psup3。

② 卡方自由度比值并不会在Mplus软件中自动生成。表5-33中的数据值是人工计算的结果。

表 5-34(续)

潜变量	观测变量	估计值	标准误	临界比	显著性
PSUP	PSUP1	1.000			
	PSUP2	1.196	0.109	10.981	0.000
RSUP	RSUP2	1.000			
	RSUP3	0.833	0.085	9.846	0.000

表 5-35 为公共支持构成要素一阶验证性因子分析标准化系数估计结果。从表 5-35 可以看出,标准化系数(因子载荷值)介于 0.5~0.9,表明模型基本适配度良好。

表 5-35　公共支持构成要素一阶验证性因子分析标准化估计结果

潜变量	观测变量	估计值	标准误	临界比	显著性
CSUP	CSUP1	0.688	0.024	28.458	0.000
	CSUP2	0.809	0.021	38.098	0.000
	CSUP3	0.727	0.023	31.239	0.000
PSUP	PSUP1	0.608	0.033	18.310	0.000
	PSUP2	0.814	0.035	23.129	0.000
RSUP	RSUP2	0.866	0.042	20.810	0.000
	RSUP3	0.657	0.037	17.887	0.000

表 5-36 为公共支持构成要素一阶验证性因子分析可解释方差结果。可解释方差又称之为多元相关平方(SMC),主要用于衡量观测变量被潜变量解释的程度。一般情况下,可解释方差应该大于 0.36,0.5 以上则表明较为理想。从表 5-36 可以看出,观测变量 PSUP1 的多元相关平方值较低,为 0.369,略高于 0.360。其余观测变量的多元相关平方值较为理想,表明模型内在质量可以接受。

表 5-36　公共支持构成要素一阶验证性因子分析可解释方差

观测变量	估计值	标准误	临界比	显著性
CSUP1	0.473	0.033	14.229	0.000
CSUP2	0.654	0.034	19.049	0.000
CSUP3	0.528	0.034	15.620	0.000
PSUP1	0.369	0.040	9.155	0.000

表 5-36(续)

观测变量	估计值	标准误	临界比	显著性
PSUP2	0.663	0.057	11.564	0.000
RSUP2	0.750	0.072	10.405	0.000
RSUP3	0.432	0.048	8.943	0.000

从上述检验结果可以看出，因子载荷反映了公共支持量表具有聚敛效度。此外，还需要通过平均方差抽取量和组合信度来检验公共支持构成要素聚敛效度。公共支持构成要素聚敛效度估计结果见表 5-37。

表 5-37 公共支持构成要素聚敛效度估计结果

潜变量	观测变量	估计值	标准误	临界比	显著性	多元相关平方	组合信度	平均方差抽取量
CSUP	CSUP1	0.688	0.024	28.458	0.000	0.473	0.786	0.552
	CSUP2	0.809	0.021	38.098	0.000	0.654		
	CSUP3	0.727	0.023	31.239	0.000	0.529		
PSUP	PSUP1	0.608	0.033	18.310	0.000	0.370	0.676	0.516
	PSUP2	0.814	0.035	23.129	0.000	0.663		
RSUP	RSUP2	0.866	0.042	20.810	0.000	0.750	0.739	0.591
	RSUP3	0.657	0.037	17.887	0.000	0.432		

表 5-37 中可以看出，各个构面的组合信度值均大于 0.6，表明各个构面具有良好的组合信度。三个构面的平均方差抽取量值均大于 0.5，表明潜变量可以解释的观测变量的变异量大于误差项所解释的变异量，聚敛效度良好。

表 5-38 为公共支持构成要素构面区分效度检验结果。从表 5-38 可以看出，平均方差抽取量根号值均大于该构面与其他构面的皮尔逊相关系数。这表明公共支持构成要素构面的区分效度理想。

表 5-38 公共支持构成要素构面区分效度检验结果

	平均方差抽取量	CSUP	PSUP	RSUP
CSUP	0.552	**0.743**		
PSUP	0.516	0.566	**0.718**	
RSUP	0.591	0.386	0.478	**0.769**

注：对角线粗体为平均方差抽取量开根号值；下三角为构面之皮尔逊相关系数。

综上所述,公共支持量表的内容效度、聚敛效度、区分效度均较为理想。这表明公共支持量表具有良好的效度,为后续分析奠定了良好基础。

5.4.2 信度检验

5.4.2.1 信度检验的内涵与程序

信度检验主要是测量量表的一致性。信度检验主要包括再测信度和内部一致性检验两种形式。第一种形式为再测信度,即在不同时间对同一调查对象进行调查时所测得结果的一致性程度。若两次测量结果异质性比较小,则再测信度比较好。另一种形式为内部一致性检验。内部一致性主要检验量表题项是否测量统一概念,以及同一构念的量表题项的一致性程度(吴明隆,2010b)。内部一致性的检验需要依赖检验工具,主要包括项目间相关(inter-item correlation,项目与项目之间的相关)、项目整体相关统计量(item-to-total correlation,项目与整体量表之间的相关)、信度系数(旨在测量整体量表的一致性程度)。

一般情况下,项目整体相关统计量应该超过 0.5,项目间相关系数应该超过 0.3。若两者分别小于 0.5 和 0.3,则表明量表信度受损。

信度系数中,克朗巴赫阿尔法(Cronbach's alpha)最为常用,其计算公式为:

$$\alpha = \frac{K}{K-1}\left[1 - \frac{\sum S_i^2}{S^2}\right] \tag{5-6}$$

式(5-6)中,K 为量表所包含的总题项数;$\sum S_i^2$ 为量表题项的方差总和;S^2 为量表题项加总后方差。

克朗巴赫阿尔法(Cronbach's alpha)取值在 0 和 1 之间。对于其下限门槛值,不同的学者有不同的观点。例如,有学者认为 0.6 和 0.7 之间是可接受的最低界限值。本书不对此进行详细探讨。不同信度等级的 α 系数值的临界值判断标准见表 5-39。

表 5-39　不同信度等级的 α 系数值的临界值判断标准

信度系数值	构面或构念	整个量表
α 系数值<0.50	不理想,舍弃不用	非常不理想,舍弃不用
0.50≤α 系数值<0.60	可以接受,增列题项或修改语句	不理想,重新编制或修订
0.60≤α 系数值<0.70	尚佳	勉强接受,最好增列题项或修改语句
0.70≤α 系数值<0.80	佳(信度高)	可以接受

信度系数值	层面或构念	整个量表
0.80≤α系数值<0.90	理想(甚佳,信度很高)	佳(信度高)
α系数值≥0.90	非常理想(信度非常好)	非常理想(甚佳,信度很高)

注:吴明隆.问卷统计分析实务:SPSS操作与应用[M].重庆:重庆大学出版社,2010.

除了上述信度检验方法外,源于验证性因素分析的组合信度(Composite Reliability)和平均方差抽取量(Average Variance Extracted)也是检验信度的方法,前文已经有所阐述,这里不再赘述。

5.4.2.2 公共价值量表信度检验

1. 公共价值量表公共服务构面信度检验

运用 SPSS 22.0 软件对公共价值量表中的公共服务构面进行信度分析,具体结果见表 5-40。从表 5-40 可以看出,克朗巴赫阿尔法(Cronbach's alpha)值为 0.800,表明公共价值量表公共服务分量表的内部一致性信度理想。

表 5-40 公共价值量表公共服务构面可靠性统计量

克朗巴赫阿尔法值	以标准化项目为准的克朗巴赫阿尔法值	项目的个数
0.800	0.800	3

表 5-41 为公共价值量表公共服务构面题项的统计量。从表 5-41 可以看出,$ps1$ 题项的均值为 3.374,标准差为 0.868;$ps2$ 题项的均值为 3.276,标准差为 0.882;$ps3$ 题项的均值为 3.228,标准差为 0.854。

表 5-41 公共价值量表公共服务构面项目统计量

变量	均值	标准差	样本数
$ps1$	3.374	0.868	815
$ps2$	3.276	0.882	815
$ps3$	3.228	0.854	815

表 5-42 是公共价值量表公共服务构面项目间相关矩阵。从表 5-42 可以看出,3 个题项彼此之间的相关系数均大于 0.3,达到了项目间相关系数应该超过 0.3 的标准,表明公共服务构面的内部一致性理想。

表 5-42　公共价值量表公共服务构面项目间相关矩阵

变量	$ps1$	$ps2$	$ps3$
$ps1$	1	0.648	0.516
$ps2$	0.648	1	0.548
$ps3$	0.516	0.548	1

表 5-43 为公共价值量表公共服务构面项目整体统计量。修正的项目-总相关列为该题项与其余题项总分的积差相关系数,数值越高,表示该题项与其余题项的内部一致性越高;反之则内部一致性越低。从表 5-43 可以看出,修正的项目-总相关值均大于 0.5,达到了项目整体相关统计量应该超过 0.5 的标准。项目删除时克朗巴赫阿尔法(Cronbach's alpha)值列表示删除该题项时,其余题项构成的分量表的克朗巴赫阿尔法(Cronbach's alpha)值变动状况。一般情况而言,若题项内部一致性比较理想,则删除该题项后,新的克朗巴赫阿尔法(Cronbach's alpha)值会比原先的低;若删除该题项后,新的克朗巴赫阿尔法(Cronbach's alpha)值比原先的高,则表明该题项与其余题项的内部一致性较差。公共价值量表公共服务分量表的克朗巴赫阿尔法(Cronbach's alpha)值为 0.8,均高于表中的 0.707、0.681、0.787,这表明公共价值量表公共服务分量表内部一致性比较理想。

表 5-43　公共价值量表公共服务构面项目整体统计量

变量	项目删除时的尺度平均数	项目删除时的尺度方差	修正的项目-总相关值	复相关平方	项目删除时的克朗巴赫阿尔法值
$ps1$	6.505	2.331	0.663	0.457	0.707
$ps2$	6.602	2.247	0.687	0.482	0.681
$ps3$	6.651	2.522	0.586	0.345	0.787

综上所述,公共价值量表公共服务分量表具有良好的信度。

2. 公共价值量表结果构面信度检验

运用 SPSS 22.0 软件对公共价值量表中的公共服务构面进行信度分析,具体结果见表 5-44。从表 5-44 可以看出,克朗巴赫阿尔法(Cronbach's alpha)值为 0.747,表明公共价值量表结果分量表的内部一致性信度佳。

表 5-44　公共价值量表结果构面可靠性统计量

克朗巴赫阿尔法值	以标准化项目为准的克朗巴赫阿尔法值	项目的个数
0.747	0.749	4

表 5-45 为公共价值量表结构构面题项的统计量。从表 5-45 可以看出，
$outc1$ 题项的均值为 3.235，标准差为 0.877；$outc2$ 题项的均值为 3.271，标准差
为 0.882；$outc3$ 题项的均值为 3.480，标准差为 0.809；$outc4$ 题项的均值为
3.348，标准差为 0.794。

表 5-45　公共价值量表结果构面项目统计量

变量	均值	标准差	样本数
$outc1$	3.235	0.877	815
$outc2$	3.271	0.882	815
$outc3$	3.480	0.809	815
$outc4$	3.348	0.794	815

表 5-46 是公共价值量表结果构面项目间相关矩阵。从表 5-46 可以看出，4
个题项彼此之间的相关系数均大于 0.3，达到了项目间相关系数应该超过 0.3
的标准，表明结果构面的内部一致性理想。

表 5-46　公共价值量表结果构面项目间相关矩阵

变量	$outc1$	$outc2$	$outc3$	$outc4$
$outc1$	1	0.427	0.428	0.432
$outc2$	0.427	1	0.439	0.336
$outc3$	0.428	0.439	1	0.500
$outc4$	0.432	0.336	0.500	1

表 5-47 为公共价值量表结果构面项目整体统计量。修正的项目-总相关列
为该题项与其余题项总分的积差相关系数，数值越高，表示该题项与其余题项的
内部一致性越高；反之，则表示内部一致性越低。从表 5-47 可以看出，修正的项
目-总相关值分别为 0.547、0.504、0.586、0.533，均大于 0.5，达到了项目整体相
关统计量应该超过 0.5 的标准。项目删除时克朗巴赫阿尔法（Cronbach's
alpha）值列表示删除该题项时，其余题项构成的分量表的克朗巴赫阿尔法
（Cronbach's alpha）值变动状况。一般情况而言，若题项内部一致性比较理想，
则删除该题项后，新的克朗巴赫阿尔法（Cronbach's alpha）值会比原先的低；若
删除该题项后，新的克朗巴赫阿尔法（Cronbach's alpha）值比原先的高，则表明
该题项与其余题项的内部一致性较差。公共价值量表结果分量表的克朗巴赫阿
尔法（Cronbach's alpha）值为 0.747，均高于表中的 0.686、0.711、0.665、0.694，

这表明公共价值量表结果分量表内部一致性比较理想。

表 5-47　公共价值量表结果构面项目整体统计量

变量	项目删除时的尺度平均数	项目删除时的尺度方差	修正的项目-总相关值	复相关平方	项目删除时的克朗巴赫阿尔法值
$outc1$	10.100	3.801	0.547	0.300	0.686
$outc2$	10.063	3.904	0.504	0.267	0.711
$outc3$	9.854	3.909	0.586	0.355	0.665
$outc4$	9.986	4.098	0.533	0.312	0.694

3. 公共价值量表信任构面信度检验

运用 SPSS 22.0 软件对公共价值量表中的信任构面进行信度分析,具体结果见表 5-48 。从表 5-48 可以看出,克朗巴赫阿尔法(Cronbach's alpha)值为0.830,表明公共价值量表信任分量表的内部一致性信度理想。

表 5-48　公共价值量表信任构面可靠性统计量

克朗巴赫阿尔法值	以标准化项目为准的克朗巴赫阿尔法值	项目的个数
0.830	0.830	5

表 5-49 为公共价值量表信任构面题项的统计量。从表 5-49 可以看出,$trust1$ 题项的均值为 3.459,标准差为 0.819;$trust2$ 题项的均值为 3.504,标准差为0.822;$trust3$ 题项的均值为 3.453,标准差为 0.845;$trust4$ 题项的均值为3.585,标准差为0.844;$trust5$ 题项的均值为 3.539,标准差为 0.839。

表 5-49　公共价值量表信任构面项目统计量

变量	均值	标准差	样本数
$trust1$	3.459	0.819	815
$trust2$	3.504	0.822	815
$trust3$	3.453	0.845	815
$trust4$	3.585	0.844	815
$trust5$	3.539	0.839	815

表 5-50 是公共价值量表信任构面项目间相关矩阵。从表 5-50 可以看出,5个题项彼此之间的相关系数均大于 0.3,达到了项目间相关系数应该超过 0.3

的标准,表明信任构面的内部一致性理想。

表5-50　公共价值量表信任构面项目间相关矩阵

变量	$trust1$	$trust2$	$trust3$	$trust4$	$trust5$
$trust1$	1	0.495	0.384	0.455	0.478
$trust2$	0.495	1	0.631	0.442	0.454
$trust3$	0.384	0.631	1	0.506	0.473
$trust4$	0.455	0.442	0.506	1	0.627
$trust5$	0.478	0.454	0.473	0.627	1

表5-51为公共价值量表结果构面项目整体统计量。修正的项目-总相关列为该题项与其余题项总分的积差相关系数,数值越高,表示该题项与其余题项的内部一致性越高;反之则内部一致性越低。从表5-51可以看出,修正的项目-总相关值分别为0.565、0.644、0.633、0.648、0.649,均大于0.5,达到了项目整体相关统计量应该超过0.5的标准。项目删除时克朗巴赫阿尔法(Cronbach's alpha)值列表示删除该题项时,其余题项构成的分量表的克朗巴赫阿尔法(Cronbach's alpha)值变动状况。一般情况而言,若题项内部一致性比较理想,则删除该题项后,新的克朗巴赫阿尔法(Cronbach's alpha)值会比原先的低;若删除该题项后,新的克朗巴赫阿尔法(Cronbach's alpha)值比原先的高,则表明该题项与其余题项的内部一致性较差。公共价值量表信任分量表的克朗巴赫阿尔法(Cronbach's alpha)值为0.830,均高于表中的0.814、0.792、0.795、0.791、0.790,这表明公共价值量表信任分量表内部一致性比较理想。

表5-51　公共价值量表信任构面项目整体统计量

变量	项目删除时的尺度平均数	项目删除时的尺度方差	修正的项目-总相关值	复相关平方	项目删除时的克朗巴赫阿尔法值
$trust1$	14.082	7.2	0.565	0.344	0.814
$trust2$	14.037	6.899	0.644	0.48	0.792
$trust3$	14.088	6.84	0.633	0.47	0.795
$trust4$	13.956	6.791	0.648	0.467	0.791
$trust5$	14.002	6.812	0.649	0.463	0.790

4. 公共价值量表公共利益构面信度检验

运用SPSS 22.0软件对公共价值量表中的公共利益构面进行信度分析,具体结果见表 5-52。从表 5-52 可以看出,克朗巴赫阿尔法(Cronbach's alpha)值为 0.587,表明公共价值量表公共利益分量表的内部一致性信度可以接受。

表 5-52 公共价值量表公共利益构面可靠性统计量

克朗巴赫阿尔法值	以标准化项目为准的克朗巴赫阿尔法值	项目的个数
0.587	0.587	2

表 5-53 为公共价值量表公共利益构面题项的统计量。从表 5-53 可以看出,$pi2$ 题项的均值为 3.352,标准差为 0.814;$pi3$ 题项的均值为 3.267,标准差为 0.864。

表 5-53 公共价值量表公共利益构面项目统计量

变量	均值	标准差	样本数
$pi2$	3.352	0.814	815
$pi3$	3.267	0.864	815

表 5-54 是公共价值量表公共利益构面项目间相关矩阵。从表 5-54 可以看出,2 个题项彼此之间的相关系数为 0.416,大于 0.3,达到了项目间相关系数应该超过 0.3 的标准,表明公共利益构面的内部一致性理想。

表 5-54 公共价值量表公共利益构面项目间相关矩阵

变量	$pi2$	$pi3$
$pi2$	1	0.416
$pi3$	0.416	1

表 5-55 为公共价值量表公共利益构面项目整体统计量。修正的项目-总相关列为该题项与其余题项总分的积差相关系数,数值越高,表示该题项与其余题项的内部一致性越高;反之,则表示内部一致性越低。从表 5-55 可以看出,修正的项目-总相关值均为 0.416,均小于 0.5,未达到项目整体相关统计量应该超过 0.5 的标准。

表 5-55 公共价值量表公共利益构面项目整体统计量

变量	项目删除时的尺度平均数	项目删除时的尺度方差	修正的项目-总相关值	复相关平方
$pi2$	3.267	0.747	0.416	0.173
$pi3$	3.352	0.663	0.416	0.173

5. 公共价值量表私人利益构面信度检验

运用 SPSS 22.0 软件对公共价值量表中的公共利益构面进行信度分析,具体结果见表 5-56。从表 5-56 可以看出,克朗巴赫阿尔法(Cronbach's alpha)值为 0.669,表明公共价值量表私人利益分量表的内部一致性信度尚佳。

表 5-56　公共价值量表私人利益构面可靠性统计量

克朗巴赫阿尔法值	以标准化项目为准的克朗巴赫阿尔法值	项目的个数
0.669	0.669	2

表 5-57 为公共价值量表私人利益构面题项的统计量。从表 5-57 可以看出,$pi1$ 题项的均值为 3.333,标准差为 0.912;$pi4$ 题项的均值为 3.269,标准差为 0.890。

表 5-57　公共价值量表私人利益构面项目统计量

变量	均值	标准差	样本数
$pi1$	3.333	0.912	815
$pi4$	3.269	0.890	815

表 5-58 是公共价值量表私人利益构面项目间相关矩阵。从表 5-58 可以看出,2 个题项彼此之间的相关系数为 0.503,大于 0.3,达到了项目间相关系数应该超过 0.3 的标准,表明私人利益构面的内部一致性理想。

表 5-58　公共价值量表私人利益构面项目间相关矩阵

变量	$pi1$	$pi4$
$pi1$	1	0.503
$pi4$	0.503	1

表 5-59 为公共价值量表私人利益构面项目整体统计量。修正的项目-总相关列为该题项与其余题项总分的积差相关系数,数值越高,表示该题项与其余题项的内部一致性越高;反之,则表示内部一致性越低。从表 5-59 可以看出,修正的项目-总相关值均为 0.503,均大于 0.5,达到了项目整体相关统计量应该超过 0.5 的标准。

表 5-59　公共价值量表私人利益构面项目整体统计量

变量	项目删除时的尺度平均数	项目删除时的尺度方差	修正的项目-总相关值	复相关平方
$pi1$	3.269	0.791	0.503	0.253
$pi4$	3.333	0.832	0.503	0.253

6. 公共价值量表科学决策构面信度检验

运用 SPSS 22.0 软件对公共价值量表中的科学决策构面进行信度分析,具体结果见表 5-60。从表 5-60 可以看出,克朗巴赫阿尔法(Cronbach's alpha)值为 0.860,表明公共价值量表科学决策分量表的内部一致性信度佳。

表 5-60　公共价值量表科学决策构面可靠性统计量

克朗巴赫阿尔法值	以标准化项目为准的克朗巴赫阿尔法值	项目的个数
0.860	0.860	4

表 5-61 为公共价值量表科学决策构面题项的统计量。从表 5-61 可以看出,$scid1$ 题项的均值为 3.339,标准差为 0.824;$scid2$ 题项的均值为 3.341,标准差为0.821;$scid3$ 题项的均值为 3.449,标准差为 0.813;$scid4$ 题项的均值为 3.427,标准差为 0.862。

表 5-61　公共价值量表科学决策构面项目统计量

变量	均值	标准差	样本数
$scid1$	3.339	0.824	815
$scid2$	3.341	0.821	815
$scid3$	3.449	0.813	815
$scid4$	3.427	0.862	815

表 5-62 是公共价值量表科学决策构面项目间相关矩阵。从表 5-62 可以看出,4 个题项彼此之间的相关系数均大于 0.3,达到了项目间相关系数应该超过 0.3 的标准,表明科学决策构面的内部一致性理想。

表 5-62　公共价值量表科学决策构面项目间相关矩阵

变量	$scid1$	$scid2$	$scid3$	$scid4$
$scid1$	1	0.606	0.536	0.535
$scid2$	0.606	1	0.654	0.621
$scid3$	0.536	0.654	1	0.681
$scid4$	0.535	0.621	0.681	1

表 5-63 为公共价值量表科学决策构面项目整体统计量。修正的项目-总相关列为该题项与其余题项总分的积差相关系数,数值越高,表示该题项与其余题

项的内部一致性越高；反之，则表示内部一致性越低。从表 5-63 可以看出，修正的项目-总相关值分别为 0.637、0.737、0.734、0.715，均大于 0.5，达到了项目整体相关统计量应该超过 0.5 的标准。项目删除时克朗巴赫阿尔法（Cronbach's alpha）值列表示删除该题项时，其余题项构成的分量表的克朗巴赫阿尔法（Cronbach's alpha）值变动状况。一般情况而言，若题项内部一致性比较理想，则删除该题项后，新的克朗巴赫阿尔法（Cronbach's alpha）值会比原先的低；若删除该题项后，新的克朗巴赫阿尔法（Cronbach's alpha）值比原先的高，则表明该题项与其余题项的内部一致性较差。公共价值量表科学决策分量表的克朗巴赫阿尔法（Cronbach's alpha）值为 0.860，均高于表中的 0.849、0.808、0.810、0.817，这表明公共价值量表科学决策分量表内部一致性比较理想。

表 5-63　公共价值量表科学决策构面项目整体统计量

变量	项目删除时的尺度平均数	项目删除时的尺度方差	修正的项目-总相关值	复相关平方	项目删除时的克朗巴赫阿尔法值
$scid1$	10.217	4.787	0.637	0.419	0.849
$scid2$	10.215	4.515	0.737	0.546	0.808
$scid3$	10.107	4.557	0.734	0.559	0.810
$scid4$	10.129	4.424	0.715	0.532	0.817

7. 公共价值量表民主决策构面信度检验

运用 SPSS 22.0 软件对公共价值量表中的民主决策构面进行信度分析，具体结果见表 5-64。从表 5-64 可以看出，克朗巴赫阿尔法（Cronbach's alpha）值为 0.822，表明公共价值量表民主决策分量表的内部一致性信度理想。

表 5-64　公共价值量表民主决策构面可靠性统计量

克朗巴赫阿尔法值	以标准化项目为准的克朗巴赫阿尔法值	项目的个数
0.822	0.821	4

表 5-65 为公共价值量表民主决策构面题项的统计量。从表 5-65 可以看出，$demd1$ 题项的均值为 3.276，标准差为 0.878；$demd2$ 题项的均值为 3.171，标准差为 0.890；$demd3$ 题项的均值为 3.198，标准差为 0.858。$demd4$ 题项的均值为 3.319，标准差为 0.856。

表 5-65　公共价值量表民主决策构面项目统计量

变量	均值	标准差	样本数
demd1	3.276	0.878	815
demd2	3.171	0.890	815
demd3	3.198	0.858	815
demd4	3.319	0.856	815

表 5-66 是公共价值量表民主决策构面项目间相关矩阵。从表 5-66 可以看出,4 个题项彼此之间的相关系数均大于 0.3,达到了项目间相关系数应该超过 0.3 的标准,表明民主决策构面的内部一致性理想。

表 5-66　公共价值量表民主决策构面项目间相关矩阵

变量	demd1	demd2	demd3	demd4
demd1	1	0.628	0.528	0.371
demd2	0.628	1	0.657	0.455
demd3	0.528	0.657	1	0.57
demd4	0.371	0.455	0.57	1

表 5-67 为公共价值量表民主决策构面项目整体统计量。修正的项目-总相关列为该题项与其余题项总分的积差相关系数,数值越高,表示该题项与其余题项的内部一致性越高;反之,则表示内部一致性越低。从表 5-67 可以看出,修正的项目-总相关值分别为 0.607、0.715、0.722、0.541,均大于 0.5,达到了项目整体相关统计量应该超过 0.5 的标准。项目删除时克朗巴赫阿尔法(Cronbach's alpha)值列表示删除该题项时,其余题项构成的分量表的克朗巴赫阿尔法(Cronbach's alpha)值变动状况。一般情况而言,若题项内部一致性比较理想,则删除该题项后,新的克朗巴赫阿尔法(Cronbach's alpha)值会比原先的低;若删除该题项后,新的克朗巴赫阿尔法(Cronbach's alpha)值比原先的高,则表明该题项与其余题项的内部一致性较差。公共价值量表民主决策分量表的克朗巴赫阿尔法(Cronbach's alpha)值为 0.822,均高于表中的 0.793、0.742、0.740、0.821,这表明公共价值量表民主决策分量表内部一致性比较理想。

表 5-67　公共价值量表民主决策构面项目整体统计量

变量	项目删除时的尺度平均数	项目删除时的尺度方差	修正的项目-总相关值	复相关平方	项目删除时的克朗巴赫阿尔法值
demd1	9.687	4.798	0.607	0.420	0.793
demd2	9.793	4.430	0.715	0.546	0.742
demd3	9.766	4.531	0.722	0.536	0.740
demd4	9.644	5.080	0.541	0.338	0.821

5.4.2.3　公共能力量表信度检验

1. 公共能力量表现代农业意识构面信度检验

运用 SPSS 22.0 软件对公共能力量表中的现代农业意识构面进行信度分析,具体结果见表 5-68。从表 5-68 可以看出,克朗巴赫阿尔法(Cronbach's alpha)值为 0.755,表明公共能力量表现代农业分量表的内部一致性信度佳。

表 5-68　公共能力量表现代农业意识构面可靠性统计量

克朗巴赫阿尔法值	以标准化项目为准的克朗巴赫阿尔法值	项目的个数
0.755	0.757	4

表 5-69 为公共能力量表现代农业意识构面题项的统计量。从表 5-68 可以看出,moda1 题项的均值为 3.390,标准差为 0.861;moda2 题项的均值为 3.693,标准差为 0.824;moda3 题项的均值为 3.687,标准差为 0.789;moda4 题项的均值为 3.555,标准差为 0.805。

表 5-69　公共能力量表现代农业意识构面项目统计量

变量	均值	标准差	样本数
moda1	3.390	0.861	815
moda2	3.693	0.824	815
moda3	3.687	0.789	815
moda4	3.555	0.805	815

表 5-70 是公共能力量表现代农业意识构面项目间相关矩阵。从表 5-70 可以看出,4 个题项彼此之间的相关系数均大于 0.3,达到了项目间相关系数应该超过 0.3 的标准,表明现代农业意识构面的内部一致性理想。

表 5-70　公共能力量表现代农业意识构面项目间相关矩阵

变量	$moda1$	$moda2$	$moda3$	$moda4$
$moda1$	1	0.470	0.319	0.396
$moda2$	0.470	1	0.587	0.386
$moda3$	0.319	0.587	1	0.467
$moda4$	0.396	0.386	0.467	1

表 5-71 为公共能力量表现代农业意识构面项目整体统计量。修正的项目-总相关列为该题项与其余题项总分的积差相关系数,数值越高,表示该题项与其余题项的内部一致性越高;反之,则表示内部一致性越低。从表 5-71 中可以看出,修正的项目-总相关值分别为 0.490、0.622、0.582、0.520,除 0.490 外,其余值均大于 0.5,达到了项目整体相关统计量应该超过 0.5 的标准。项目删除时克朗巴赫阿尔法(Cronbach's alpha)值列表示删除该题项时,其余题项构成的分量表的克朗巴赫阿尔法(Cronbach's alpha)值变动状况。一般情况而言,若题项内部一致性比较理想,则删除该题项后,新的克朗巴赫阿尔法(Cronbach's alpha)值会比原先的低;若删除该题项后,新的克朗巴赫阿尔法(Cronbach's alpha)值比原先的高,则表明该题项与其余题项的内部一致性较差。公共能力量表现代农业意识分量表的克朗巴赫阿尔法(Cronbach's alpha)值为 0.755,均高于表中的 0.734、0.659、0.683、0.715,这表明公共能力量表现代农业意识分量表内部一致性比较理想。

表 5-71　公共能力量表现代农业意识构面项目整体统计量

变量	项目删除时的尺度平均数	项目删除时的尺度方差	修正的项目-总相关值	复相关平方	项目删除时的克朗巴赫阿尔法值
$moda1$	10.935	3.820	0.490	0.275	0.734
$moda2$	10.632	3.589	0.622	0.435	0.659
$moda3$	10.638	3.799	0.582	0.412	0.683
$moda4$	10.771	3.909	0.520	0.288	0.715

2. 公共能力量表能力平等构面信度检验

运用 SPSS 22.0 软件对公共能力量表中的能力平等构面进行信度分析,具体结果见表 5-72。从表 5-72 可以看出,克朗巴赫阿尔法(Cronbach's alpha)值为 0.853,表明公共能力量表能力平等分量表的内部一致性信度理想。

表 5-72　公共能力量表能力平等构面可靠性统计量

克朗巴赫阿尔法值	以标准化项目为准的克朗巴赫阿尔法值	项目的个数
0.853	0.853	5

表 5-73 为公共能力量表能力平等构面题项的统计量。从表 5-73 可以看出，$eqc1$ 题项的均值为 3.437，标准差为 0.779；$eqc2$ 题项的均值为 3.372，标准差为0.773；$eqc3$ 题项的均值为 3.315，标准差为 0.765；$eqc4$ 题项的均值为 3.438，标准差为 0.727；$eqc5$ 题项的均值为 3.372，标准差为 0.775。

表 5-73　公共能力量表能力平等构面项目统计量

变量	均值	标准差	样本数
$eqc1$	3.437	0.779	815
$eqc2$	3.372	0.773	815
$eqc3$	3.315	0.765	815
$eqc4$	3.438	0.727	815
$eqc5$	3.372	0.775	815

表 5-74 是公共能力量表能力平等构面项目间相关矩阵。从表 5-74 可以看出，5 个题项彼此之间的相关系数均大于 0.3，达到了项目间相关系数应该超过0.3 的标准，表明能力平等构面的内部一致性理想。

表 5-74　公共能力量表能力平等构面项目间相关矩阵

变量	$eqc1$	$eqc2$	$eqc3$	$eqc4$	$eqc5$
$eqc1$	1	0.638	0.515	0.477	0.522
$eqc2$	0.638	1	0.581	0.523	0.483
$eqc3$	0.515	0.581	1	0.535	0.526
$eqc4$	0.477	0.523	0.535	1	0.578
$eqc5$	0.522	0.483	0.526	0.578	1

表 5-75 为公共能力量表能力平等构面项目整体统计量。修正的项目-总相关列为该题项与其余题项总分的积差相关系数，数值越高，表示该题项与其余题项的内部一致性越高；反之，则表示内部一致性越低。从表 5-75 可以看出，修正的项目-总相关值分别为 0.667、0.694、0.667、0.651、0.648，均大于 0.5，达到了项目整体相关统计量应该超过 0.5 的标准。项目删除时克朗巴赫阿尔法

(Cronbach's alpha)值列表示删除该题项时,其余题项构成的分量表的克朗巴赫阿尔法(Cronbach's alpha)值变动状况。一般情况而言,若题项内部一致性比较理想,则删除该题项后,新的克朗巴赫阿尔法(Cronbach's alpha)值会比原先的低;若删除该题项后,新的克朗巴赫阿尔法(Cronbach's alpha)值比原先的高,则表明该题项与其余题项的内部一致性较差。公共能力量表能力平等分量表的克朗巴赫阿尔法(Cronbach's alpha)值为 0.853,均高于表中的 0.823、0.815、0.822、0.827、0.827,这表明公共能力量表能力平等分量表内部一致性比较理想。

表 5-75　公共能力量表能力平等构面项目整体统计量

变量	项目删除时的尺度平均数	项目删除时的尺度方差	修正的项目-总相关值	复相关平方	项目删除时的克朗巴赫阿尔法值
$eqc1$	13.497	6.034	0.667	0.479	0.823
$eqc2$	13.562	5.976	0.694	0.516	0.815
$eqc3$	13.618	6.091	0.667	0.451	0.822
$eqc4$	13.496	6.290	0.651	0.442	0.827
$eqc5$	13.562	6.111	0.648	0.442	0.827

3. 公共能力量表公共理性构面信度检验

运用 SPSS 22.0 软件对公共能力量表中的公共理性构面进行信度分析,具体结果见表 5-76。从表 5-76 可以看出,克朗巴赫阿尔法(Cronbach's alpha)值为 0.620,表明公共能力量表公共理性分量表的内部一致性信度尚佳。

表 5-76　公共能力量表公共理性构面可靠性统计量

克朗巴赫阿尔法值	以标准化项目为准的克朗巴赫阿尔法值	项目的个数
0.620	0.621	2

表 5-77 为公共能力量表公共理性构面题项的统计量。从表 5-77 可以看出,$ration1$ 题项的均值为 3.686,标准差为 0.694;$ration2$ 题项的均值为 3.844,标准差为 0.74。

表 5-77　公共能力量表公共理性构面项目统计量

变量	均值	标准差	样本数
$ration1$	3.686	0.694	815
$ration2$	3.844	0.74	815

表 5-78 是公共能力量表公共理性构面项目间相关矩阵。从表 5-78 可以看出,2 个题项彼此之间的相关系数为 0.451,大于 0.3,达到了项目间相关系数应该超过 0.3 的标准,表明公共理性构面的内部一致性理想。

表 5-78　公共能力量表公共理性构面项目间相关矩阵

变量	$ration1$	$ration2$
$ration1$	1	0.451
$ration2$	0.451	1

表 5-79 为公共能力量表公共理性构面项目整体统计量。修正的项目-总相关列为该题项与其余题项总分的积差相关系数,数值越高,表示该题项与其余题项的内部一致性越高;反之,则表示内部一致性越低。从表 5-79 可以看出,修正的项目-总相关值均为 0.451,均小于 0.5,未达到项目整体相关统计量应该超过 0.5 的标准。

表 5-79　公共能力量表公共理性构面项目整体统计量

变量	项目删除时的尺度平均数	项目删除时的尺度方差	修正的项目-总相关值	复相关平方
$ration1$	3.844	0.547	0.451	0.203
$ration2$	3.686	0.481	0.451	0.203

4. 公共能力量表信息交流构面信度检验

运用 SPSS 22.0 软件对公共能力量表中的信息交流构面进行信度分析,具体结果见表 5-80。从表 5-80 可以看出,克朗巴赫阿尔法(Cronbach's alpha)值为 0.779,表明公共能力量表信息交流分量表的内部一致性信度佳。

表 5-80　公共能力量表信息交流构面可靠性统计量

克朗巴赫阿尔法值	以标准化项目为准的克朗巴赫阿尔法值	项目的个数
0.779	0.779	4

表 5-81 为公共能力量表信息交流构面题项的统计量。从表 5-81 可以看出,$infor1$ 题项的均值为 3.437,标准差为 0.847;$infor2$ 题项的均值为 3.483,标准差为 0.790;$infor3$ 题项的均值为 3.425,标准差为 0.814;$infor4$ 题项的均值为 3.448,标准差为 0.774。

表 5-81　公共能力量表信息交流构面项目统计量

变量	均值	标准差	样本数
$infor1$	3.437	0.847	815
$infor2$	3.483	0.790	815
$infor3$	3.425	0.814	815
$infor4$	3.448	0.774	815

表 5-82 是公共能力量表信息交流构面项目间相关矩阵。从表 5-82 可以看出,4 个题项彼此之间的相关系数均大于 0.3,达到了项目间相关系数应该超过 0.3 的标准,表明信息交流构面的内部一致性理想。

表 5-82　公共能力量表信息交流构面项目间相关矩阵

变量	$infor1$	$infor2$	$infor3$	$infor4$
$infor1$	1	0.565	0.417	0.366
$infor2$	0.565	1	0.516	0.470
$infor3$	0.417	0.516	1	0.480
$infor4$	0.366	0.470	0.480	1

表 5-83 为公共能力量表信息交流构面项目整体统计量。修正的项目-总相关列为该题项与其余题项总分的积差相关系数,数值越高,表示该题项与其余题项的内部一致性越高;反之,则表示内部一致性越低。从表 5-83 可以看出,修正的项目-总相关值分别为 0.554、0.662、0.584、0.536,均大于 0.5,达到了项目整体相关统计量应该超过 0.5 的标准。项目删除时克朗巴赫阿尔法(Cronbach's alpha)值列表示删除该题项时,其余题项构成的分量表的克朗巴赫阿尔法(Cronbach's alpha)值变动状况。一般情况而言,若题项内部一致性比较理想,则删除该题项后,新的克朗巴赫阿尔法(Cronbach's alpha)值会比原先的低;若删除该题项后,新的克朗巴赫阿尔法(Cronbach's alpha)值比原先的高,则表明该题项与其余题项的内部一致性较差。公共能力量表信息交流分量表的克朗巴赫阿尔法(Cronbach's alpha)值为 0.779,均高于表中的 0.741、0.684、0.724、0.748,这表明公共能力量表信息交流分量表内部一致性比较理想。

表 5-83　公共能力量表信息交流构面项目整体统计量

变量	项目删除时的尺度平均数	项目删除时的尺度方差	修正的项目-总相关值	复相关平方	项目删除时的克朗巴赫阿尔法值
$infor1$	10.356	3.726	0.554	0.346	0.741
$infor2$	10.309	3.639	0.662	0.446	0.684
$infor3$	10.368	3.751	0.584	0.352	0.724
$infor4$	10.345	3.998	0.536	0.303	0.748

5. 公共能力量表培训构面信度检验

运用 SPSS 22.0 软件对公共能力量表中的培训构面进行信度分析,具体结果见表 5-84。从表 5-84 可以看出,克朗巴赫阿尔法(Cronbach's alpha)值为 0.864,表明公共能力量表培训分量表的内部一致性信度理想。

表 5-84　公共能力量表培训构面可靠性统计量

克朗巴赫阿尔法值	以标准化项目为准的克朗巴赫阿尔法值	项目的个数
0.864	0.858	4

表 5-85 为公共能力量表培训构面题项的统计量。从表 5-85 可以看出,$train1$ 题项的均值为 2.999,标准差为 1.025;$train2$ 题项的均值为 2.942,标准差为 1.048;$train3$ 题项的均值为 2.988,标准差为 1.034;$equai1$ 题项的均值为 3.326,标准差为 0.826。

表 5-85　公共能力量表培训构面项目统计量

变量	均值	标准差	样本数
$train1$	2.999	1.025	815
$train2$	2.942	1.048	815
$train3$	2.988	1.034	815
$equai1$	3.326	0.826	815

表 5-86 是公共能力量表培训构面项目间相关矩阵。从表 5-86 可以看出,4 个题项彼此之间的相关系数均大于 0.3,达到了项目间相关系数应该超过 0.3 的标准,表明培训构面的内部一致性理想。

表 5-86 公共能力量表培训构面项目间相关矩阵

变量	*train*1	*train*2	*train*3	*equai*1
*train*1	1	0.773	0.740	0.413
*train*2	0.773	1	0.793	0.416
*train*3	0.740	0.793	1	0.469
*equai*1	0.413	0.416	0.469	1

表 5-87 为公共能力量表培训构面项目整体统计量。修正的项目-总相关列为该题项与其余题项总分的积差相关系数,数值越高,表示该题项与其余题项的内部一致性越高;反之,则表示内部一致性越低。从表 5-87 可以看出,修正的项目-总相关值分别为 0.776、0.807、0.813、0.471,前 3 个题项的值均大于 0.5,第 4 个题项的值略小于 0.5,基本达到了项目整体相关统计量应该超过 0.5 的标准。项目删除时克朗巴赫阿尔法(Cronbach's alpha)值列表示删除该题项时,其余题项构成的分量表的克朗巴赫阿尔法(Cronbach's alpha)值变动状况。一般情况而言,若题项内部一致性比较理想,则删除该题项后,新的克朗巴赫阿尔法(Cronbach's alpha)值会比原先的低;若删除该题项后,新的克朗巴赫阿尔法(Cronbach's alpha)值比原先的高,则表明该题项与其余题项的内部一致性较差。公共能力量表培训分量表的克朗巴赫阿尔法(Cronbach's alpha)值为 0.864,均高于表中的前 3 个题项的值(分别为 0.798、0.784、0.782),低于第四个题项的值(为 0.909),这表明公共能力量表培训分量表内部一致性比较理想。

表 5-87 公共能力量表培训构面项目整体统计量

变量	项目删除时的尺度平均数	项目删除时的尺度方差	修正的项目-总相关值	复相关平方	项目删除时的克朗巴赫阿尔法值
*train*1	9.256	6.090	0.776	0.643	0.798
*train*2	9.313	5.869	0.807	0.706	0.784
*train*3	9.267	5.911	0.813	0.684	0.782
*equai*1	8.929	8.164	0.471	0.231	0.909

6. 公共能力量表参与支持构面信度检验

运用 SPSS 22.0 软件对公共能力量表中的参与支持构面进行信度分析,具体结果见表 5-88。从表 5-88 可以看出,克朗巴赫阿尔法(Cronbach's alpha)值为 0.725,表明公共能力量表参与支持分量表的内部一致性信度佳。

表 5-88 公共能力量表参与支持构面可靠性统计量

克朗巴赫阿尔法值	以标准化项目为准的克朗巴赫阿尔法值	项目的个数
0.725	0.725	3

表 5-89 为公共能力量表参与支持构面题项的统计量。从表 5-89 可以看出,$pars1$ 题项的均值为 3.410,标准差为 0.774;$pars2$ 题项的均值为 3.425,标准差为 0.802;$deli1$ 题项的均值为 3.342,标准差为 0.803。

表 5-89 公共能力量表参与支持构面项目统计量

变量	均值	标准差	样本数
$pars1$	3.410	0.774	815
$pars2$	3.425	0.802	815
$deli1$	3.342	0.803	815

表 5-90 是公共能力量表参与支持构面项目间相关矩阵。从表 5-90 可以看出,3 个题项彼此之间的相关系数均大于 0.3,达到了项目间相关系数应该超过 0.3 的标准,表明参与支持构面的内部一致性理想。

表 5-90 公共能力量表参与支持构面项目间相关矩阵

变量	$pars1$	$pars2$	$deli1$
$pars1$	1	0.5	0.405
$pars2$	0.5	1	0.499
$deli1$	0.405	0.499	1

表 5-91 为公共能力量表参与支持构面项目整体统计量。修正的项目-总相关列为该题项与其余题项总分的积差相关系数,数值越高,表示该题项与其余题项的内部一致性越高;反之,则表示内部一致性越低。从表 5-91 可以看出,修正的项目-总相关值分别为 0.523、0.596、0.523,均大于 0.5,达到了项目整体相关统计量应该超过 0.5 的标准。项目删除时克朗巴赫阿尔法(Cronbach's alpha)值列表示删除该题项时,其余题项构成的分量表的克朗巴赫阿尔法(Cronbach's alpha)值变动状况。一般情况而言,若题项内部一致性比较理想,则删除该题项后,新的克朗巴赫阿尔法(Cronbach's alpha)值会比原先的低;若删除该题项后,新的克朗巴赫阿尔法(Cronbach's alpha)值比原先的高,则表明该题项与其余题项的内部一致性较差。公共能力量表参与支持分量表的克朗巴赫阿尔法

(Cronbach's alpha)值为 0.725,均高于表中的 0.666、0.576、0.666,这表明公共能力量表参与支持分量表内部一致性比较理想。

表 5-91　公共能力量表参与支持构面项目整体统计量

变量	项目删除时的尺度平均数	项目删除时的尺度方差	修正的项目-总相关值	复相关平方	项目删除时的克朗巴赫阿尔法值
pars1	6.766	1.930	0.523	0.282	0.666
pars2	6.751	1.747	0.596	0.355	0.576
deli1	6.834	1.861	0.523	0.281	0.666

7. 公共能力量表公共协商构面信度检验

运用 SPSS 22.0 软件对公共能力量表中的公共协商构面进行信度分析,具体结果见表 5-92。从表 5-92 可以看出,克朗巴赫阿尔法(Cronbach's alpha)值为 0.803,表明公共能力量表公共协商分量表的内部一致性信度理想。

表 5-92　公共能力量表公共协商构面可靠性统计量

克朗巴赫阿尔法值	以标准化项目为准的克朗巴赫阿尔法值	项目的个数
0.803	0.803	4

表 5-93 为公共能力量表公共协商构面题项的统计量。从表 5-93 可以看出,deli2 题项的均值为 3.294,标准差为 0.797;deli3 题项的均值为 3.389,标准差为 0.801;deli4 题项的均值为 3.479,标准差为 0.827;deli5 题项的均值为 3.507,标准差为 0.833。

表 5-93　公共能力量表公共协商构面项目统计量

变量	均值	标准差	样本数
deli2	3.294	0.797	815
deli3	3.389	0.801	815
deli4	3.479	0.827	815
deli5	3.507	0.833	815

表 5-94 是公共能力量表公共协商构面项目间相关矩阵。从表 5-94 可以看出,4 个题项彼此之间的相关系数均大于 0.3,达到了项目间相关系数应该超过 0.3 的标准,表明公共协商构面的内部一致性理想。

表 5-94　公共能力量表公共协商构面项目间相关矩阵

变量	deli2	deli3	deli4	deli5
deli2	1	0.592	0.479	0.386
deli3	0.592	1	0.529	0.449
deli4	0.479	0.529	1	0.592
deli5	0.386	0.449	0.592	1

　　表 5-95 为公共能力量表公共协商构面项目整体统计量。修正的项目-总相关列为该题项与其余题项总分的积差相关系数,数值越高,表示该题项与其余题项的内部一致性越高;反之,则表示内部一致性越低。从表 5-95 可以看出,修正的项目-总相关值分别为 0.586、0.644、0.663、0.575,均大于 0.5,达到了项目整体相关统计量应该超过 0.5 的标准。项目删除时克朗巴赫阿尔法(Cronbach's alpha)值列表示删除该题项时,其余题项构成的分量表的克朗巴赫阿尔法(Cronbach's alpha)值变动状况。一般情况而言,若题项内部一致性比较理想,则删除该题项后,新的克朗巴赫阿尔法(Cronbach's alpha)值会比原先的低;若删除该题项后,新的克朗巴赫阿尔法(Cronbach's alpha)值比原先的高,则表明该题项与其余题项的内部一致性较差。公共能力量表公共协商分量表的克朗巴赫阿尔法(Cronbach's alpha)值为 0.803,均高于表中的 0.768、0.740、0.730、0.774,这表明公共能力量表公共协商分量表内部一致性理想。

表 5-95　公共能力量表公共协商构面项目整体统计量

变量	项目删除时的尺度平均数	项目删除时的尺度方差	修正的项目-总相关值	复相关平方	项目删除时的克朗巴赫阿尔法值
deli2	10.375	4.137	0.586	0.391	0.768
deli3	10.280	3.977	0.644	0.442	0.740
deli4	10.191	3.839	0.663	0.458	0.730
deli5_1	10.162	4.05	0.575	0.379	0.774

8. 公共能力量表合作文化构面信度检验

　　运用 SPSS 22.0 软件对公共能力量表中的合作文化构面进行信度分析,具体结果见表 5-96。从表 5-96 可以看出,克朗巴赫阿尔法(Cronbach's alpha)值为 0.808,表明公共能力量表合作文化分量表的内部一致性信度理想。

表 5-96　公共能力量表合作文化构面可靠性统计量

克朗巴赫阿尔法值	以标准化项目为准的克朗巴赫阿尔法值	项目的个数
0.808	0.809	4

表 5-97 为公共能力量表合作文化构面题项的统计量。从表 5-97 可以看出，$cul1$ 题项的均值为 3.442，标准差为 0.783；$cul2$ 题项的均值为 3.633，标准差为 0.754；$cul3$ 题项的均值为 3.568，标准差为 0.766；$cul4$ 题项的均值为 3.501，标准差为 0.782。

表 5-97　公共能力量表合作文化构面项目统计量

变量	均值	标准差	样本数
$cul1$	3.442	0.783	815
$cul2$	3.633	0.754	815
$cul3$	3.568	0.766	815
$cul4$	3.501	0.782	815

表 5-98 是公共能力量表合作文化构面项目间相关矩阵。从表 5-98 可以看出，4 个题项彼此之间的相关系数均大于 0.3，达到了项目间相关系数应该超过 0.3 的标准，表明公共能力量表合作文化构面的内部一致性理想。

表 5-98　公共能力量表合作文化构面项目间相关矩阵

变量	$cul1$	$cul2$	$cul3$	$cul4$
$cul1$	1	0.605	0.447	0.385
$cul2$	0.605	1	0.571	0.431
$cul3$	0.447	0.571	1	0.646
$cul4$	0.385	0.431	0.646	1

表 5-99 为公共能力量表合作文化构面项目整体统计量。修正的项目-总相关列为该题项与其余题项总分的积差相关系数，数值越高，表示该题项与其余题项的内部一致性越高；反之，则表示内部一致性越低。从表 5-99 可以看出，修正的项目-总相关值分别为 0.572、0.659、0.689、0.585，均大于 0.5，达到了项目整体相关统计量应该超过 0.5 的标准。项目删除时克朗巴赫阿尔法（Cronbach's alpha）值列表示删除该题项时，其余题项构成的分量表的克朗巴赫阿尔法（Cronbach's alpha）值变动状况。一般情况而言，若题项内部一致性比较理想，

则删除该题项后,新的克朗巴赫阿尔法(Cronbach's alpha)值会比原先的低;若删除该题项后,新的克朗巴赫阿尔法(Cronbach's alpha)值比原先的高,则表明该题项与其余题项的内部一致性较差。公共能力量表合作文化分量表的克朗巴赫阿尔法(Cronbach's alpha)值为 0.808,均高于表中的 0.785、0.744、0.729、0.779,这表明公共能力量表合作文化分量表内部一致性理想。

表 5-99　公共能力量表合作文化构面项目整体统计量

变量	项目删除时的尺度平均数	项目删除时的尺度方差	修正的项目-总相关值	复相关平方	项目删除时的克朗巴赫阿尔法值
cul1	10.702	3.710	0.572	0.389	0.785
cul2	10.511	3.594	0.659	0.480	0.744
cul3	10.576	3.489	0.689	0.525	0.729
cul4_1	10.643	3.682	0.585	0.429	0.779

9. 公共能力量表监管能力构面信度检验

运用 SPSS 22.0 软件对公共能力量表中的监管能力构面进行信度分析,具体结果见表 5-100。从表 5-100 可以看出,克朗巴赫阿尔法(Cronbach's alpha)值为 0.891,表明公共能力量表监管能力分量表的内部一致性信度理想。

表 5-100　公共能力量表监管能力构面可靠性统计量

克朗巴赫阿尔法值	以标准化项目为准的克朗巴赫阿尔法值	项目的个数
0.891	0.891	7

表 5-101 为公共能力量表监管能力构面题项的统计量。从表 5-101 可以看出,moni1 题项的均值为 3.344,标准差为 0.915;moni2 题项的均值为 3.308,标准差为 0.864;moni3 题项的均值为 3.382,标准差为 0.872;moni4 题项的均值为 3.350,标准差为 0.871;moni5 题项的均值为 3.298,标准差为 0.863;poli1 题项的均值为 3.402,标准差为 0.788;poli2 题项的均值为 3.399,标准差为 0.855。

表 5-101　公共能力量表监管能力构面项目统计量

变量	均值	标准差	样本数
moni1	3.344	0.915	815
moni2	3.308	0.864	815

表 5-101(续)

变量	均值	标准差	样本数
*moni*3	3.382	0.872	815
*moni*4	3.350	0.871	815
*moni*5	3.298	0.863	815
*poli*1	3.402	0.788	815
*poli*2	3.399	0.855	815

表 5-102 是公共能力量表监管能力构面项目间相关矩阵。从表 5-102 可以看出,4 个题项彼此之间的相关系数均大于 0.3,达到了项目间相关系数应该超过 0.3 的标准,表明监管能力构面的内部一致性理想。

表 5-102　公共能力量表监管能力构面项目间相关矩阵

变量	*moni*1	*moni*2	*moni*3	*moni*4	*moni*5	*poli*1	*poli*2
*moni*1	1	0.599	0.553	0.504	0.447	0.377	0.341
*moni*2	0.599	1	0.749	0.676	0.593	0.42	0.437
*moni*3	0.553	0.749	1	0.747	0.636	0.47	0.437
*moni*4	0.504	0.676	0.747	1	0.716	0.468	0.484
*moni*5	0.447	0.593	0.636	0.716	1	0.508	0.528
*poli*1	0.377	0.42	0.47	0.468	0.508	1	0.629
*poli*2	0.341	0.437	0.437	0.484	0.528	0.629	1

表 5-103 为公共能力量表监管能力构面项目整体统计量。修正的项目-总相关列为该题项与其余题项总分的积差相关系数,数值越高,表示该题项与其余题项的内部一致性越高;反之,则表示内部一致性越低。从表 5-103 可以看出,修正的项目-总相关值分别为 0.590、0.750、0.778、0.778、0.734、0.599、0.591,均大于 0.5,达到了项目整体相关统计量应该超过 0.5 的标准。项目删除时克朗巴赫阿尔法(Cronbach's alpha)值列表示删除该题项时,其余题项构成的分量表的克朗巴赫阿尔法(Cronbach's alpha)值变动状况。一般情况而言,若题项内部一致性比较理想,则删除该题项后,新的克朗巴赫阿尔法(Cronbach's alpha)值会比原先的低;若删除该题项后,新的克朗巴赫阿尔法(Cronbach's alpha)值比原先的高,则表明该题项与其余题项的内部一致性较差。公共能力量表监管能力分量表的克朗巴赫阿尔法(Cronbach's alpha)值为 0.891,均高于表中的 0.888、0.867、0.864、0.864、0.869、0.885、0.886,这表明公共能力量表监

管能力分量表内部一致性理想。

表 5-103 公共能力量表监管能力构面项目整体统计量

变量	项目删除时的 尺度平均数	项目删除时的 尺度方差	修正的项 目-总相关值	复相关平方	项目删除时的克朗 巴赫阿尔法值
*moni*1	20.139	16.756	0.590	0.397	0.888
*moni*2	20.174	16.068	0.750	0.637	0.867
*moni*3	20.101	15.855	0.778	0.682	0.864
*moni*4	20.133	15.860	0.778	0.671	0.864
*moni*5	20.184	16.172	0.734	0.582	0.869
*poli*1	20.080	17.447	0.599	0.460	0.885
*poli*2	20.083	17.101	0.591	0.465	0.886

10. 公共能力量表政策构面信度检验

运用 SPSS 22.0 软件对公共能力量表中的政策构面进行信度分析,具体结果见表 5-104。从表 5-104 可以看出,克朗巴赫阿尔法(Cronbach's alpha)值为 0.789,表明公共能力量表政策分量表的内部一致性信度佳。

表 5-104 公共能力量表政策构面可靠性统计量

克朗巴赫阿尔法值	以标准化项目为准的克朗巴赫阿尔法值	项目的个数
0.789	0.789	2

表 5-105 为公共能力量表政策构面题项的统计量。从表 5-105 可以看出,*poli*3 题项的均值为 3.361,标准差为 0.760;*poli*4 题项的均值为 3.460,标准差为 0.736。

表 5-105 公共能力量表政策构面项目统计量

变量	均值	标准差	样本数
*poli*3	3.361	0.760	815
*poli*4	3.460	0.736	815

表 5-106 是公共能力量表政策构面项目间相关矩阵。从表 5-106 可以看出,2 个题项彼此之间的相关系数为 0.652,大于 0.3,达到了项目间相关系数应该超过 0.3 的标准,表明政策构面的内部一致性理想。

表 5-106　公共能力量表政策构面项目间相关矩阵

变量	poli3	poli4
poli3	1	0.652
poli4	0.652	1

表 5-107 为公共能力量表政策构面项目整体统计量。修正的项目-总相关列为该题项与其余题项总分的积差相关系数,数值越高,表示该题与其余题项的内部一致性越高;反之,则表示内部一致性越低。从表 5-107 可以看出,修正的项目-总相关值均为 0.652,均大于 0.5,达到了项目整体相关统计量应该超过 0.5 的标准。

表 5-107　公共能力量表政策构面项目整体统计量

变量	项目删除时的尺度平均数	项目删除时的尺度方差	修正的项目-总相关值	复相关平方
poli3	3.460	0.541	0.652	0.425
poli4	3.361	0.577	0.652	0.425

11. 公共能力量表社会资本构面信度检验

运用 SPSS 22.0 软件对公共能力量表中的社会资本构面进行信度分析,具体结果见表 5-108。从表 5-108 可以看出,克朗巴赫阿尔法(Cronbach's alpha)值为 0.806,表明公共能力量表社会资本分量表的内部一致性信度理想。

表 5-108　公共能力量表社会资本构面可靠性统计量

克朗巴赫阿尔法值	以标准化项目为准的克朗巴赫阿尔法值	项目的个数
0.806	0.806	3

表 5-109 为公共能力量表社会资本构面题项的统计量。从表 5-109 可以看出,$capi1$ 题项的均值为 3.632,标准差为 0.737;$capi2$ 题项的均值为 3.751,标准差为 0.768;$capi3$ 题项的均值为 3.845,标准差为 0.772。

表 5-109　公共能力量表社会资本构面项目统计量

变量	均值	标准差	样本数
$capi1$	3.632	0.737	815
$capi2$	3.751	0.768	815
$capi3$	3.845	0.772	815

表 5-110 是公共能力量表社会资本构面项目间相关矩阵。从表 5-110 可以看出,3 个题项彼此之间的相关系数均大于 0.3,达到了项目间相关系数应该超过 0.3 的标准,表明社会资本构面的内部一致性理想。

表 5-110 公共能力量表社会资本构面项目间相关矩阵

变量	$capi1$	$capi2$	$capi3$
$capi1$	1	0.609	0.518
$capi2$	0.609	1	0.617
$capi3$	0.518	0.617	1

表 5-111 为公共能力量表社会资本构面项目整体统计量。修正的项目-总相关列为该题项与其余题项总分的积差相关系数,数值越高,表示该题项与其余题项的内部一致性越高;反之,则表示内部一致性越低。从表 5-111 可以看出,修正的项目-总相关值分别为 0.626、0.703、0.634,均大于 0.5,达到了项目整体相关统计量应该超过 0.5 的标准。项目删除时克朗巴赫阿尔法(Cronbach's alpha)值列表示删除该题项时,其余题项构成的分量表的克朗巴赫阿尔法(Cronbach's alpha)值变动状况。一般情况而言,若题项内部一致性比较理想,则删除该题项后,新的克朗巴赫阿尔法(Cronbach's alpha)值会比原先的低;若删除该题项后,新的克朗巴赫阿尔法(Cronbach's alpha)值比原先的高,则表明该题项与其余题项的内部一致性较差。公共能力量表社会资本分量表的克朗巴赫阿尔法(Cronbach's alpha)值为 0.806,均高于表中的 0.763、0.682、0.756,这表明公共能力量表社会资本分量表内部一致性比较理想。

表 5-111 公共能力量表社会资本构面项目整体统计量

变量	项目删除时的尺度平均数	项目删除时的尺度方差	修正的项目-总相关值	复相关平方	项目删除时的克朗巴赫阿尔法值
$capi1$	7.596	1.917	0.626	0.403	0.763
$capi2$	7.477	1.726	0.703	0.495	0.682
$capi3$	7.383	1.821	0.634	0.413	0.756

5.4.2.4 公共支持量表信度检验

1. 公共支持量表公民支持构面信度检验

运用 SPSS 22.0 软件对公共支持量表中的公民支持构面进行信度分析,具体结果见表 5-112。从表 5-112 可以看出,克朗巴赫阿尔法(Cronbach's alpha)

值为 0.784,表明公共支持量表公民支持分量表的内部一致性信度佳。

表 5-112　公共支持量表公民支持构面可靠性统计量

克朗巴赫阿尔法值	以标准化项目为准的克朗巴赫阿尔法值	项目的个数
0.784	0.785	3

表 5-113 为公共支持量表公民支持构面题项的统计量。从表 5-113 可以看出,$csup1$ 题项的均值为 3.744,标准差为 0.794;$csup2$ 题项的均值为 3.494,标准差为 0.817;$csup3$ 题项的均值为 3.585,标准差为 0.737。

表 5-113　公共支持量表公民支持构面项目统计量

变量	均值	标准差	样本数
$csup1$	3.744	0.794	815
$csup2$	3.494	0.817	815
$csup3$	3.585	0.737	815

表 5-114 是公共支持量表公民支持构面项目间相关矩阵。从表 5-114 可以看出,3 个题项彼此之间的相关系数均大于 0.3,达到了项目间相关系数应该超过 0.3 的标准,表明公民支持构面的内部一致性理想。

表 5-114　公共支持量表公民支持构面项目间相关矩阵

变量	$csup1$	$csup2$	$csup3$
$csup1$	1	0.559	0.504
$csup2$	0.559	1	0.582
$csup3$	0.504	0.582	1

表 5-115 为公共支持量表公民支持构面项目整体统计量。修正的项目-总相关列为该题项与其余题项总分的积差相关系数,数值越高,表示该题项与其余题项的内部一致性越高;反之,则表示内部一致性越低。从表 5-115 可以看出,修正的项目-总相关值分别为 0.599、0.658、0.616,均大于 0.5,达到了项目整体相关统计量应该超过 0.5 的标准。项目删除时克朗巴赫阿尔法(Cronbach's alpha)值列表示删除该题项时,其余题项构成的分量表的克朗巴赫阿尔法(Cronbach's alpha)值变动状况。一般情况而言,若题项内部一致性比较理想,则删除该题项后,新的克朗巴赫阿尔法(Cronbach's alpha)值会比原先的低;若

删除该题项后,新的克朗巴赫阿尔法(Cronbach's alpha)值比原先的高,则表明该题项与其余题项的内部一致性较差。公共支持量表公民支持分量表的克朗巴赫阿尔法(Cronbach's alpha)值为 0.784,均高于表中的 0.734、0.669、0.717,这表明公共支持量表公民支持分量表内部一致性比较理想。

表 5-115 公共支持量表公民支持构面项目整体统计量

变量	项目删除时的尺度平均数	项目删除时的尺度方差	修正的项目-总相关值	复相关平方	项目删除时的克朗巴赫阿尔法值
$csup1$	7.079	1.912	0.599	0.361	0.734
$csup2$	7.330	1.763	0.658	0.434	0.669
$csup3$	7.238	2.023	0.616	0.386	0.717

2. 公共支持量表政治支持构面信度检验

运用 SPSS 22.0 软件对公共支持量表中的政治支持构面进行信度分析,具体结果见表 5-116。从表 5-116 可以看出,克朗巴赫阿尔法(Cronbach's alpha)值为 0.659,表明公共支持量表政治支持分量表的内部一致性信度尚佳。

表 5-116 公共支持量表政治支持构面可靠性统计量

克朗巴赫阿尔法值	以标准化项目为准的克朗巴赫阿尔法值	项目的个数
0.659	0.662	2

表 5-117 为公共支持量表政治支持构面题项的统计量。从表 5-117 可以看出,$psup1$ 题项的均值为 3.331,标准差为 0.860;$psup2$ 题项的均值为 3.523,标准差为 0.767。

表 5-117 公共支持量表政治支持构面项目统计量

变量	均值	标准差	样本数
$psup1$	3.331	0.860	815
$psup2$	3.523	0.767	815

表 5-118 是公共支持量表政治支持构面项目间相关矩阵。从表 5-118 可以看出,2 个题项彼此之间的相关系数为 0.495,大于 0.3,达到了项目间相关系数应该超过 0.3 的标准,表明政治支持构面的内部一致性理想。

表 5-118　公共支持量表政治支持构面项目间相关矩阵

变量	$psup1$	$psup2$
$psup1$	1	0.495
$psup2$	0.495	1

表 5-119 为公共支持量表政治支持构面项目整体统计量。修正的项目-总相关列为该题项与其余题项总分的积差相关系数,数值越高,表示该题项与其余题项的内部一致性越高;反之,则表示内部一致性越低。从表 5-119 可以看出,修正的项目-总相关值均为 0.495,略小于 0.5,未达到项目整体相关统计量应该超过 0.5 的标准。

表 5-119　公共支持量表政治支持构面项目整体统计量

变量	项目删除时的尺度平均数	项目删除时的尺度方差	修正的项目-总相关值	复相关平方
$psup1$	3.523	0.589	0.495	0.245
$psup2$	3.331	0.740	0.495	0.245

3. 公共支持量表资源支持构面信度检验

运用 SPSS 22.0 软件对公共支持量表中的资源支持构面进行信度分析,具体结果见表 5-120。从表 5-120 可以看出,克朗巴赫阿尔法(Cronbach's alpha)值为 0.723,表明公共支持量表资源支持分量表的内部一致性信度佳。

表 5-120　公共支持量表资源支持构面可靠性统计量

克朗巴赫阿尔法值	以标准化项目为准的克朗巴赫阿尔法值	项目的个数
0.723	0.725	2

表 5-121 为公共支持量表资源支持构面题项的统计量。从表 5-121 可以看出,$rsup2$ 题项的均值为 3.474,标准差为 0.830;$rsup3$ 题项的均值为 3.368,标准差为 0.912。

表 5-121　公共支持量表资源支持构面项目统计量

变量	均值	标准差	样本数
$rsup2$	3.474	0.830	815
$rsup3$	3.368	0.912	815

表 5-122 是公共支持量表资源支持构面项目间相关矩阵。从表 5-122 可以看出,2 个题项彼此之间的相关系数为 0.569,大于 0.3,达到了项目间相关系数应该超过 0.3 的标准,表明资源支持构面的内部一致性理想。

表 5-122　公共支持量表资源支持构面项目间相关矩阵

变量	$rsup2$	$rsup3$
$rsup2$	1	0.569
$rsup3$	0.569	1

表 5-123 为公共支持量表资源支持构面项目整体统计量。修正的项目-总相关列为该题项与其余题项总分的积差相关系数,数值越高,表示该题项与其余题项的内部一致性越高;反之,则表示内部一致性越低。从表 5-123 可以看出,修正的项目-总相关值均为 0.569,大于 0.5,达到了项目整体相关统计量应该超过 0.5 的标准。

表 5-123　公共支持量表资源支持构面项目整体统计量

变量	项目删除时的尺度平均数	项目删除时的尺度方差	修正的项目-总相关值	复相关平方
$rsup2$	3.368	0.832	0.569	0.324
$rsup3$	3.474	0.689	0.569	0.324

第 6 章

农地"三权分置"中公共价值创造：机理分析

农地"三权分置"是公共治理过程，也是公共价值创造过程。那么，农地治理中的公共价值创造是如何发生的？本章研究的问题是：农地"三权分置"中公共价值创造的发生机理是什么？作用机理又是什么？

6.1 农地"三权分置"中公共价值创造的发生机理

农地"三权分置"中公共价值创造的发生机理主要分析公共价值核心构成要素之间的逻辑关系。

6.1.1 农地"三权分置"中公共价值结构要素检验

本书通过建构公共价值二阶验证性因子分析模型来分析公共服务、结果、信任、公共利益观念、私人利益观念、科学决策制度和民主决策制度能否构成公共价值的核心要素。公共价值结构要素检验模型适配度结果,见表 6-1。

表 6-1 公共价值结构要素检验模型适配度结果

检验统计量	适配标准	检验结果	适配判断
卡方自由度比值①	1<比值<3,良好;3<比值<5,可以接受;5<比值,不佳	3.681	可以接受
RMSEA 值	<0.05,良好;<0.08,合理	0.057	合理
CFI 值	>0.90	0.916	是
TLI 值	>0.90	0.906	是
SRMR 值	<0.08	0.047	是

表 6-1 显示,卡方自由度比值为 3.681,可以接受;近似误差均方根(RMSEA)小于 0.08,合理;CFI 值和 TLI 值大于 0.9,SRMR 值小于 0.08,这表明模型的适配度良好,可以继续进行后续分析。

公共价值结构要素检验模型的参数估计摘要见表 6-2。表 6-2 显示,PS、$OUTC$、$TRUST$、$PUBI$、$PRAI$、$SCID$、$DEMD$ 这 7 个一阶因子在公共价值这个二阶因子上的负荷量分别为 0.679、0.832、0.743、0.552、0.354、0.798、0.669。除私人利益观念的负荷量小于 0.5 以外,其他负荷量均大于 0.5,且在 0.001 水平上显著,这表明公共价值对这些一阶因子的解释力较高。因此,可以判定,公共服务、结果、信任、公共利益观念、私人利益观念、科学决策制度、民主决策制度可以构成公共价值的构成要素。

这一结论契合了前面章节所述的将农地"三权分置"视为农地治理的观点,表明农地治理中的公共价值主要包括以结果形态呈现出来的公共服务、良好的

---

① 卡方自由度比值并不会在 Mplus 软件中自动生成。表 6-1 中的数据值是人工计算的结果。

表 6-2　公共价值结构要素检验模型的参数估计摘要

潜变量	观测变量	非标准化估计结果				标准化估计结果			
		估计值	标准误	临界比	显著性	估计值	标准误	临界比	显著性
PS	PS1	1.000				0.767	0.020	38.170	0.000
	PS2	1.116	0.054	20.752	0.000	0.842	0.018	46.590	0.000
	PS3	0.850	0.048	17.708	0.000	0.662	0.024	27.527	0.000
OUTC	OUTC1	1.000				0.661	0.025	26.434	0.000
	OUTC2	0.874	0.064	13.759	0.000	0.575	0.028	20.284	0.000
	OUTC3	0.964	0.063	15.382	0.000	0.691	0.024	28.783	0.000
	OUTC4	0.938	0.061	15.348	0.000	0.685	0.024	28.544	0.000
TRUST	TRUST1	1.000				0.672	0.023	28.931	0.000
	TRUST2	1.031	0.062	16.637	0.000	0.690	0.023	30.228	0.000
	TRUST3	1.053	0.066	16.079	0.000	0.686	0.023	29.982	0.000
	TRUST4	1.133	0.066	17.229	0.000	0.739	0.020	36.338	0.000
	TRUST5	1.115	0.065	17.263	0.000	0.732	0.021	35.547	0.000
PUBI	PI2	1.000				0.712	0.044	16.115	0.000
	PI3	0.870	0.104	8.358	0.000	0.584	0.041	14.394	0.000
PRAI	PI1	1.000				0.723	0.057	12.731	0.000
	PI4	0.940	0.145	6.487	0.000	0.696	0.055	12.594	0.000
SCID	SCID1	1.000				0.694	0.021	33.157	0.000
	SCID2	1.172	0.056	20.979	0.000	0.816	0.015	53.004	0.000
	SCID3	1.146	0.057	20.227	0.000	0.807	0.016	51.516	0.000
	SCID4	1.202	0.060	20.037	0.000	0.798	0.016	49.247	0.000
DEMD	DEMD1	1.000				0.699	0.022	31.615	0.000
	DEMD2	1.163	0.057	20.426	0.000	0.802	0.018	45.400	0.000
	DEMD3	1.138	0.060	19.038	0.000	0.814	0.017	47.404	0.000
	DEMD4	0.886	0.057	15.480	0.000	0.635	0.025	25.597	0.000
PUBVA	PS	1.000				0.679	0.028	24.123	0.000
	OUTC	1.068	0.086	12.383	0.000	0.832	0.024	34.485	0.000
	TRUST	0.905	0.077	11.747	0.000	0.743	0.025	29.474	0.000
	PUBI	0.710	0.077	9.182	0.000	0.552	0.042	13.053	0.000
	PRAI	0.516	0.082	6.310	0.000	0.354	0.043	8.148	0.000
	SCID	1.010	0.082	12.342	0.000	0.798	0.022	36.240	0.000
	DEMD	0.909	0.080	11.365	0.000	0.669	0.028	23.847	0.000

农地流转结果、多元主体之间的信任,以观念形态呈现出来的公共利益和私人利益,以制度形态呈现出来的科学决策制度和民主决策制度。

(1)结果这一要素的负荷量为0.832,在所有一阶因子负荷量中位居第一位。这表明了结果这一要素在农地公共价值创造中的重要作用,证明了结果这一要素是公共价值重要构成要素这一结论。具体而言,农地流转中结果维度主要包括农地流转后的收益、农地流转是否因违约或经营不善而遭受损失、农地流转收益分配、农地流转服务等题项。这表明,农户在农地流转中重视的结果要素主要聚焦于收益和农地流转服务等方面,这也契合了中央政策所强调的"农民利益不受损"的原则。

(2)科学决策制度这一要素的负荷量为0.798,在所有一阶因子负荷量中位居第二位。科学决策制度这一要素主要反映农地流转公共价值创造的程序利益。就其本质而言,科学决策制度这一要素主要反映的是农地流转是否符合当地的社会情景和实际。具体而言,科学决策要素主要反映是否符合村里面的实际,是否符合大多数村民的需求,而非采用一刀切的模式来推行农地流转。

(3)信任这一要素的负荷量为0.743,在所有一阶因子负荷量中位居第三位。信任可以划分为人际信任和制度信任。人际信任是对与自己有先天血缘关系和通过后天的社会生活建立某种关系的人给予的信任;制度信任是依赖社会的制度规范、法律法规保障和约束力的信任(陶芝兰 等,2006)。人际信任更多的是以血缘和地缘为基础,制度信任更多的是基于理性的社会制度。测量信任的题项既涵盖了人际信任,也涵盖了制度信任。这说明,农地流转中的这种混合信任模式契合了农村的多重转型特质,同时也说明了未来农地流转信任模式演变的方向,即向着具有普遍属性的制度信任转型。

(4)公共服务这一要素的负荷量为0.679,在所有一阶因子负荷量中位居第四位。农地流转是公共治理过程,而公共服务是公共治理的核心内容之一。从农业发展角度看,公共服务涉及农业农村现代化问题,涉及农业公共服务,例如技术服务、产销服务等,而服务的数量和质量直接关系农业现代化程度问题。从农村发展角度看,公共服务涉及新时代背景下农村治理状况,尤其是国家-农民关系的重塑,而公共服务在这一过程中扮演着桥梁连接的至关重要的作用。

(5)民主决策制度这一要素的负荷量为0.669,在所有一阶因子负荷量中位居第五位。民主决策制度主要反映作为农地流转主体的农民在农地流转中的地位状况、是否实质性的参与了农地流转、自己意愿是否得到了尊重。

(6)公共利益观念这一要素的负荷量为0.552,在所有一阶因子负荷量中位居第六位。农地"三权分置"政策的实施一方面使农民能够更好地分享农业农村现代化成果,切实维护农民的自身利益,另一方面推动了农业农村现代化、维护了国家粮食安全的战略需求。因此,农民在农地流转中的公共利益观念主要体现为"响应国家号召""村集体号召或作思想工作"等方面。

(7)私人利益观念这一指标的标准化因子负荷量为0.354,在所有一阶因子负荷量中最低。这表明,一方面,正如公共价值理论所阐释的,私人利益是公共价值的重要组成部分,对公共价值的追求并不需要以牺牲私人利益为代价。另一方面,因子负荷量较低这一事实表明在当前的农地流转场域中,私人利益观念占据主导地位,毕竟在兼业成为普遍现象的背景下,农地流转中所获得的私人收入占整个家庭收入的比重在不断缩小。

概而言之,农地治理中公共价值创造是多元主体、多元结果和多元利益博弈的结果,农地"三权分置"中公共价值构成要素既深嵌于农村社会情境中,也孕育了现代治理因素;既有社会层面的微观约束因素,也有国家层面的宏观鼓励因素;既有感性的基于私人收益的价值考量,也有理性的基于更广泛的社会价值的考量。农地流转深嵌于农村社会情境中,社会情景在农地流转中起到了重要作用,典型体现为人际信任、私人利益、农地流转收益分配、"做思想工作"等方面。正如"产权的社会视角"所认为的,产权安排具有社会嵌入性,是由社会制度网络中的多重逻辑共同形塑的,习俗和惯例等乡土规则以及各方面的权力对比都会在具体情境中影响产权权项和权限(卢阳旭,2017)。这种农地产权的社会嵌入性在一定程度上限制了农地"三权分置"中的农民个体行为,限制了农地治理从传统走向现代,但却也为农地治理持续现代化的合法性更替提供了传统基础,即有效的农地治理不断从其所植根的乡村社会情境中汲取合法性的同时,也融入了现代治理因素,典型体现为公共利益、制度信任、科学决策观念和民主决策观念等因素在乡土情境中的融入。

6.1.2 农地"三权分置"中公共价值结构要素间关系

在前面章节研究的基础上,本部分内容继续探讨农地治理中公共价值核心构成要素之间的关系。表6-3为公共价值一阶因子的相关矩阵。从表6-3可以看出,一阶因子彼此之间的相关为正,且在0.001水平上显著,这表明一阶因子之间关系并非零和博弈,可以实现多元共存。此外,除私人利益观念与其他一阶因子的相关度较低之外,其他一阶因子彼此间相关呈现出中高度相关关系。这表明可能存在能够共同解释这些一阶因子的更高阶因子。

表 6-3　公共价值一阶因子之间的相关矩阵

潜变量	PS	OUTC	TRUST	PUBI	PRAI	SCID	DEMD	PUBVA
PS	1							
OUTC	0.565	1						
TRUST	0.504	0.618	1					
PUBI	0.375	0.46	0.41	1				
PRAI	0.24	0.294	0.263	0.195	1			
SCID	0.541	0.663	0.592	0.441	0.282	1		
DEMD	0.454	0.556	0.497	0.37	0.237	0.533	1	
PUBVA	0.679	0.832	0.743	0.552	0.354	0.798	0.669	1

注：表中一阶因子彼此间的相关在 0.001 水平上显著。

为了分析农地"三权分置"中公共价值结构要素之间的关系,基于结构方程模型的特点,本章以实体形态的公共价值为内因潜变量,以观念形态的公共价值、规范形态的公共价值为外因潜变量构建了模型 1、模型 2、模型 3 和模型 4 共 4 个模型。这 4 个模型中,作为内因潜变量的实体形态的公共价值以符号 η 表示,作为外因潜变量的观念形态的公共价值、规范形态的公共价值分别以符号 ξ_1 和 ξ_2 表示。模型 1 为部分中介作用模型:$\xi_1 \rightarrow \xi_2 \rightarrow \eta$ 和 $\xi_1 \rightarrow \eta$。模型 2 为完全中介作用模型:$\xi_1 \rightarrow \xi_2 \rightarrow \eta$。模型 3 为无中介作用模型:$\xi_1 \rightarrow \eta$ 和 $\xi_2 \rightarrow \eta$。模型 4 为无中介作用模型:$\xi_1 \rightarrow \eta$ 和 $\xi_1 \rightarrow \xi_2$。

运用 Mplus 8.0 对上述构建的模型 1、模型 2、模型 3 和模型 4 进行比较。模型比较的原理为:侯杰泰等(2004)学者认为,两个模型比较主要是根据 $\Delta\chi^2$ 和 Δdf 决定。设模型 M_1 有 t 个参数,自由度为 df_1,$c = \chi_1^2$;模型 M_2 含 u 个参数($u < t$),自由度为 df_2,$c = \chi_2^2$。若增加的自由度($df_2 - df_1$)较大,而增加的 $\chi_2^2 - \chi_1^2$ 不算多,则 M_2 比 M_1 好。反之,则 M_1 比 M_2 好。具体而言,当自由度增加为 1 时,模型因减少一个自由参数,导致 χ^2 增加,若 $\Delta\chi^2$ 小于 6.635(通过查表可知,$\alpha = 0.01$ 水平的 χ_2^2 为 6.635),则认为 M_2 比较合适。反之,则 M_1 合适。

表 6-4 为模型 1、模型 2、模型 3 和模型 4 的适配参数[①]。从表 6-4 中可以看出,模型 2、模型 3、模型 4 较之模型 1,自由度增加了 1,卡方值分别增加了

---

① 模型 1、模型 2、模型 3 和模型 4 均释放了 PS2 with PS1,TRUST3 with TRUST2,PI2 with PI3,DEMD3 with DEMD2,TRUST5 with TRUST4,DEMD2 with DEMD1,DEMD3 with DEMD1,DEMD4 with DEMD3,DEMD4 with DEMD2,PS3 with PS2,TRUST2 with TRUST1,PS3 with PS1 之间的相关系数。

8.309、48.342、84.326，超过了 $\alpha = 0.01$ 水平的 χ_2^2 的临界值 6.635。因此，根据上述模型比较原理，较之模型 2、模型 3 和模型 4，模型 1 更适合。模型 1 的适配度结果中，RFI 值为 0.881，未大于 0.9；RMR 值为 0.055，未小于 0.05，但接近于 0.05，AGFI 值为 0.898，未大于 0.9；其他指标均在合理范围内。因此，综合考量，模型 1 可以接受。

表 6-4　模型 1 至模型 4 的比较与适配参数

指标		适配标准	模型 1	模型 2	模型 3	模型 4
自由度		—	233	234	234	234
绝对适配度指标	卡方值		813.333	821.642	861.675	897.659
	GFI 值	>0.900	0.921	0.920	0.918	0.912
	AGFI 值	>0.900	0.898	0.898	0.895	0888
	RMR 值	<0.050	0.055	0.057	0.068	0.040
	RMSEA 值	<0.050，良好；<0.080，合理	0.055	0.056	0.057	0.059
增值适配度指标	NFI 值	>0.900	0.900	0.899	0.894	0.889
	RFI 值	>0.900	0.881	0.880	0.875	0.869
	CFI 值	>0.900	0.926	0.925	0.920	0.915
	TLI 值	>0.900	0.912	0.912	0.905	0.900
	IFI 值	>0.900	0.926	0.925	0.920	0.916
简约适配度指标	χ^2/df 值	$1 < \chi^2/df$ 值 < 3，良好；$3 < \chi^2/df$ 值 < 5，可以接受；$5 < \chi^2/df$，不佳	3.491	3.511	3.682	3.836
	PNFI 值	>0.500	0.760	0.762	0758	0.754
	PGFI 值	>0.500	0.715	0.718	0.716	0.712
	PCFI 值	>0.500	0.782	0.784	0.780	0.776

模型 1 优于模型 2、模型 3 和模型 4 的模型比较结果说明，规范形态的公共价值、观念形态的公共价值和实体形态的公共价值是有机统一体，任何两者之间关系的断裂都会造成公共价值创造效应弱化。模型 3 劣于模型 1，说明忽视观念形态的公共价值和规范形态的公共价值之间的链接而分别讨论观念形态的公共价值、规范形态的公共价值对实体形态的公共价值的影响并不能推进公共价值创造。模型 4 劣于模型 1，说明单纯讨论观念形态的公共价值对规范形态的公共价值、实体形态的公共价值之间的影响而忽视规范形态的公共价值对实体形态公共价值的影响难以推进公共价值创造。估计模型中，模型 3 和模型 4 的

拟合度均劣于模型 1 的拟合度。实践中,价值观念要落实,要走向现实,必然以规范为中介(汪辉勇,2008)。规范形态的公共价值要持久地作为人们现实生活中评价、选择和改造的尺度,就必须以观念形态的公共价值为基础,因为制度规范只有扎根于社会情境之中才能获取其应有的合法性和权威性。同样的,观念形态的公共价值要影响实体形态的公共价值,可行路径之一就是通过规范形态的公共价值来传导,因此也不能忽视规范形态的公共价值对实体形态公共价值的影响。模型 2 劣于模型 1,说明忽视观念形态的公共价值与实体形态公共价值的链接而单纯讨论观念形态的公共价值对规范形态的公共价值、规范形态的公共价值对实体形态的公共价值的影响并不能推进公共价值创造。价值是主体对客体能否满足自己需求的属性表达,建立在主体观念基础之上并受到主体观念的影响。概而言之,观念形态的公共价值是基础,规范形态的公共价值是中介,实体形态的公共价值是结果,三者有机构成了公共价值创造的发生机理系统。

模型 1 的参数估计结果如表 6-5 所示。需要说明的是,模型 1、模型 2、模型 3 和模型 4 的估计过程中采用了学术界常用的项目打包技术,即以各个潜变量所包含题项的均值作为该潜变量的值进行运算。

表 6-5　模型 1 的参数估计结果

变量间关系			非标准化估计值				标准化估计值
			估计值	标准误	临界比	显著性	估计值
pubva3	←	*pubva2*	0.244	0.039	6.215	＊＊＊	0.336
pubva1	←	*pubva2*	0.092	0.034	2.697	0.007	0.126
pubva1	←	*pubva3*	0.703	0.069	10.167	＊＊＊	0.700
ps1	←	*pubva1*	1				0.519
ps2	←	*pubva1*	1.151	0.068	16.841	＊＊＊	0.588
ps3	←	*pubva1*	0.84	0.068	12.431	＊＊＊	0.442
outc1	←	*pubva1*	1.191	0.097	12.235	＊＊＊	0.612
outc2	←	*pubva1*	0.929	0.090	10.309	＊＊＊	0.474
outc3	←	*pubva1*	1.036	0.087	11.863	＊＊＊	0.577
outc4	←	*pubva1*	1.090	0.088	12.391	＊＊＊	0.619
trust1	←	*pubva1*	1.246	0.096	13.043	＊＊＊	0.685
trust2	←	*pubva1*	0.949	0.087	10.926	＊＊＊	0.522
trust3	←	*pubva1*	0.948	0.088	10.760	＊＊＊	0.509

表 6-5(续)

变量间关系			非标准化估计值				标准化估计值
			估计值	标准误	临界比	显著性	估计值
trust4	←	pubva1	1.139	0.094	12.141	＊＊＊	0.613
trust5	←	pubva1	1.100	0.093	11.770	＊＊＊	0.591
pi4	←	pubva2	1				0.693
pi1	←	pubva2	1.047	0.125	8.400	＊＊＊	0.708
pi3	←	pubva2	0.277	0.063	4.373	＊＊＊	0.197
pi2	←	pubva2	0.162	0.063	2.585	0.01	0.122
demd4	←	pubva3	1				0.524
demd3	←	pubva3	0.935	0.066	14.214	＊＊＊	0.496
demd2	←	pubva3	0.889	0.075	11.880	＊＊＊	0.454
demd1	←	pubva3	0.958	0.085	11.209	＊＊＊	0.49
scid4	←	pubva3	1.528	0.104	14.709	＊＊＊	0.795
scid3	←	pubva3	1.454	0.098	14.770	＊＊＊	0.803
scid2	←	pubva3	1.486	0.100	14.849	＊＊＊	0.812
scid1	←	pubva3	1.258	0.092	13.675	＊＊＊	0.685

注：＊＊＊表示在 0.001 水平上显著。

　← 表示解释与被解释关系或影响关系。

　　观念形态的公共价值对规范形态的公共价值有显著的促进作用。从表 6-5 可以看出,观念形态的公共价值对规范形态的公共价值的标准化路径系数为 0.336,符号为正且在 0.001 水平上显著。公共价值观念是公众(即众多主体)共同持有的观念,是公共的价值观念,是价值共识,而不是每个人的特殊的、个性的价值观念(汪辉勇,2008)。这些公共的价值观念或者说价值共识构成了规范形态公共价值的初态。价值的观念形式最终要转换为规范形式,人们实际上也在规范(原则、尺度、标准、制度、政策、法律等)的意义上使用价值概念(汪辉勇,2008)。

　　观念形态的公共价值对实体形态的公共价值有显著的促进作用。从表 6-5 可以看出,观念形态的公共价值对实体形态的公共价值的标准化路径系数为 0.126,显著性水平为 0.007,在 0.01 水平上显著。可能的原因有:公共价值作为主体的公共表达是一种价值共识,是一种公共的价值观念,这种价值上的共识或公共性不是形式主义的,而务求以客体的公共效用为其实质内容(汪辉勇,2008)。Talbot(2011)从人性假设的角度出发,也认为人性由私人利益、公共(利他)利益和程序利益组成,这种途径为实现公共利益提供了更安全的基础。在农地治理中,这种观念形态的公共价值典型体现为公共利益观念和私人利益观念,尽管两者可能存在冲突,但包容性的公共价值框架却为形成共识提供了制度框架。这就回答了这一矛盾:人们常常以利他主义动机支持更多的公共供给或者呼吁"必须做一些事情";人们常常需要合适的程序公平,有时候尽管是低效率的;并同时要求更低的税收。

规范形态的公共价值对实体形态的公共价值有显著的促进作用。从表 6-5 可以看出,规范形态的公共价值对实体形态的公共价值的标准化路径系数为 0.700,在 0.001 水平上显著。本书中,规范形态的公共价值主要包括科学决策制度和民主决策制度。民主决策意味着农地治理利益主体能够实质性参与农地治理从而提高治理质量和可持续性。然而,这是以对公共参与的有效管理为前提条件的,即公共参与的有效管理依托于科学的决策原则、决策程度、决策方法、决策支持系统(翟军亮,2016)。另一方面,科学决策制度意味着程序的科学性和结果的科学性,意味着农地治理方案与实际情况相符合,因而会影响农地治理结果、农地治理中的公共服务和农地治理主体之间的信任等社会资本。科学决策制度和民主决策制度相结合,构成了规范形态公共价值的主要内容,也促进了公共价值创造。只有将价值观念转化成针对环境和条件而具有可操作性的规范,才可能充分实现价值,实现主体的本质(汪辉勇,2008)。

6.2 农地"三权分置"中公共价值创造的作用机理

如果说农地"三权分置"中的公共价值创造发生机理阐释的是公共价值核心要素构成及其关系的话,那么公共价值创造的作用机理则是进一步探讨公共价值创造需要的条件。

根据前述理论分析框架,本书利用 Mplus 8.0 软件构建了分析农地"三权分置"中公共价值创造作用机理结构方程模型,见图 6-1。需要指出的是,本书分析时依旧采用学术界通用的项目打包技术,即以各个构面所包含题项的均值作为该构面的值纳入结构方程模型进行运算。

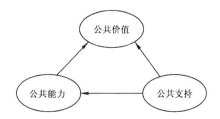

图 6-1 公共价值创造作用机理结构方程模型

表 6-6[①]为农地"三权分置"中公共价值创造作用机理模型适配度结果。从表 6-6 可以看出，卡方自由度比值介于 3 和 5 之间，RMSEA 值小于 0.08，CFI值、TLI 值、SRMR 值均处于适配标准范围之内，这表明本书所构建的作用机理结构方程模型具有良好的适配度，模型与数据之间具有良好的适配度。

表 6-6 公共价值创造作用机理模型适配度结果

检验统计量	适配标准	检验结果	适配判断
卡方自由度比值[②]	1＜比值＜3，良好；3＜比值＜5，可以接受；5＜比值，不佳	4.049	可以接受
RMSEA 值	＜0.05，良好；＜0.08，合理	0.061	合理
CFI 值	＞0.90	0.919	是
TLI 值	＞0.90	0.902	是
SRMR 值	＜0.08	0.043	是

表 6-7 为农地"三权分置"中公共价值创造作用机理模型参数估计结果。从表 6-7 可以看出，在测量模型中，PS、$MODA$、$CSUP$ 的路径系数为参照指标，其对各自潜变量的路径系数被限定为 1。观测变量对潜变量的载荷系数均在 0.001 水平上显著，除 $PUBI$、$PRAI$、$RATIONS$、$RSUP$ 四个题项在潜变量上的载荷系数未达到 0.5 以外，其他观测变量对潜变量的载荷系数均大于 0.5，表明这些观测变量能够被潜变量有效解释，观测变量能够有效反映其要测得的构念特质。

表 6-7 公共价值创造作用机理模型参数估计结果

变量	非标准化估计结果				标准化估计结果			
	估计值	标准误	临界比	显著性	估计值	标准误	临界比	显著性
$PUBVAL$								
PS	1.000				0.644	0.023	27.751	0.000
$OUTC$	0.936	0.055	16.907	0.000	0.696	0.021	33.303	0.000
$TRUST$	0.941	0.057	16.533	0.000	0.691	0.021	32.744	0.000

① 表 6-6 释放了如下变量之间的相关关系：$CSUPPORT$ with $CAPI$、$MONI$ with EQC、$DELI$ with $PROC$、EQC with $DEMD$、$PSUPPORT$ with $TRUST$、$CAPI$ with $POLI$、$CSUPPORT$ with $MONI$、$CAPI$ with $TRUST$、EQC with $PRAI$。

② 卡方自由度比值并不会在 Mplus 软件中自动生成。表 6-6 中的数据值是人工计算的结果。

表 6-7(续)

变量	非标准化估计结果				标准化估计结果			
	估计值	标准误	临界比	显著性	估计值	标准误	临界比	显著性
PUBI	0.654	0.059	11.148	0.000	0.437	0.031	14.240	0.000
PRAI	0.417	0.063	6.626	0.000	0.252	0.035	7.164	0.000
SCID	1.074	0.063	17.038	0.000	0.728	0.019	37.331	0.000
DEMD	0.927	0.061	15.158	0.000	0.622	0.024	25.739	0.000
PUBCAP								
MODA	1.000				0.556	0.026	21.294	0.000
EQC	1.086	0.079	13.780	0.000	0.621	0.024	25.753	0.000
RATIONS	0.654	0.070	9.368	0.000	0.371	0.032	11.596	0.000
INFOR	1.182	0.082	14.350	0.000	0.655	0.022	29.790	0.000
PROC	1.062	0.081	13.080	0.000	0.578	0.025	22.757	0.000
DELI	1.304	0.088	14.802	0.000	0.700	0.020	35.067	0.000
CUL	1.130	0.080	14.042	0.000	0.637	0.023	27.917	0.000
MONI	1.497	0.096	15.538	0.000	0.775	0.017	45.944	0.000
POLI	0.992	0.082	12.054	0.000	0.506	0.028	18.102	0.000
CAPI	1.074	0.081	13.248	0.000	0.581	0.025	23.012	0.000
PUBSUP								
CSUP	1.000				0.740	0.023	32.811	0.000
PSUP	0.861	0.056	15.291	0.000	0.591	0.027	21.754	0.000
RSUP	0.668	0.061	10.862	0.000	0.418	0.032	12.977	0.000
PUBVAL								
PUBCAP	0.873	0.192	4.537	0.000	0.641	0.133	4.805	0.000
PUBSUP	0.278	0.139	2.001	0.045	0.285	0.139	2.046	0.041
PUBCAP								
PUBSUP	0.657	0.050	13.149	0.000	0.916	0.022	40.835	0.000

实证分析结果显示,公共能力和公共支持对公共价值、公共支持对公共能力的路径系数均为正,且显著,这表明农地"三权分置"中,公共价值、公共支持和公共能力之间呈现出正向的促进效应,它们构成了一个有机的公共价值创造系统。因此,优化农地"三权分置"中公共价值创造机理需要从系统角度而非仅仅从单个变量的角度进行考量,要考虑到公共价值、公共支持和公共能力之间的系统效应。

公共能力对公共价值具有显著的正向影响。表 6-7 表明,公共能力对公共价值的标准化路径系数为 0.641,且在 0.001 水平上显著。公共能力主要有现代农业意识、能力平等、公共理性、信息收集与交流、参与式支持系统、协商讨论、合作性文化、监管能力、政策和社会资本等要素构成。这些公共能力核心要素从个体、组织和环境三个层次为农地"三权分置"中的多元行为主体,尤其是单个农户如何有效参与农地治理提供了能力支持,有利于推动农地治理中的多元实质性参与、平等协商、信息分享,强化多元合作和公共理性在农地治理中的主导地位,强化多元合作的文化基础和社会基础。正如公共价值管理理论所认为的,人们需要分享,需要相互承认彼此的观点。合作的纽带使事情得以完成,这些事情是不能够用规则设定和提供激励所能够实现的。人们因其参与网络和伙伴关系而受到激励,也就是说,人们彼此之间的关系形成于相互尊重和分享学习的环境中(Stoker,2006)。

公共支持对公共价值有显著的正向影响。表 6-7 显示,公共支持对公共价值的标准化路径系数为 0.285,且在 0.05 水平上显著。首先,这一结果表明了公共支持对于公共价值创造的重要性。其次,正如战略三角模型中,寻求支持的目的在于获取合法性一样,农地"三权分置"中的公共支持也旨在获取合法性。正是这种支持,为农地治理持续有效推行奠定了基础。毕竟合法性是公共政策得以存在的基础。本书对公共支持设定了公民支持、政治支持和资源支持三个核心要素。公民支持旨在为公共价值创造提供政策体系合法性。政治支持旨在为公共价值创造提供政策体系内支持,资源支持旨在为公共价值创造提供必要的条件支持。就三者重要性而言,公民支持位居第一位,政治支持次之,资源支持排在最后。当然,这只是相对而言的,并不是说后两者不重要。三者缺一不可,共同形成了公共支持体系。实证分析结果也证明了这一观点,即公民支持的标准化系数最大,为 0.740;政治支持的标准化系数次之,为 0.591;资源支持的标准化系数最小,为 0.418。

公共支持对公共能力有显著的正向影响。表 6-7 表明,公共支持对公共能力的标准化路径系数为 0.916,且在 0.001 水平上显著。如前所述,公共支持主要包括公民支持、政治支持和资源支持。当公民从心底里认同当前的农地"三权分置"政策时,便会积极参与其中,也会有意识地促进自身农业现代化意识的提升,促进公共理性程度的提高。当农地流转获得政治支持时,例如有专门负责人来推动,例如搭建参与性的决策平台、进行制度化的协商讨论、进行农业技术培训等则相应的组织能力往往会提升。而资源支持的获得则更有助于强化公民支持和政治支持两者的效应。例如,示范项目的建设往往会整合村里政治、经济和社会资源来推动农地治理水平的提高。

第 7 章

增进农地"三权分置"中公共价值创造的对策建议

综前所述,对农地"三权分置"的思考,应跳出传统的管理思维,转向治理思维;应立足于农地"三权分置"是公共治理过程这一前提;应立足于农地"三权分置"农村公共性消解这一现实基础;应以"价值-能力-支持"为框架,从发生机理和作用机理层面来推动农村公共价值创造。

7.1　研究结论

（1）农地"三权分置"是公共治理过程。较之农地"两权分置"，农地"三权分置"将从根本上改变中国农村的经济、政治和社会生态，使得传统的乡政村治演化为以网络治理为表征的公共治理过程，同时也使得自身的实施嵌入农村公共治理体系之中。因此，对农地"三权分置"的考量需要从公共治理的视角出发。

（2）农地"三权分置"在实施过程中遭遇了农村公共价值消解问题。即简单化的、市场取向的"现代化"向乡村渗透，市场机制逐步成为农民日常生活乃至基层治理的主导原则，农村逐渐呈现出以市场价值彰显与公共价值消解为主要内容的价值失衡，这构成了农地"三权分置"的制度环境，对农地"三权分置"的有效实施产生了深刻影响。

（3）农地"三权分置"的实施是公共价值创造过程。农地所有权、承包权和经营权并置导致行为主体多元化，进而导致多元价值并存乃至冲突。随着公共治理理论的发展，公共价值理论为整合多元价值冲突提供了分析框架。农地治理实践的不断发展又为公共价值理论的实践应用提供了现实基础。

（4）农地"三权分置"中的公共价值核心要素主要包括观念形态的公共价值、规范形态的公共价值和实体形态的公共价值。观念形态的公共价值是基础，规范形态的公共价值是中介，实体形态的公共价值是结果，三者有机构成了公共价值创造的发生机理系统。

（5）农地"三权分置"中的公共价值创造框架主要由公共价值、公共能力、公共支持三个部分构成。农地"三权分置"中公共价值创造依赖于公共价值目标、公共能力和公共支持的系统强化。整体上看，公共价值、公共支持和公共能力具有内在关联性。具体地讲，公共能力和公共支持对公共价值具有显著影响，公共支持对公共能力有显著影响。

综合而言，推动农地"三权分置"中的公共价值创造需要从发生机理和作用机理入手。可通过发生机理来推进农地"三权分置"中公共价值系统的全面优化，可通过作用机理来推进农地"三权分置"中公共价值创造的系统优化。

7.2　对策建议

农地流转是公共治理过程，应以公共价值为目标，以公共能力和公共支持为条件，实现公共利益、私人利益和程序利益的均衡。农村公共性消解背景下的多元价值冲突、能力结构失衡、公共支持不足对农地良性、有序、持续流转形成了威胁。因此,要推进农地良性、有序、持续流转,需要确立公共价值创造在农地流转中的核心位置,需要加强以参与式决策系统的制度建构为核心的公共能力建设,需要增进合作社、政府和村级服务组织对农地流转的实质性公共支持,达到在农地流转行为中嵌入公共性因素和增加公共价值存量的目标。

7.2.1 确立公共价值的核心地位

基于公共价值创造框架,推进农地良性、有序、持续流转,需依托参与式决策系统的制度建构,在农地流转行为中嵌入公共性因素,增进价值共识,实现公共价值对个体利益、契约利益等的包容,增加农地流转中的公共价值存量。

7.2.1.1 更新观念

要将农地"三权分置"的实施过程明确定位为公共治理过程,要从农村公共治理或乡村治理的角度而非农地流转或农地资源配置角度来审视农地"三权分置",不能将其仅仅理解为市场过程。如前所述,公共管理正在由以等级为特征的传统途径经由市场主导的新公共管理途径向网络主导的公共价值途径转变(Todoruţ et al. ,2015)。农地"三权分置"将从根本上改变以农地"两权分置"为基础的单维、双向的国家-村集体-农民线性关系,形成多维、多向的国家-村集体-农民-经营者网络关系,使农村成为真正意义上的多元主体相互作用的"能量场"。从这个意义上看,农地"两权分置"时期的乡村治理可能依旧从属于管理思维,抑或是从狭义的工具理性视角来对治理的使用;农地"三权分置"将使乡村治理步入真正的治理时代,使得乡村治理获得了工具理性基础上的价值理性。农地"三权分置"中,一方面,公共治理属性强调多元有效参与,这必然意味着多元行为主体和多元价值,需要调和相互冲突的价值,例如公共利益和私人利益;另一方面,农地"三权分置"被赋予经济、公共、程序等综合属性,这为多元价值整合提供了内在基础。

7.2.1.2 确立主体

尽管农地"三权分置"实施是公共治理过程,多元主体间是平等关系。但现阶段,农地"三权分置"的制度平台、治理体系尚未成熟、农民在与国家权力和市场资本的博弈过程中依旧处于劣势地位,依旧需要在现阶段的公共治理中确立农民在农地治理中的核心地位。需要说明的是,这一核心地位是暂时性的。确立农民的主体地位,有利于确保农民利益不受损,有利于建构适切的治理网络,真正实现以公民权为核心的乡政村治。此外,在压力型行政体制之下,还需要正确处理好政府、农民和市场的关系,形成以政府为主导、以农民为主体、以市场为基础的关系网络,确保政府、农民、市场各主体在农地"三权分置"中的协同效应。

7.2.1.3 制度建构

制度建构涉及的是规范形态的公共价值,在农地"三权分置"中具有基础性地位。根据前述分析,规范形态的公共价值在公共价值核心构成要素中处于中介地位,链接着观念形态的公共价值和实体形态的公共价值。加强农地"三权分置"中的制度建构一是多元主体导致的多元行为和多元价值协调的需要,二是多元主体关系建构与延续的需要。实践中,在农村经济社会市场化的前提下,尤其要注重公益导向的制度建构,通过制度建构规制私人利益的过度追求,促进私人利益与公共利益的平衡与兼容。此外,还要建构科学民主的决策制度。

7.2.1.4 整合多元价值

农地"三权分置"的有效实施将更加使农村政治、经济、社会和文化生态充满多元性和异质性,多元价值显现乃至冲突将成为常态。多元价值整合是由公共治理中的多元异质主体和行为属性决定的。公共价值框架为多元价值整合提供了有效途径。农地"三权分置"中,多元价值整合的目的在于实现公私融合而非公扩私缩,在于实现多元价值之间的伙伴关系而非成为平衡对象。例如,通过搭建以制度建构或平台搭建为多元价值整合提供条件,兼顾公共利益和私人利益。

7.2.1.5 培育信任黏合剂

追求农地治理的经济效益,更要追求农地治理长期受益所依赖的社会资本等公共价值。社会资本是农地流转中多元主体合作治理的黏合剂,它影响主体之间的互动激励、横纵向互动关系、正式与非正式互动机制,进而影响协作互动机制对网络关系结构的维护以及协同效应的实现(吴春梅 等,2013)。为此,要积极推动传统社会资本转型和现代社会资本积累。

7.2.2 培育公共能力

公共能力建设是推动农地"三权分置"中公共价值创造的条件,能够为农地"三权分置"中公共价值创造提供个体能力、组织能力和环境能力等方面的支撑。

7.2.2.1 加强农民个体能力建设

农地"三权分置"的核心主体是农民,农民的个体能力在实现农地"三权分置"政策预期效果的过程中起着基础性作用。借鉴国外的有益做法,同时总结我国现有的成功经验,可以通过赋权强能措施来提升农民的公共能力。赋权强能措施主要包括:应通过农业培训、科技特派员、与高校结对帮扶等措施为农民的农业现代化意识和技能提高提供平台支持;应通过赋权提高农地治理中的能力平等程度,提高其在农地治理中的多重博弈能力;应通过提高其科学文化素养来提高其公共理性程度,通过引导实现公共价值对私人利益的包容,实现新型的公私融合而非公私分开或公扩私缩。

7.2.2.2 提升政府合作能力建设

应提升政府合作能力建设,推动政府行政管理能力向网络治理能力转型。农地"三权分置"将使农村由之前的乡政村治走向真正的网络治理时代。管理体制之下的上下级强制性关系不同,治理将形成多元主体之间平等的基于核心能力基础的网络化关系,网络关系的质量将直接决定网络治理效能的提高。因此,作为农地"三权分置"主体之一的政府,应适应政府管理向网络治理转型,应更加关注价值实现的协作过程中的内在关系质量(Todoruţ et al.,2015)。在农地"三权分置"的初步阶段,鉴于合作网络尚不完善、多元主体间存在能力与资源禀赋不均衡等限制状况,政府的网络建构和维护能力显得更为重要。网络建构能力建设方面,政府应该注重搭建参与式决策协商平台。通过参与式决策协商平台,使农地流转建立在有效参与、理性协商的基础之上,促进彼此间以信任为主要内容的社会资本存量的增加,从而形成着眼于长远而非当前的合作关系。在网络维护能力方面,政府应该更加注重兼顾评估能力体系建设,通过监管评估能力建设,实时有效评估农地"三权分置"网络绩效和主体关系状态,维护网络关系的有效运行。

7.2.2.3 强化公共服务能力建设

强化公共服务能力的建设不仅是基于农业现代化的需要,也是农业社会现代化的需要。在农地"三权分置"时代,农村社会与政府的关系将发生更加实质性的变革,传统的政府与社会关系理论解释力在逐步弱化。公共服务将成为农业农村现代化过程中为数不多的连接政府与公民、建构农村公共性的途径之一。而反过来,农民农村与国家的关系、农村公共性的重塑将为农地"三权分置"提供更加基础的社会、经济和政治生态。只有双向良性互动,才能真正实现农地"三权分置"制度的预期效能。尽管公共服务市场化和社会化已经成为不可逆转的趋势,也是提升供给效率的良方。但公共服务的市场化和社会化仅仅是运营体制和供给方法的变革,政府作为公共服务供给主体的责任依旧没有发生变化,也不可能发生变化。针对农地"三权分置"实践中,公共服务虽有供给,但不足;有效率,但不高;有责任划分,但不清;有效果,但不高;等等的现状,政府应该提升公共服务供给能力建设。当然,农地"三权分置"时代的政府公共能力建设并不仅仅是指政府自身的公共服务能力建设,而是基于网络治理的政府公共服务协同供给能力。基于此,政府应在为农地流转提供政策法律服务的基础上,着重建构完善的现代化农业培训体系和信息共享系统。通过政策法律服务为农地流转保驾护航,通过培训体系和信息共享系统提升农地流转的综合效益,实现公共和私人双重收益。还应进一步完善农业保险服务体系、金融服务体系、社会保障服务体系。此外,政府还需要强化监管能力建设。毕竟农地的资源属性和农业的基础地位决定了政府需要对农地"三权分置"强化监管,防范农地用途改变等风险。

7.2.3 强化公共支持

应强化公共支持,助推农地"三权分置"中公共价值的实现。

7.2.3.1 提升合作社发展质量

应提升合作社发展质量,真正发挥合作社在农地流转中对农民的支持作用。例如,要淘汰"伪"合作社,发展"真"合作社,以"真"合作社为农地流转提供支持。应改变单纯的地区生产总值式物质支持考核模式,不唯程序和形式,更注重实质,实现合作社发展由量的积累向质的发展转型。应注重合作社制度建构前提下的制度实施基础培育,提升合作社运行的规范化和制度化程度,使农民能够想依靠、能依靠、依靠好。

7.2.3.2 强化政府支持

应在改变政府越位、缺位、错位等问题的基础上,将政府职能由"划桨"转型为"掌舵"甚至"服务"职能,实现由管理向服务的转变,最终达到农民想流转、能流转和流转好的目的。具体而言,应通过搭建多元主体协同平台,将高校、政府、合作社等主体间的协同制度化;应搭建分类管理的农地流转前-流转中-流转后服务体系,强化农地流转前的价格评估、信息发布等公益服务支持力度,简化农地流转中的流转程序、契约订立等程序服务,积极搭建农技服务市场形成,催化农地流转后的劳务、加工、流通、仓储等市场化有偿服务体系的形成。

7.2.3.3 强化村级组织在农地流转中的平台支持作用

尽管农地"三权分置"时代的农村将进入真正的网络治理时代,但是村级组织依旧是网络治理的重要主体,依旧在农地"三权分置"中承担着重要角色。与既往的管理职能不同,村级组织必须将其职能与角色定位于治理,在村委会回归服务、协调、自我管理等定位的同时,更要发挥村委会在农地流转多元主体间的协商平台搭建作用。

附 录

>>>

调查问卷

调研地点： 市 县 乡/镇 村 调研员： 问卷编号：

尊敬的朋友：

您好！这是一份**科学研究调查问卷**,主要是想了解农地流转状况。本次调查不记名,所有数据仅用于统计分析。请您**根据实际情况和您所了解的相关事实进行填写,答案无对错之分**。我们将严格遵守《统计法》,对您所提供的情况予以保密。请在合适的"□"内打"√"或在( )内填写适当的内容。我们热切期待并衷心感谢您的支持与合作！

——中国矿业大学农地"三权分置"中的公共价值创造研究课题组

第一部分 基本情况

1. 您的性别:□男 □女

2. 您的年龄:□25 岁以下 □26～40 岁 □41～50 岁 □51～60 岁
□61 岁以上

3. 您的受教育程度:□小学及以下 □初中 □中专或高中
□大专及以上

4. 您的职业:□在家务农 □乡镇和村组干部 □农村中小学教师
□在外打工 □个体私营企业主 □其他,请注明( )

5. 您的政治面貌:□中共党员 □民主党派成员 □普通群众
□共青团员

6. 2015 年,您的家庭人均纯收入:□3 000 元以下 □3 001～6 000 元
□6 001～10 000 元 □10 001～20 000 元 □20 001 元以上 □其他,请注明
( )

7. 您的家庭收入在本村属于? □上层 □中上层 □中层 □中下层
□下层

8. 您家承包的土地:□旱地( )亩;□水田/水浇地( )亩;□园地( )亩;□林地( )亩;□水域( )亩;□其他( )亩

9. 您家经营的土地:□旱地( )亩;□水田/水浇地( )亩;□园地( )亩;□林地( )亩;□水域( )亩;□其他( )亩

10. 您家土地流转方式:

转入:□从政府/村集体转入( )亩 □从经济组织转入( )亩 □从农户转入( )亩 □从企业转入( )亩

转出:□流转给政府/村集体( )亩 □流转给经济组织( )亩 □流转给农户( )亩 □流转给企业( )亩

流转费每亩( )元 政府征地:□是 □否

11. 自己在农地流转过程中的参与程度如何?

□被操控 □被告知 □劝解 □合作、授权 □自己完全控制

12. 政府等组织在农地流转中做得好不好?

□非常不好 □不好 □一般 □好 □非常好

13. 您遇到过农地纠纷吗?□有 □没有

14. 近十年来,农地流转矛盾纠纷是否增加了?□是 □否

第二部分 农地流转

根据您的真实想法,对下列观点进行评判,并在认同的等级框中打"√"。

问题和看法	同意程度(只选一项)				
	非常不同意	不同意	一般	同意	非常同意
自己能够很便利地获取农地流转服务(如价格、信息、合同等)					
政府(村、镇/乡、街道)提供了比较好的价格评估服务					
自己能够很便利地获取农地流转法律支持或政策引导					
农地流转后,收益大幅增加					
农地流转后,没有农户因流入方违约或经营不善遭受损失					
农地流转的收益分配是比较公平的					
村(村、镇/乡、街道)提供的农地流转服务很有用					
农地流转中,自己相信村"两委"是为村民着想的					

续表

问题和看法	同意程度(只选一项)				
	非常 不同意	不同意	一般	同意	非常 同意
农地流转中,由于对方品德、声誉好,所以彼此信任					
农地流转中,由于都是熟人,所以彼此信任					
农地流转中,由于签订了合同,所以彼此信任					
农地流转中,由于大家都遵守同样的制度规则,所以彼此信任					
因为私人收益才流转农地					
因为公共利益(响应国家号召)才流转农地					
因为村集体号召或做思想工作才流转农地					
获得私人利益是农地流转的首要目的					
(村里的)农地流转方案经过了充分讨论					
(村里的)农地流转方案完全符合(本村的)实际情况					
(村里的)农地流转方案体现了大多数人的需求					
(村里的)农地流转方案体现了大家的集体智慧,适用性强					
自己参与了农地流转方案的制定与实施					
自己参与了农地流转方案制定过程的绝大部分环节					
自己很了解农地流转方案的制定状况					
老百姓的意见在农地流转过程中得到了充分反映					
自己知道什么是现代农业					
发展现代农业很必要					
农地流转对发展现代农业很重要					
自己知道所有权、承包权和经营权的归属					
农地流转中,自己有能力参与农地流转方案协商					
农地流转中,自己能与他人进行有效沟通且不会处于不利地位					
农地流转中,自己能利用自身资源(如人际关系资源等)来参与农地流转方案协商					
农地流转中,自己能准确理解他人的观点与意图					

续表

问题和看法	同意程度(只选一项)				
	非常 不同意	不同意	一般	同意	非常 同意
农地流转中,自己能利用现有机会参与农地流转方案协商					
农地流转中,自己能根据事实来判断观点是否合理					
农地流转中,不管方案是谁提出来的,只要好,自己就支持					
农地流转过程中,信息非常公开透明					
村(街道、镇/乡)能够尽快将最新的农地流转信息传达给大家					
自己能够很方便地将意见反映给村"两委"					
村里面提供的农地流转信息是有用的					
经常举行农业种植、就业等技术培训或讲座					
教育或培训,已经形成了比较完善的体系					
自己能够很方便地获取(非)农业技术(或就业)培训(或指导)					
在确定农地流转方案过程中,自己拥有平等的发言机会					
需要开会时,选择谁参加,有具体规定(制度或习惯)					
需要开会时,选择谁参加,有公平公开的操作方法					
农地流转中,怎么开会、有谁参加、按照什么程序都有规定					
协商讨论农地流转事务已经成为一种惯例					
村(街道、镇/乡)制定了一系列有关农地流转协商的规章制度					
农地流转时,召开了协商会议					
遇到重大事项时,村里面都会开会协商或征求意见					
自己经常与其他村民分享农地流转信息					
农地流转过程中,自己很愿意与其他村民合作					
农地流转过程中,不同身份的参与者之间实现了相互包容和理解					

续表

问题和看法	同意程度（只选一项）				
	非常 不同意	不同意	一般	同意	非常 同意
农地流转过程中,参与者间的隔阂得到了改善					
工商企业租赁农地有上限要求					
村(街道、镇/乡)对转入方资格进行了严格审查					
村(街道、镇/乡)对租地条件进行了严格规定					
村(街道、镇/乡)对流转后的农地经营范围进行了严格监管					
村(街道、镇/乡)会定期对租赁者的农业经营能力进行监督检查					
农地流转政策在本村得到了较好执行					
农地流转有完备的法律规定和规范的操作程序					
自己了解农地流转政策					
自己知道国家为什么推行农地流转					
村规民约能够得到较好遵守					
村里的整体社会风尚较好					
自己与他人相处得很好					
自己赞同国家正在推行的农地流转					
自己认同村(街道、镇/乡)里面采用的农地流转方式或方法					
农地流转过程中,自己积极参与					
有上级(驻村)干部主抓村里面的农地流转事务					
村(街道、镇/乡)鼓励大家积极参与农地流转事务					
村里面的农地流转有政策支持					
村里面的农地流转有资金支持					
过好自己的日子就好了					
金钱是衡量成功的最重要的标准					
自己宁愿看电视上网也不愿出去聊天					
换工、帮工、互助等现象已经不存在了					
生产和生活中,人们之间的劳动关系变成了金钱关系					
是否有用、有利,是自己的做事标准					

续表

问题和看法	同意程度(只选一项)				
	非常 不同意	不同意	一般	同意	非常 同意
村里面的人都能积极参与公共事务					
是否有金钱等报酬是自己决定是否参与公共事务的标准					
村里面修路时,如果占用了自家的耕地,必须要补偿					
自己对所住村庄有强烈的亲切感					
村里面的人对村集体没啥感情					
现在的人都没有集体意识了					
村里面的事跟自己没关系					
自己常常就村里面的公共事务发表意见					
人们很少谈论或指责村里面某某人的不道德行为					
自己管好自己就行了,没必要去讨论别人的事					
人们在一起聊的都是些与村庄或社区无关的"大话题"					
村里面不赡养老人的现象比以前增多了					
是否违背村规民俗,是自己做事时首要考虑的标准					
只关注自身权利,不承担责任与义务的人越来越多了					

参 考 文 献

奥斯本,盖布勒,2006.改革政府:企业家精神如何改革着公共部门[M].周敦仁,
　　等译.上海:上海译文出版社.

奥斯本,2016.新公共治理:公共治理理论和实践方面的新观点[M].包国宪,赵
　　晓军,等译.北京:科学出版社.

包国宪,王学军,2012.以公共价值为基础的政府绩效治理:源起、架构与研究问
　　题[J].公共管理学报,(2):89-97.

彼得斯,2001.政府未来的治理模式[M].吴爱明,夏宏图,译.北京:中国人民大
　　学出版社.

仇娟东,赵景峰,2013.中国土地承包经营权流转:主要模式、运行条件及交易费
　　用分析[J].经济经纬,(2):38-43.

党国英,2017.当前中国农村改革的再认识[J].学术月刊,49(4):42-59.

党国英,2018.乡村振兴战略的现实依据与实现路径[J].社会发展研究,5(1):
　　9-21.

登哈特,登哈特,2010.新公共服务:服务,而不是掌舵[M].丁煌,译.北京:中国
　　人民大学出版社.

丁煌,2004.西方行政学说史[M].武汉:武汉大学出版社.

樊胜岳,陈玉玲,徐均,2013.基于公共价值的生态建设政策绩效评价及比较[J].
　　公共管理学报,(2):110-116.

房建恩,2017.农村土地"三权分置"政策目标实现的经济法路径[J].中国土地
　　科学,31(1):80-87.

弗雷德里克森,2011.新公共行政[M].丁煌,方兴,译.北京:中国人民大学出版社.

高帆,2018.中国农地"三权分置"的形成逻辑与实施政策[J].经济学家,(4):
　　86-95.

戈德史密斯,埃格斯,2008.网络化治理:公共部门的新形态[M].孙迎春,译.北京:北京大学出版社.

古德诺,2012.政治与行政[M].丰俊功,译.北京:北京大学出版社.

管洪彦,孔祥智,2017.农村土地"三权分置"的政策内涵与表达思路[J].江汉论坛,(4):29-35.

郭亮,2012.土地"新产权"的实践逻辑:对湖北S镇土地承包纠纷的学理阐释[J].社会,32(2):144-170.

何增科,2002.治理、善治与中国政治发展[J].中共福建省委党校学报,(3):16-19.

贺雪峰,2009.村治的逻辑:农民行动单位的视角[M].北京:中国社会科学出版社.

贺雪峰,2010.地权的逻辑:中国农村土地制度向何处去[M].北京:中国政法大学出版社.

贺雪峰,2014.论中国式城市化与现代化道路[J].中国农村观察,(1):2-12.

赫希曼,2008.转变参与:私人利益与公共行为[M].李增刚,译.上海:上海人民出版社.

侯杰泰,温忠麟,成子娟,2004.结构方程模型及其应用[M].北京:教育科学出版社.

胡新艳,罗必良,王晓海,2013.村落地权的实践:公平理念与效率逻辑:以广东省茂名市浪山村为例[J].中国农村观察,(3):10-18.

黄平,王晓毅,2011.公共性的重建:社区建设的实践与思考[M].北京:社会科学文献出版社.

黄宗智,2015.农业合作化路径选择的两大盲点:东亚农业合作化历史经验的启示[J].开放时代,(5):18-35.

杰索普,2019.治理的兴起及其失败的风险:以经济发展为例的论述[J].漆燕,译.国际社会科学杂志(中文版),(3):52-67.

金太军,2003.行政改革与行政发展[M].南京:南京师范大学出版社.

凯特尔,2009.权力共享:公共治理与私人市场[M].孙迎春,译.北京:北京大学出版社.

兰永海,高俊,温铁军,2018.农村资金互助组织的三种不同类型及其比较研究[J].贵州社会科学,(1):148-153.

李龙,郑华,2016.善治新论[J].河北法学,34(11):2-11.

李松龄,2018.农村土地"三权分置"改革的理论依据和现实意义[J].湖南社会科学,(1):92-100.

卢阳旭,2017.产权研究的两种提问方式:什么决定产权? 产权决定什么? [J].社会学(智库报告),(1):6-15.

罗必良,2002.人民公社失败的制度经济学解理:一个分析框架及其应用[J].华南农业大学学报(社会科学版),(1):34-41.

马华,等,2011.南农实验:农民的民主能力建设[M].北京:中国社会科学出版社.

马华,2014.农地产权主体多元化下的乡村治理困境[J].江西社会科学,(3):207-212.

莫尔,2003.创造公共价值:政府战略管理[M].北京:清华大学出版社.

奈特,约翰森,2006.协商民主要求怎样的政治平等[M]//博曼,雷吉.协商民主:论理性与政治.陈家刚,等译.北京:中央编译出版社.

斯密,2015.国富论:下卷[M].郭大力,王亚南,译.北京:商务印书馆.

斯托克,1999.作为理论的治理:五个论点[J].国际社会科学杂志(中文版),(1):19-30.

孙立平,2004.转型与断裂:改革以来中国社会结构的变迁[M].北京:清华大学出版社.

汤普金斯,2010.公共管理学说史:组织理论与公共管理[M].夏镇平,译.上海:上海译文出版社.

陶芝兰,王欢,2006.信任模式的历史变迁:从人际信任到制度信任[J].北京邮电大学学报(社会科学版),(2):20-23.

田华文,魏淑艳,2015.作为治理工具的政策网络:一个分析框架[J].东北大学学报(社会科学版),17(5):502-507.

汪辉勇,2008.公共价值论[D].湘潭:湘潭大学.

王冰,樊梅,2014.基于公共价值的政府绩效实证研究[J].中国特色社会主义研究,(3):52-58.

王德福,2012.农地流转模式对农村社会稳定的影响:一个阶层分析的视角[J].学习与实践,(6):84-90.

王骚,王达梅,2006.公共政策视角下的政府能力建设[J].政治学研究,(4):

67-76.

王学军,张弘,2013.公共价值的研究路径与前沿问题[J].公共管理学报,(2):126-136.

韦伯,1997.经济与社会:上卷[M].林荣远,译.北京:商务印书馆.

吴春梅,石绍成,2010.政治—行政关系的知识社会学分析[J].行政论坛,17(4):26-29.

吴春梅,翟军亮,2010.可行能力匮乏与协商民主中的政治贫困[J].前沿,(19):13-17.

吴春梅,翟军亮,2011.协商民主与农村公共服务供给决策民主化[J].理论与改革,(4):73-76.

吴春梅,庄永琪,2013.协同治理:关键变量、影响因素及实现途径[J].理论探索,(3):73-77.

吴春梅,翟军亮,2014a.公共价值管理理论中的政府职能创新与启示[J].行政论坛,(1):13-17.

吴春梅,翟军亮,2014b.论农村公共服务决策中的个体能力建设[J].理论探讨,(1):149-153.

吴理财,等,2014.公共性的消解与重建[M].北京:知识产权出版社.

吴明隆,2010a.结构方程模型:AMOS的操作与应用[M].2版.重庆:重庆大学出版社.

吴明隆,2010b.问卷统计分析实务:SPSS操作与应用[M].重庆:重庆大学出版社.

吴明隆,2013.结构分方程模型:AMOS实务进阶[M].重庆:重庆大学出版社.

吴畏,2015.善治的三维定位[J].华中科技大学学报(社会科学版),29(2):1-9.

肖艾林,2014.基于公共价值的我国政府采购绩效管理创新研究[D].长春:吉林大学.

肖卫东,梁春梅,2016.农村土地"三权分置"的内涵、基本要义及权利关系[J].中国农村经济,(11):17-29.

肖屹,钱忠好,2005.交易费用、产权公共域与农地征用中农民土地权益侵害[J].农业经济问题,(9):58-63.

休斯,2007.公共管理导论[M].张成福,王学栋,韩兆柱,等译.3版.北京:中国人民大学出版社.

休斯,2015.公共管理导论[M].张成福,马子博,等译.4版.北京:中国人民大学出版社.

徐祥临,2017.习近平农村经济体制改革顶层设计科学性初探[J].马克思主义与现实,(4):19-26.

徐勇,1997.GOVERNANCE:治理的阐释[J].政治学研究,(1):63-67.

徐勇,2001.治理转型与竞争:合作主义[J].开放时代,(7):25-33.

徐勇,2006.现代国家的建构与村民自治的成长:对中国村民自治发生与发展的一种阐释[J].学习与探索,(6):50-58.

徐勇,2013.农民与现代化:平等参与和共同分享:国际比较与中国进程[J].河北学刊,(3):86-91.

阎云翔,2006.私人生活的变革:一个中国村庄里的爱情、家庭与亲密关系(1949-1999)[M].龚小夏,译.上海:上海书店出版社.

杨雪冬,2005."治理"的九种用法[J].经济社会体制比较,(2):99.

姚大志,2015.善治与合法性[J].中国人民大学学报,(1):46-55.

叶兴庆,2013.合理界定农地所有权、承包权、经营权[N].中国经济时报,12-05(5).

于传岗,2013.农村集体土地流转演化趋势分析:基于政府主导型流转模式的视角[J].西北农林科技大学学报(社会科学版),(5):10-21.

俞可平,1999.治理和善治引论[J].马克思主义与现实,(5):37-41.

俞可平,2000.治理与善治[M].北京:社会科学文献出版社.

俞可平,2002.全球治理引论[J].马克思主义与现实,(1):20-32.

翟军亮,吴春梅,高韧,2012.村民参与公共服务供给中的民主激励与效率激励分析:基于对河南省南坪村和陕西省钟家村的调查[J].中国农村观察,(3):48-62.

翟军亮,2016.农村公共服务决策优化:机理与效应[M].北京:人民出版社.

翟军亮,2017.公共价值:行将崛起还是面临崩塌?:基于综合性构念生命周期模型的分析[J].中国矿业大学学报(社会科学版),19(3):21-28.

张国庆,2000.行政管理学概论[M].2版.北京:北京大学出版社.

张康之,2004.公共管理:社会治理中的一场革命(上)[J].北京行政学院学报,(1):1-4.

张康之,2006.走向合作治理的历史进程[J].湖南社会科学,(4):31-36.

张乐天,2012.告别理想:人民公社制度研究[M].2版.上海:上海人民出版社.

张立荣,李晓园,2010.县级政府公共服务能力结构的理论建构、实证检测及政策
建议:基于湖北、江西两省的问卷调查与分析[J].中国行政管理,(5):
120-125.

赵景华,李代民,2009.政府战略管理三角模型评析与创新[J].中国行政管理,
(6):47-49.

周安平,2015."善治"是个什么概念:与俞可平先生商榷[J].浙江社会科学,(9):
38-44.

ALDRIDGE R,STOKER G,2002. The next phase advancing a new public
service ethos[M]. London:New Local Government Network.

ALFORD J,HUGHES O,2008. Public value pragmatism as the next phase of
public management[J]. The American review of public administration,38
(2):130-148.

ALFORD J,O' FLYNN J, 2009. Making sense of public value:concepts,
critiques and emergent meanings [J]. International journal of public
administration,32(3-4):171-191.

ARNDT C,2008. The politics of governance ratings[J]. International public
management journal,11(3):275-297.

BAO G,WANG X,LARSEN G L,et al,2012. Beyond new public governance:a
value-based global framework for performance management,governance,and
leadership[J]. Administration & society,45(4):443-467.

BARLEY S R,MEYER G W,GASH D C,1988. Cultures of culture:academics,
practitioners and the pragmatics of normative control[J]. Administrative
science quarterly,33:24-60.

BENINGTON J,2009. Creating the public in order to create public value? [J].
International journal of public administration,32(3/4):232-249.

BENINGTON J, MOORE M, 2010. Public value:theory and practice[M].
Basingstoke:Macmillan.

BENINGTON J,2011. From private choice to public value[M]//BENINGTON J.
MOORE M. Public value:theory and practice. Basingstoke:Macmillan.

BOLLEN K A,LONG J S,1993. Testing structural equation models[M].
London:Sage Publications Inc.

BOSSERT T, HSIAO W, BARRERA M, et al, 1998. Transformation of ministries of health in the era of health reform: the case of Colombia[J]. Health policy and planning, 13(1): 59-77.

BOSTON J, MARTIN J, PALLOT J, et al, 1996. Public management: the New Zealand model[M]. Auckland: Oxford University Press.

BOVAIRD T, LÖFFLER E, 2003. Evaluating the quality of public governance: indicators, models and methodologies [J]. International review of administrative sciences, 69(3): 313-328.

BOVAIRD T, LÖEFFLER E, 2009. Public management and governance[M]. 2nd ed. New York: Routledge.

BOZEMAN B, 2002. Public-value failure: when efficient markets may not do [J]. Public administration review, 62(2): 145-161.

BOZEMAN B, 2007. Public values and public interest: counterbalancing economic individualism [M]. Washington, D. C Jessica A: Georgetown University Press.

BRINKERHOFF D W, GOLDSMITH A A, 2005. Institutional dualism and international development: a revisionist interpretation of good governance [J]. Administration & society, 37(2): 199-224.

BRYSON J M, CROSBY B C, BLOOMBERG L, 2014. Public value governance: moving beyond traditional public administration and the new public management[J]. Public administration review, 74(4): 445-456.

CAMERON K, 1978. Measuring organizational effectiveness in institutions of higher education[J]. Administrative science quarterly, 23(4): 604-632.

CARMELI A, KEMMET L, 2006. Exploring fit in public sector organizations [J]. Public money and management, 26(1): 73-80.

COATS D, 2006. Reviving the public: a new governance and management model for public services[M]. London: Work Foundation.

COATS D, PASSMORE E, 2008. Public value: the next steps in public service reform[M]. London: Work Foundation.

COLE M, PARSTON G, 2006. Unlocking public value: a new model for achieving high performance in public service organizations[M]. New Jersey:

John Wiley & Sons,Inc.

COWELL R, DOWNE J, MORGAN K, 2014. Managing politics? Ethics regulation and conflicting conceptions of "Good Conduct"[J]. Public administration review,74(1):29-38.

CUTHILL M,FIEN J,2005. Capacity building:facilitating citizen participation in local governance[J]. Australian journal of public administration,64(4): 63-80.

DAVIS P, WEST K, 2009. What do public values mean for public action? Putting public values in their plural place[J]. The American review of public administration,39(6):602-618.

DE GRAAF G,VAN DER WAL Z,2010. Managing conflicting public values: governing with integrity and effectiveness[J]. The American review of public administration,40(6):623-630.

DE GRAAF G,PAANAKKER H,2015. Good governance:performance values and procedural values in conflict [J]. The American review of public administration,45(6):635-652.

DE LEON L,DENHARDTR B,2000. The political theory of reinvention[J]. Public administration review,60(2):89-97.

DENHARDT R B,DENHARDT J V,2000. The new public service:serving rather than steering[J]. Public administration review,60(6):549-559.

DENHARDT J V,DENHARDTR B,2015. The new public service:serving,not steering[M]. London:Routledge.

DOEVEREN V, 2011. Rethinking good governance:identifying common principles[J]. Public integrity,13(4):301-318.

ERRIDGE A,2007. Public procurement,public value and the Northern Ireland unemployment pilot project[J]. Public administration,85(4):1023-1043.

FOX C J,1996. Reinventing government as postmodern symbolic politics[J]. Public administration review,56(3):256-262.

FREDERICKSON H G, 1996. Comparing the reinventing government movement with the new public administration [J]. Public administration review,56(3):263-270.

GAINS F, STOKER G, 2009. Delivering 'public value': implications for accountability and legitimacy[J]. Parliamentary affairs,62(3):438-455.

GIORGI S,LOCKWOOD C,GLYNN M A,2015. The many faces of culture: making sense of 30 years of research on culture in organization studies[J]. The academy of management annals,9(1):1-54.

GOODNOW F J,1900. Politics and administration:a study in government[M]. New York:The Macmillan Company.

GRIMSLEY M, MEEHAN A, 2007. E-Government information systems: evaluation-led design for public value and client trust[J]. European journal of information systems,16(2):134-148.

HAYNES S N, RICHARD D, KUBANY E S, 1995. Content validity in psychological assessment:a functional approach to concepts and methods[J]. Psychological assessment,7(3):238-247.

HEFETZ A,WARNER M,2004. Privatization and its reverse:explaining the dynamics of the government contracting process [J]. Journal of public administration research and theory,14(2):171-190.

HIRSCH P M,LEVIND Z,1999. Umbrella advocates versus validity police:a life-cycle model[J]. Organization science,10(2):199-212.

HORNER L, HAZEL L, 2005. Adding public value[M]. London:The Work Foundation.

HUGHES O,2006. The new pragmatism:moving beyond the debate over NPM [C]//10th Annual International Research Symposium on Public Management:10-12.

HYDEN G,HYDÉN G,MEASE K,et al,2004. Making sense of governance: empirical evidence from sixteen developing countries[M]. Boulder:Lynne Rienner Publishers.

JOSEPH F. HAIR J R. WILLIAM C. et al,2014. Multivariate data analysis [M]. 7th ed. Harlow:Pearson Education Limited Edinburgh Gate.

JØRGENSEN T B,BOZEMAN B,2002. Public values lost? comparing cases on contracting out from Denmark and the United States [J]. Public management review,4(1):63-81.

JØRGENSEN T B, BOZEMAN B, 2007. Public values: an inventory [J]. Administration & society,39(3):354-381.

JØRGENSEN T B,SØRENSEN D L,2012. Codes of good governance:national or global public values? [J]. Public integrity,15(1):71-96.

KAUFMANN D, KRAAY A, 2008. Governance indicators: where are we, where should we be going? [J]. World Bank research observer,23(1):1-30.

KAUFMANN D, KRAAY A, MASTRUZZI M, 2011. The worldwide governance indicators:methodology and analytical issues[J]. Hague journal on the rule of law,3(2):220-246.

KEATING M, 2001. Public management reform and economic and social development[J]. OECD journal on budgeting,1(2):141-212.

KELLY G,MULGAN G,MUERS S,2002. Creating public value:an analytical framework for public service reform[M]. London: Strategy Unit, Cabinet Office.

KERNAGHAN K, 2003. Integrating values into public service: the values statement as centerpiece[J]. Public administration review,63(6):711-719.

KING C S, STIVERS C, 1998. Government is us: strategies for an anti-government era[M]. London:Sage Publications Inc.

LAWTON A,MACAULAYM,2014. Localism in practice:investigating citizen participation and good governance in local government standards of conduct [J]. Public administration review,74(1):75-83.

LEFTWICH A,1993. Governance,democracy and development in the Third World[J]. Third World quarterly,14(3):605-624.

LONGO F,2011. Public governance for results:a conceptual and operational framework [C]//The united nations committee of experts on public administration (CEPA) meeting,10th.

MARUYAMA G M,1998. Basics of structural equation modeling[M]. Los Angeles,CA:SAGE Publications,Inc.

MATACHI A, 2006. Capacity building framework [M]. Addis Ababa, Ethiopia:United Nations Economic Commission for Africa.

MC CABE B C,VINZANT J C,1999. Governance lessons:the case of charter schools[J]. Administration & society,31(3):361-377.

MC DONALD R P,HO M H R,2002. Principles and practice in reporting structural equation analyses[J]. Psychological methods,7(1):64-82.

MOORE M H, 1995. Creating public value: strategic management in government[M]. Cambridge,MA: Harvard University Press.

NAG N S, 2018. Government, governance and good governance [J]. Indian journal of public administration,64(1):122-130.

NESHKOVA M I, 2014. Does agency autonomy foster public participation? [J]. Public administration review,74(1):64-74.

O'FLYNN J,2007. From new public management to public value:paradigmatic change and managerial implications [J]. Australian journal of public administration,66(3):353-366.

OLDENHOF L,POSTMA J,PUTTERS K,2014. On justification work: how compromising enables public managers to deal with conflicting values[J]. Public administration review,74(1):52-63.

OSBORNE S P,2006. The new public governance? [J]. Public management review,8(3):377-387.

OSBORNE S P,2010. The new public governance:emerging perspectives on the theory and practice of public governance[M]. London:Routledge.

PAGE S B,STONE M M,BRYSON J M,et al,2015. Public value creation by cross-sector collaborations:a framework and challenges of assessment[J]. Public administration,93(3):715-732.

PERRY J L,DE GRAAF G,VAN DER WAl Z,et al,2014. Returning to our roots: "good government" evolves to "good governance." [J]. Public administration review,74(1):27-28.

PETERS B G,SAVOIE D J,1996. Managing incoherence:the coordination and empowerment conundrum[J]. Public administration review,56(3):281-290.

PFEFFER J,1993. Barriers to the advance of organizational science:Paradigm development as a dependent variable[J]. Academy of management review,18 (4):599-620.

POTTER C,BROUGH R,2004. Systemic capacity building: a hierarchy of needs[J]. Health policy and planning,19(5):336-345.

REYNAERS A M,2014. Public values in public – private partnerships[J]. Public administration review,74(1):41-50.

RHODES R A W,1996. The new governance:governing without government [J]. Political studies,44(4):652-667.

RHODES R A W, 1997. Understanding governance: policy networks, governance,reflexivity and accountability[M]. Buckingham:Open University Press.

RHODES R A W,WANNA J,2007. The limits to public value,or rescuing responsible government from the platonic guardians[J]. Australian journal of public administration,66(4):406-421.

ROGERS J D,KINGSLEY G,2004. Denying public value:the role of the public sector in accounts of the development of the internet[J]. Journal of public administration research and theory,14(3):371-393.

SMITH R F I,2004. Focusing on public value:something new and something old[J]. Australian journal of public administration,63(4):68-79.

STOKER G,2006. Public value management:a new narrative for networked governance? [J]. The American review of public administration,36(1):41-57.

STRAND R,2014. Strategic leadership of corporate sustainability[J]. Journal of business ethics,123(4):687-706.

TALBOT C,2009. Public value—the next "big thing" in public management? [J]. International journal of public administration,32(3/4):167-170.

TALBOT C,2011. Paradoxes and prospects of "public value"[J]. Public money & management,31(1):27-34.

TERRY L D, 1998. Administrative leadership, neo-managerialism, and the public management movement[J]. Public administration review, 58(3):194-200.

TERRY L D,1999. From greek mythology to the real world of the new public management and democratic governance (Terry Responds) [J]. Public administration review,59(3):272-277.

THOMAS M A,2010. What do the worldwide governance indicators measure? [J]. The European journal of development research,22(1):31-54.

TODORUŢ A V,TSELENTIS V,2015. Designing the model of public value management[J]. International management conference,9(1):74-80.

TRY D,2007. "Mind the gap,please" using public value theory to examine executive take-up of results-based management[J]. International journal of productivity and performance management,57(1):22-36.

TRY D, RADNOR Z, 2007. Developing an understanding of results-based management through public value theory[J]. International journal of public sector management,20(7):655-673.

VIGODA E,2002. From responsiveness to collaboration:governance,citizens, and the next generation of public administration[J]. Public administration review,62(5):527-540.

WEISS T G, 2000. Governance, good governance and global governance: conceptual and actual challenges[J]. Third World quarterly,21(5):795-814.

WIENGARTEN F,LO C K Y,LAM J Y K,2017. How does sustainability leadership affect firm performance? The choices associated with appointing a chief officer of corporate social responsibility[J]. Journal of business ethics, 140(3):477-493.

WILLIAMS I,SHEARER H,2011. Appraising public value:past,present and futures[J]. Public administration,89(4):1367-1384.

WILSON W,1887. The study of administration[J]. Political science quarterly,2 (2):197-222.

后　记

　　《农地"三权分置"中的公共价值创造研究》一书是我的第一项教育部课题的阶段性成果,具有重要的承前启后意义。该书继承了我既有的研究风格——坚持以农村公共领域为场域,做规范研究与实证研究相结合的中观研究,关注理论前沿和实践前沿;同时,又开启了后续研究之门——继续深入推进农业农村多重转型背景下的农村公共性消解与重建研究,探寻公共价值创造之道。该课题立项于我入职后的第二年——2015年,两年之后的2017年,我的第一项国家社科基金项目获批,继续拓展公共价值创造这一研究主题。现如今,对公共性和公共价值理论理解愈深入,愈感到本土化公共性和公共价值理论的重要性、匮乏性与转型的必要性,愈感到其魅力,愈陷入其中而不能自拔。

　　付梓之际,感谢我的导师吴春梅教授在课题的整个申请过程中给予的耐心指导与点拨,大到选题立意,小到行文措辞。没有这些指导与点拨,便不可能有课题立项与该书出版。入职这么多年来,常常怀念那段青葱岁月的点点滴滴,深深感到遇到这样一位恩师,实乃人生之幸。感谢许超教授在课题讨论之中给予的真知灼见。许教授知识渊博、见解深刻,是我入职之后的青年教师指导老师,给予了我诸多帮助。感谢中国矿业大学出版社编辑老师在出版过程中付出的辛勤汗水。感谢中国矿业大学公共管理学院诸位领导与老师的支持。感谢新西兰惠灵顿维多利亚大学当代中国研究中心给予的宝贵交流机会与学术支持,使我能够在学术世界中享受内心的宁静。最后,感谢家人在科研道路上给予的支持。在课题申请书写作过程中,每当咖啡也失去效力时,爱人陪伴于环山路上漫步寻找灵感的场景,依旧历历在目。

翟军亮

2019 年 12 月